Ulrich Flasche
G. Dario Posada-Medrano

**Das
Desktop Publishing
Handbuch**

Ulrich Flasche
G. Dario Posada-Medrano

Das Desktop Publishing Handbuch

Satz und Grafik mit Personalcomputer und Laserdrucker

Friedr. Vieweg & Sohn   Braunschweig/Wiesbaden

CIP-Kurztitelaufnahme der Deutschen Bibliothek

Flasche, Ulrich:
Das Desktop-Publishing-Handbuch: Satz u. Grafik
mit Personalcomputer u. Laserdrucker / Ulrich Flasche;
G. Dario Posada-Medrano. — Braunschweig; Wiesbaden:
Vieweg, 1987.
   ISBN-13: 978-3-528-04563-0
NE: Posada-Medrano, G. Dario:

Das in diesem Buch enthaltene Programm-Material ist mit keiner Verpflichtung oder Garantie irgend-
einer Art verbunden. Die Autoren und der Verlag ubernehmen infolgedessen keine Verantwortung und
werden keine daraus folgende oder sonstige Haftung übernehmen, die auf irgendeine Art aus der
Benutzung dieses Programm-Materials oder Teilen davon entsteht.

1987

ISBN-13: 978-3-528-04563-0   e-ISBN-13: 978-3-322-84003-5
DOI: 10.1007/ 978-3-322-84003-5

INHALT

SEITE

Inhaltsverzeichnis

TEIL 1 – ORIENTIERUNGEN — 1

Was ist Desktop Publishing? — 1

Wie entstand Desktop Publishing? — 5

Was leistet Desktop Publishing? — 7

Traditonelle und neue Arbeitsorganisation — 13

Was man benötigt? – Die Grundausstattung · — 19

Systeme, die Standards stezen — 23

    Der IBM-PC und die MS-DOS-Welt — 23

    Macintosh, LaserWriter und AppleTalk — 29

    Xeroxs Dokumentations-Arbeitsplatz — 33

TEIL 2 – ENTSCHEIDUNGEN — 37

Der Arbeitsplatz — 39

    Systemfamilie und Kompatibilität — 39

    Die Zentraleinheit — 41

    Betriebssysteme — 47

    Graphikfähigkeit — 49

    Bildschirm — 51

    Tastatur — 51

    Kauf eines Personalcomputer-
    Publikations-Systems (Hardware) — 52

    Vergleichskriterien für Personal Computer — 54

Graphische Benutzeroberflächen — 57

    Vergleichskriterien für Benutzeroberflächen — 63

Werkzeuge der Textarbeit — 65

    Vorteile der elektronischen Textverarbeitung — 65

    Aufbau einer Textverarbeitung — 67

Der Editor   67

– Cursorbewegung und Bewegung des Textfensters   68

– Kopieren, Übertragen, Löschen von definierten Textblöcken   70

– Finden oder Suchen und Ersetzen   72

– Extras   72

– Dateiformat   75

– Textformatierung   75

Umbruchfunktionen   81

Zusatzfunktionen   81

Druckertreiber   82

Vergleichskriterien für Textverarbeitungssoftware   83

Graphikprogramme – elektronische Pinsel und Zeichenstifte   87

Pixelgrafik und Vektorgraphik   88

Grafikeditoren   89

Eigenschaften von Linien und Flächen   93

Vordergrund und Hintergrund   94

Spiegeln und Rotieren   95

Vergrößern, Verkleinern und Zoomen bis auf Pixelebene   96

Bemaßung und Hilfsraster   97

Vergleichskriterien für Graphikprogramme   99

Programme, die Seiten machen   103

Umbruch nach vorgegebenem Layout   104

Zuordnung der Textbestandteile und Abbildungen zum Layout   105

Automatische Silbentrennung – wozu?   106

Seiten- und Spaltenzahl   108

Standardlayouts und Abschnittslayouts   108

Wechsel der Spaltenaufteilung innerhalb der Seite   109

Textblöcke auf einer Seite zusammenhalten   109

Vertikalausschluß   110

Zeitungen und Zeitschriften   110

Vergleichskriterien für Layout - und Umruchprogramme   112

Entscheidung für einen Laserdrucker   115

Laserdrucker und andere Drucker   115

Über die Intelligenz eines Laserdruckers   116

Welche Sprache spricht Ihr Laserdrucker?   117

Das Zusammenwirken von Personalcomputer,
Drucker und Anwendungsprogrammen 119
Etwas Hintergrundwissen über PostScript
und die anderen Seitenbeschreibungssprachen 121
Von Scanlinie, Dots und Pixeln –
die Auflösung kann noch gesteigert werden 123
Lebensdauer und Kosten pro Seite 123
Verfügbare Schriftfonts 123
Ausgabe mit Fotosatzbelichtern 124
Vergleichskriterien für Laserdrucker 126
Textverarbeitung und / oder Typographie? 129

TEIL 3 – ANWENDUNGEN 133
Typographische Grundelemente einsetzen 133
Zeilenbreite und Mehrspaltigkeit 133
Schriftgröße und Leading (Zeilenabstand) 134
Schriftfamilien und Schriftstile 139
Laufweiten und Unterschneidungen 143
Ausschlußarten 144
Fakten und Ideen visualisieren 147
Quantitative Parameter und ihr Verhältnis zueinander 148
Hierarchien und Strukturen 151
Logische Verknüpfungen und Schaltungen 154
Geographische Darstellung 154
Die technische Zeichnung 155
Belletristische Illustration und Graphikdesign 157
Vom Layout zur fertigen Seite 167
Vorüberlegungen 167
Entwurf eines Layouts 167
Erstellen von Text und Graphik 168
Die Seiten montieren 168
Desktop Publishing und die technisch-
wissenschaftliche Dokumentation 177
Desktop Publishing und fremdsprachlicher Satz 183

Elektronische Bildverarbeitung auf dem Schreibtisch   187

Anhang 1 – Produkte   191
Anhang 2 – Bezugsquellen   217
Anhang 3 – Glossar   225

Register   239

VORWORT

Unser Buch handelt von einer neuen Technik, Bücher, Zeitschriften, Magazine, Postkarten, Werbeinfos und viele andere Drucksachen zu produzieren. Diese Technik – das Desktop Publishing – findet gegenwärtig große Beachtung. Sie fasziniert nahezu jeden, der sich mehr oder weniger intensiv mit ihr auseinandersetzt. Die neue Publikationssoftware für Personalcomputer und die Ausgabe der Ergebnisse mit Laserdruckern üben einen Reiz aus, der uns von anderer Qualität zu sein scheint, als der, welcher von den allmonatlich neuesten Neuigkeiten des Mikrocomputermarktes ausgeht .

Die graphische Industrie gehört zu den Gewerben, die sich auch heute noch stark mit der Tradition verbunden fühlen. Nicht nur in der Heimat Gutenbergs legt man Wert auf den historischen Bezug, der sich mit seinem Namen verbindet. Das graphische Gewerbe will allerorten in der Tradition der Buchdruckerkunst gesehen werden. Wenngleich oder gerade weil es längst einen bis ins feinste arbeitsteilig zersplitterten, hochspezialisierten, industriellen Fertigungsprozeß repräsentiert, dem jede Handwerksromantik, falls es so etwas gibt, abhanden gekommen ist. Durch den Einzug der EDV in den Satzbereich wurde diese Entwicklung vollendet und sie scheint unabwendbar geworden zu sein. Satz und Druck sind integrale Bestandteile der Informationsindustrie geworden. Aus dem EDV-Bereich kommt nun ironischerweise auch die "Alles aus einer Hand"-Technik, die der Erstellung von Drucksachen wieder einen handwerklichen und faßbaren, überschaubaren und durch eine Person von Anfang bis Ende kontrollierbaren Charakter verleiht. Vielleicht ist es der Reiz dieser überzeugend präsentierten Möglichkeit des "Selbermachens" und des "Alles aus einer Hand", der Desktop Publishing für viele so faszinierend macht. Mit der entsprechenden Software liegen nun all die arbeitsteiligen Spezialtätigkeiten der verschiedenen Herstellungsphasen eines Dokumentes leicht anwendbar – wie versprochen wird – in einer Hand. Dies ist der erste und bestimmende Eindruck, den die Vorführung eines Desktop Publishing Systems hervorruft.

Der erste Eindruck wird zweifellos durch ein wesentliches Moment der neuen Technik geprägt. Aufgrund der geschilderten Eigenschaften allein konnte

Desktop Publishing aber ebensogut eine zwar faszinierende, jedoch praktisch nicht ernst zu nehmende Angelegenheit sein. Denn die beschriebene Faszination geht für den Nichtfachmann auch von solchen Programmen aus, die für professionelle Anwendungen keineswegs geeignet sind. Auch sie verfügen über die oben beschriebenen Grundmerkmale, nicht jedoch über den für professionelle und anspruchsvolle typographische Anwendungen erforderlichen Leistungsumfang. Ohne den Bereich einer spielerischen Anwendung mit Personalcomputern gering zu schätzen, geht dieses Buch von der Tatsache aus, daß Desktop Publishing eine professionell in weiten Bereichen einsetzbare Technik ist, die die Erstellung von Drucksachen verändert hat. Wären wir von den gegenwärtigen und zukünftigen Leistungen der Desktop Systeme als professionelle Publikationstechnik nicht überzeugt, so wäre dieses Buch nicht in der vorliegenden Form geschrieben worden.

kationstechnik nicht überzeugt, so wäre dieses Buch nicht in der vorliegenden Form geschrieben worden.

Was Sie von Desktop Publishing Systemen erwarten können und müssen, eine Orientierung über die Entstehung, die Leistung, die Arbeitsorganisation und elementare Produkteigenschaften finden Sie in Teil 1. Die Entscheidung für eine Systemlösung, die für Ihren speziellen Bedarf geeignet ist, wird die zweite Hürde sein, die Sie – in der Regel als Nichtfachmann des graphischen Gewerbes – zu nehmen haben Falls Sie sich entscheiden, selber ein Anwender zu werden, finden Sie Hilfen zur Bewältigung dieser Hürde in Teil 2. Desktop Publishing gibt den ganzen Herstellungsprozeß in die Hand seines Anwenders, keineswegs ist aber alles so kinderleicht, wie es auf den ersten Blick aussieht und wie oft versprochen wird. Schon in Teil 2 erfahren Sie viel über die einzelnen Funktionen der Software und ihre Bedienung. Teil 3 dieses Buches unterstützt Sie, ganz gleich für welches System Sie sich entschieden haben, bei Ihren ersten eigenen Anwendungsschritten. An vielen Stellen dieses Buches versuchen wir durch praktische Beispiele die Anwendungsweisen der Technik greifbar zu machen. Im dritten und letztenTeil erfahren Sie schließlich eine systematische Einführung in unterschiedliche Methoden und spezielle Anwendungsgebiete.

Dieses Buch selbst ist komplett mit Desktop Publishing erstellt. Satz und Umbruch erfolgten auf der Arbeitsstation 6085 von Rank Xerox, mit der auch ein Teil der Illustrationen erstellt wurde. Der größte Teil der Illustrationen und

Anwendungsbeispiele wurden mit verschiedenen Programmen auf einem Apple Macintosh Plus und einem Commodore PC-AT erstellt und auf einem Apple LaserWriter ausgedruckt.

Für die freundliche Verfügungstellung von Geräten und Programmen und/oder für technische Unterstützung danken wir folgenden Einzelpersonen und Firmen:

Frau Linden, Herrn Merzdorf, Herrn Edelmann, Herrn Hollstein, Herrn Gerlich, Frankfurt am Main sowie dem Hause Rank Xerox, Düsseldorf und Frankfurt am Main; Frau Knüfer, Frau Hafner, sowie dem Hause Apple Computer, München; Herrn Ataman sowie dem Hause Commodore Büromaschinen, Frankfurt; Herrn Marbach sowie dem Hause ABC-Trading, Hamburg; Herrn Tennigkeit sowie dem Hause Ashton Tate, Frankfurt am Main; Frau Paul sowie dem Hause Microsoft, München; Frau Bartel, Herrn Giesbrecht sowie dem Hause Digital Research, München; Herrn Vollmer sowie dem Hause Systematics, Hamburg; Herrn Hofmann, sowie dem Hause Schwarz Computersatz, Stuttgart; Frau Patricia R. Janning sowie dem Hause Living Videotext, Mountain View, Calif.; dem Hause Innovative Data Design, Concord, Calif.; Herrn Dostalek, Herrn Reagen sowie dem Hause Midas, Frankfurt am Main; Frau Schönborn sowie dem Hause ORGTEAM, Dietzenbach; Herrn Werner Houk.

Wir danken auch all denjenigen, die darüber hinaus zum Gelingen dieses Buches beigetragen haben und hier nicht namentlich erwähnt worden sind.

Unseren Lesern wünschen wir viel Spaß bei Ihren ersten Schritten in die Welt des Desktop Publishing und viel Erfolg bei der Arbeit. Über Ihre Anregungen und Kritiken werden wir uns freuen. Gern beantworten wir auch über den Inhalt dieses Buches hinausgehende Fragen und beraten bei Systementscheidungen.

Frankfurt, im Mai 1987   Ulrich Flasche

                                G. Dario Posada-Medrano

TEIL 1 - ORIENTIERUNGEN

Was ist Desktop Publishing?

Es fällt beinahe schwer, das in einem Satz zu sagen, denn Desktop Publishing ist nicht einfach die Erstellung von Schriftsatz auf Personalcomputern, obwohl auch dieses dazu gehört. Es ist auch nicht nur das Erstellen von Geschäftsdokumenten und technischen Berichten mit dem PC, wenngleich beide einen großen Anteil daran haben. Eine Vielzahl von Tätigkeiten und Techniken aus Büros und Druckereien, von Graphikern und Typographen, Setzern und Sekretärinnen, von Ingenieuren und Autoren unterschiedlicher Fachrichtung läßt sich in Desktop Publishing zusammenfassen. Es ist eine neue und revolutionäre Methode, Dokumente, die bislang in ihrem Produktionsprozeß durch viele verschiedene Hände laufen mußten, mit Personalcomputern und Laserdruckern und damit sozusagen auf dem eigenen Schreibtisch zu produzieren. Wir wollen uns hier durchaus nicht den nun schon zu oft gehörten Werbeslogans anschließen, die uns eine Druckerei auf dem Schreibtisch versprechen. Daß es sich bei Desktop Publishing oder genauer bei den technischen Verfahren der Gestaltung von Dokumenten an Personalcomputer-Arbeitsplätzen und des elektronischen Druckes um eine Methode des Publizierens handelt, die das Verlagswesen längst ergriffen hat, ist eine Realität. Ebenso die Möglichkeit eine Vielzahl von kaufmännischen oder technischen Texten und Dokumentationen im eigenen Büro zu produzieren. Ob die derzeit angebotenen Lösungen schon halten, was die Werbung verspricht, oder besser, ob sie leisten, was der Anwender wirklich braucht, vom traditionellen Fotosatz her gewohnt ist oder in Zukunft an neuen Anforderungen entwickeln wird, ist eine ganz andere Frage. Zu ihrer Beantwortung wollen wir mit diesem Buch beitragen. In letzter Instanz ist sie immer vor dem Hintergrund des geplanten Einsatzbereiches zu entscheiden. Desktop Publishing ist auch persönliches Publizieren. Und ein dafür geeignetes System muß anderen Anforderungen genügen als ein Satzsystem einer Druckerei, das universell einsetzbar sein muß. An dieser Stelle ist wichtig, festzuhalten, daß Desktop Publishing zwar zur Zeit in aller Munde, deshalb aber kein Modegag ist. Wir können sicher sein, daß die weitere technische Entwicklung bessere Systeme hervorbringen wird.

Alle Herstellungsschritte eines gedruckten Dokumentes – beinahe gleich, welcher Art – lassen sich mit Personalcomputern erledigen. Den letzten Schritt, den Druck, besorgen Laserdrucker in einer Qualität, die dem Fotosatz sehr nahe kommt. Das ist es, was Desktop Publishing auszeichnet. Dieses Buch will auch darstellen, welcher Leistungsumfang mit Personalcomputern und ihrer Software bereits zur Verfügung steht und wo zusätzliche Funktionen erforderlich sind.

Wenn wir von Desktop Publishing reden, so darf dabei nicht nur an die bekannten und populären Personalcomputer und die für sie zur Verfügung gestellte Software gedacht werden. Die Technologie, durch die das Desktop Publishing möglich wurde, kommt zum großen Teil aus der Welt der Arbeitsstationen für technisch-wissenschaftliche Anwendungen, wie sie Sun und Apollo, um nur zwei Hersteller zu nennen, anbieten oder aus dem Bereich der Arbeitsstationen für bürotechnische Anwendungen, wie sie insbesondere Rank Xerox anbietet. Die dort entwickelten Techniken wurden von Apple auf einem Personalcomputer mit 128 Kilobyte Arbeitsspeicher zur Anwendung gebracht. Dieser Personalcomputer – der Macintosh – war der entscheidende Impuls. Apple stellte von Anfang an eine passende Software zur Verfügung, die die Darstellung und Ausgabe von fotosatzähnlichen Schriften zunächst auf dem ImageWriter, später von Fotosatzschriften auf dem LaserWriter, ermöglichte. Darüber hinaus bot die Firma von Anfang an Programme an, die vorzügliche Möglichkeiten für die Illustration von Dokumenten aller Art bereitstellten. Das Entwerfen und beliebige Verändern von Freihandzeichnungen auf dem Personalcomputer verband sich nun mit einer dem Fotosatz sehr nahe kommenden Textgestaltung, beide Bestandteile konnten innerhalb des gleichen Dokumentes zusammengefaßt werden. Andere Software-Anbieter folgten. Das ist kaum drei Jahre her und inzwischen sieht die Welt schon ganz anders aus. Die von den Arbeitsstationen ausgehende fortschrittliche Technologie hat, "nach unten" auf einen Personalcomputer übertragen, einen Trend ausgelöst, der nun auch die Welt der Arbeitsstationen beeinflußt. Auch im technisch-wissenschaftlichen Bereich ist nämlich der Bedarf für Softwarelösungen gegeben, die speziell auf die Herstellung von Dokumentationen zugeschnitten sind. Im Bürobereich gilt dies ohnehin. Die Idee, graphikfähige Personalcomputer für die Dokumentenerstellung einzusetzen, setzt sich immer mehr durch. Dies veranlaßt auch die traditionellen Anbieter größerer Publikations-Systeme dazu, solche Lösungen anzubieten. (Als Publikationssysteme bezeichnen wir Geräte und Programme für die Text- und Bildverarbeitung, also den im anglo-amerikanischen Sprachraum mit dem Begriff *Publishing Systems* bezeichneten Bereich. Fotosatzterminals und -belichter bilden einen wesentlichen Teil dieses Marktes.).

Eine wichtiger Hinweis, der vielleicht eine verbreitete Auffassung etwas zurechtrückt, soll bereits an dieser Stelle gegeben werden. Desktop Publishing darf nicht unbedingt als eine Technik verstanden werden, die eine Person an einem Personalcomputer individuell zur Anwendung bringt. Alle Publikationsaktivitäten erfordern viele verschiedene Arbeitsschritte, das gilt auch, wenn die Herstellung auf dem Personalcomputer abgewickelt wird. Und sicher wird diese neue Technik die Arbeitsteilung bei der Herstellung von Drucksachen verändern, sie aber nicht beseitigen. Man wird in vielen Fällen das Texten, das Erstellen von Graphiken, die Gestaltung des Layouts und die Durchführung von Umbruch und Montage der kompletten Seite auf verschiedene Personen aufteilen. Die Interaktion zwischen diesen Personen wird die Interaktion zwischen den Computern erfordern. In diesem Sinne wird Desktop Publishing einen starken Impuls auf die Computerindustrie auslösen, besser miteinander verträgliche Standards für die Integration verschiedener Arbeitsplätze zu schaffen, um so die vollständige elektronische Verkettung aller Verarbeitungsschritte vom Konzept bis zum Druck zu ermöglichen.

Wie entstand Desktop Publishing?

Anfang der siebziger Jahren begann in Palo Alto (Calif.) die Firma Rank Xerox gemeinsam mit der Universität eine Sprache zu entwickeln, die geeignet ist, eine komplette Dokumentseite zu beschreiben. Der Entwicklung wurde die Idee zugrunde gelegt, daß sich eine solche Seite immer aus Text und Bild zusammensetzt. Die Beschreibung eines solchen Dokuments sollte von bestimmten Ausgabegeräten und ihrer Bildauflösung unabhängig sein.

Xerox entwickelte tatsächlich eine solche Sprache, aus der schließlich die Seitenbeschreibungssprache Xerox Interpress entstand. Xerox plante die Veröffentlichung dieser Sprache als Standard für die Kommunikation zwischen Gestaltungsarbeitsplätzen und Druckern, zögerte aber - wohl aus Furcht vor einer Konkurrenz für die eigenen Laserdrucker-, die Sprache der Öffentlichkeit zugänglich zu machen. Schließlich verließen die an der Entwicklung maßgeblich beteiligten Ingenieure Xerox und gründeten ihre eigene Firma - Adobe Systems. Sie sahen das Marktpotential für eine Seitenbeschreibungssprache aufgrund der Vorteile , die sie für die Hersteller vieler unterschiedlicher Ausgabegeräte bietet. So entstand PostScript, die inzwischen populärste Seitenbeschreibungssprache. Seinen Erfolg verdankt es im wesentlichen der Kooperation von Adobe Systems mit Apple, d. h. der Verwendung von PostScript als Treibersprache des LaserWriters. Weitere Unterstützung für PostScript brachte Linotype als Hersteller von Satzsystemen, der sich durch eine Kooperation mit Apple am Erfolg der kleinen, aber technologisch fortschrifttlichen Macintosh-Personalcomputer beteiligte. Als Vertriebspartner von Apple bot Linotype seinen Kunden den Macintosh an und stellte einen PostScript-Raster-Image-Prozessor zur Verbindung des Macintosh mit seinen Laserbelichtern bereit. PostScript hat sich, obwohl nicht die einzige verfügbare Seitenbeschreibungssprache, inzwischen fast zu einem De-Facto-Standard entwickelt, der von Druckerherstellern ebenso wie von Softwarehäusern unterstützt wird.

Interpress – die Xerox-Sprache – wurde 1984 endgültig fertiggestellt Sie wird inzwischen von Xerox den entsprechenden Herstellern ebenfalls zugänglich gemacht. Interpress wird von den meisten Xerox-Druckern unterstützt und bietet die allgemeine, von der Auflösung unabhängige Beschreibung einer Seite, die Text und Graphik einschließt. Eine solche Seite kann auf allen Geräten, die Interpress-Dateien interpretieren können, dargestellt, verändert oder gedruckt werden.

Eine weitere Seitenbeschreibungssprache, der Experten gute Marktchancen einräumen, ist die Sprache DDL werden. Es handelt sich um eine Weiterentwicklung der Sprache Impress, die die Firma Imagen für ihre Laserdrucker einsetzt. Impress entwickelte sich ebenfalls aus den ersten Forschungsaktivitäten bei Xerox in Palo Alto.

Im Jahre 1981 war es ebenfalls Xerox, das unter dem Namen Star die erste Arbeitsstation mit graphischer Benutzeroberfläche für Büroapplikationen anbot. Die Benutzeroberfläche dieses Systems verfügte bereits über eine WYSIWYG-Darstellung und erlaubte die Darstellung mehrerer Schriftschnitte, die Anwahl von Funktionen über Bilder und Rolladenmenüs (*engl.: pull down menus*) in Verbindung mit einer Maus und das Öffnen mehrerer Fenster innerhalb des Bildschirms. WYSIWYG ist die Abkürzung des englischsprachigen Ausrucks **What You See Is What You Get**, mit dem eine Bildschirmdarstellung von Text und Grafik bezeichnet wird, die nahezu völlig dem auf Papier oder Fotomaterial ausgegebenen Endresultat entspricht. Der Star war eines der ersten Systeme mit einer solchen Darstellung. Er war damals seiner Zeit weit voraus und setzte Maßstäbe für die Entwicklung anderer Arbeitsstationen. Die Desktop-Metapher wurde zu dieser Zeit im PARC (*Palo Alto Research Center*) entwickelt - als Prinzip einer Benutzeroberfläche, die die gewohnte Umgebung eines Schreibtisches mit Dokumenten, Ordnern, Ablagen und Werkzeugen auf dem Bildschirm und in der Dateiverwaltung nachbildet. Sie war eines der kreativsten Elemente des Star, konnte sich allerdings nicht unmittelbar durchsetzen. Hier wurden zum ersten Mal Bilder, die gewohnte Büroobjekte darstellen wie Papierblätter, Ordner, Aktenschränke, Papierkorb, Drucker etc. benutzt. Eine Methode, die den Benutzer von einem großen Teil der Abstraktions- und Konzentrationsleistung befreit, die die Arbeit mit einem befehlsorientierten Dateisystem verlangt. "Desktop" stand also zunächst nicht für Table-Top-Geräte d. h. kompakte Geräte, die auf dem Schreibtisch Platz finden, sondern für die Übertragung der gewohnten Schreibtischumwelt auf den Bildschirm des Computers.

Was leistet Desktop Publishing?

Die wichtigste Auswirkung der neuen Geräte und Programme ist vielleicht die, daß sie nahezu jedermann in die Lage versetzen, Dokumente selbst nicht nur zu schreiben, sondern auch druckfertig zu gestalten, mit Abbildungen zu versehen und dabei den gesamten Entstehungsprozeß unter Kontrolle zu behalten. Der Autor wird nicht alle Arbeiten im Entstehungsprozeß einer Drucksache selbst durchführen. Er gewinnt an Einfluß einfach dadurch, daß die Herstellung im eigenen Hause oder gar der eigenen Abteilung angesiedelt ist und bestimmte Arbeiten von ihm selbst am Personalcomputer vorbereitet werden können. So ist es denkbar, daß er mit seinem Text einen elektronischen Layoutentwurf sowie Abbildungsskizzen weitergibt. Zu der autonomen Verfügung über ein Publikationssystem verhilft Desktop Publishing sowohl durch die vereinfachte Bedienung als auch durch die relativ geringen Anschaffungspreise. Die Bedienung ist keineswegs kinderleicht, wie oft behauptet wird. Sie ist jedoch so einfach, daß sie von Bürokräften innerhalb einer Abteilung ausgeführt werden kann. Der Anschaffungspreis macht den Einsatz von Desktop Publishing Systemen in vielen Bereichen lohnend, wo man bisher Spezialisten, die über entsprechende Geräte und Kenntnisse verfügen, in Anspruch nehmen mußte. Ohne die neuen leicht zu bedienenden Benutzeroberflächen würde dieser Einsatz sicher nicht gelingen. Weder ist es erforderlich, ein Spezialist für Personalcomputer zu sein, noch muß man große Fachkenntnis in Graphik-Design, Typographie, Layout oder Druck besitzen. Mit wenigen Kenntnissen und etwas Übung kann wirklich jedermann anfangen, seine Dokumente selbst interessant und abwechslungsreich zu gestalten. Und er wird von Anfang an Zeit und Geld sparen, wenn er die richtigen Dinge zum Selbermachen auswählt und schwierigere Satz- und Gestaltungsaufgaben zunächst Setzereien und Druckereien überläßt. Das Gestalten am Schreibtisch, dort, wo bisher nur getextet und vielleicht skizziert wurde, wird zu guter Letzt eine neue Kreativität freisetzen. Mit der Verfügung über die neuen Hilfsmittel werden auch die Ideen zunehmen, wie man Gedanken, die vermittelt werden sollen, durch entsprechende Textauszeichnung und graphische Darstellungen einfacher und effektiver umsetzen kann.

Was hat diese Revolution der Publikationstechnik ermöglicht? Die Umstellung der gesamten Satzherstellung und der Bürokommunikation hat es schon seit längerer Zeit ermöglicht, von der Doppelerfassung der Texte wegzukommen und Texte auf magnetischen Datenträgern oder über Datenkommunikation direkt zwischen Büros und Setzereien auszutauschen. Von der Textauszeich-

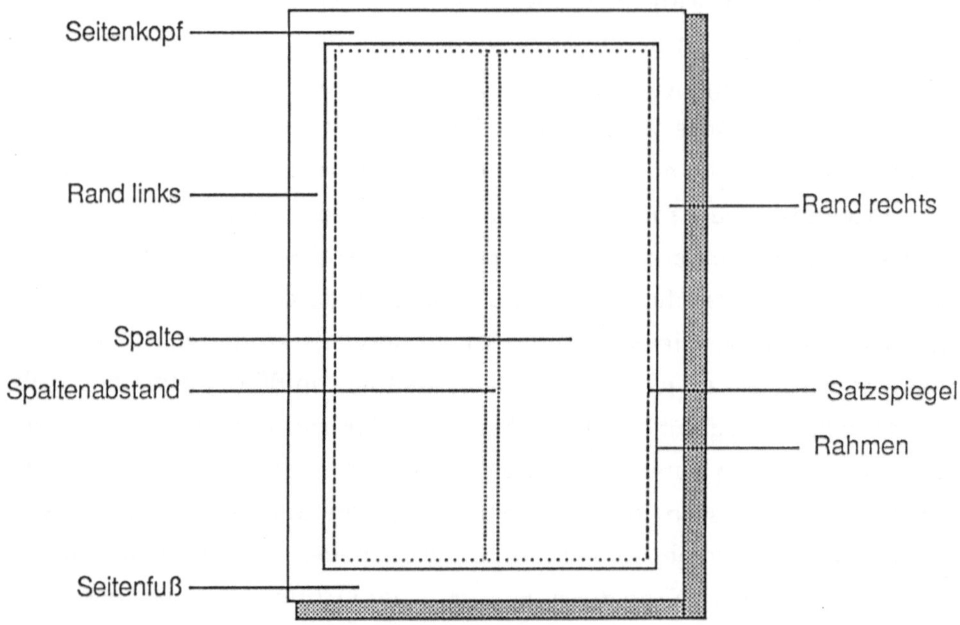

Abb. 1 Gestaltung einer Seite

nung im Manuskript gelangte man so zur Vorkodierung am PC. Bei optimaler Organisation können schon bei der Texterfassung im Büro die meisten Satz-codierungen mit eingegeben werden. Anschließend werden, weitgehend automatisiert durch entsprechende Konvertierungsprogramme, entweder die Formate des Textverarbeitungsprogramms oder getastete Sondercodes in entsprechende Fotosatzbefehle umgesetzt. Diese Arbeitsweise funktioniert jedoch nur dort, wo eine gute Kooperation zwischen einer Redaktion oder redaktionell arbeitenden Abteilung und einer Setzerei existiert. Die Einrichtung und technische Ausgestaltung einer solchen Kooperation erfordert jedoch Spezialkenntnisse und viel Sorgfalt. Das setzt der Verbreitung einer solchen Arbeitsweise Grenzen. Darüberhinaus bleibt man zur Ausgabe auf eine Setzerei angewiesen. Nicht immer wird man es erreichen, daß sich ein Dokument gleichermaßen gut auf dem heimischen Textsystem und auf der Fotosatzanlage ausgeben läßt.

Durch die graphischen Benutzeroberflächen der neuen Systeme und die Ausgabe über Laserdrucker werden beide Begrenzungen überwunden. Die Auszeichnung des Textes und die Gestaltung des Layouts werden einfacher und können, wenn es gewünscht wird, schon bei der Redaktion des Textes miterledigt werden. Dies bietet den Vorteil einer direkten Verfügung über typographische Mittel bei der redaktionellen Arbeit. Das fertig gestaltete Dokument kann auf einem eigenen Laserdrucker ausgegeben werden und hat damit schon beinahe Fotosatzqualität. Kleinere Auflagen können direkt im Laserdruckverfahren erstellt werde. Den mit einem Laserdrucker erstellten Ausdruck kann eine Druckerei als Vorlage für die Erstellung größerer Auflagen benutzen. Bei gehobenen Qualitätsansprüchen besteht die Möglichkeit, die gleiche Textdatei direkt über einen Fotosatzbelichter auszugeben, um eine bessere Druckvorlage zu erhalten.

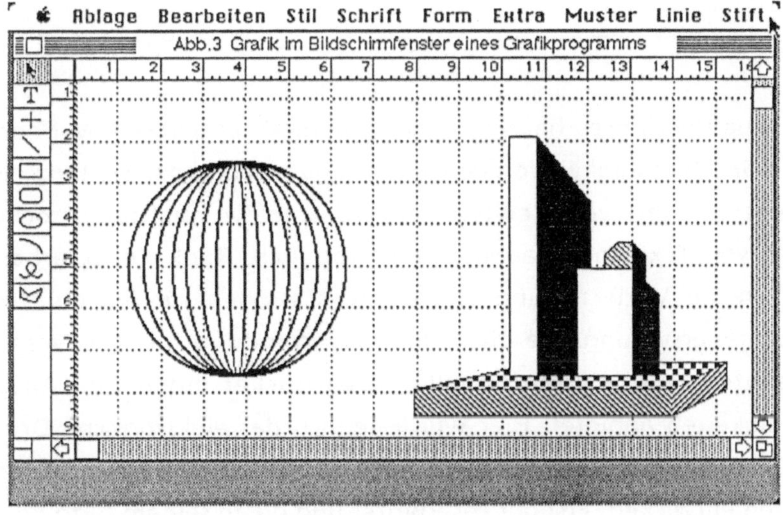

Abb. 2 Graphik im Bildschirmfenster eines Graphikprogramms

Darüber hinaus verfügt man mit dem Desktop Publishing über eine Möglichkeit, die alle traditionellen Arbeitsweisen nicht bieten. Mit den graphikfähig gewordenen Personalcomputern lassen sich Abbildungen, die das Gesagte durch Bilder veranschaulichen, direkt bei der redaktionellen Arbeit mit anfertigen und in den Text einstellen. Im Laserdruck- oder Fotosatzverfahren werden nun fertig gestaltete Seiten ausgegeben, die sich aus Text- und Bildelementen zusammensetzen.

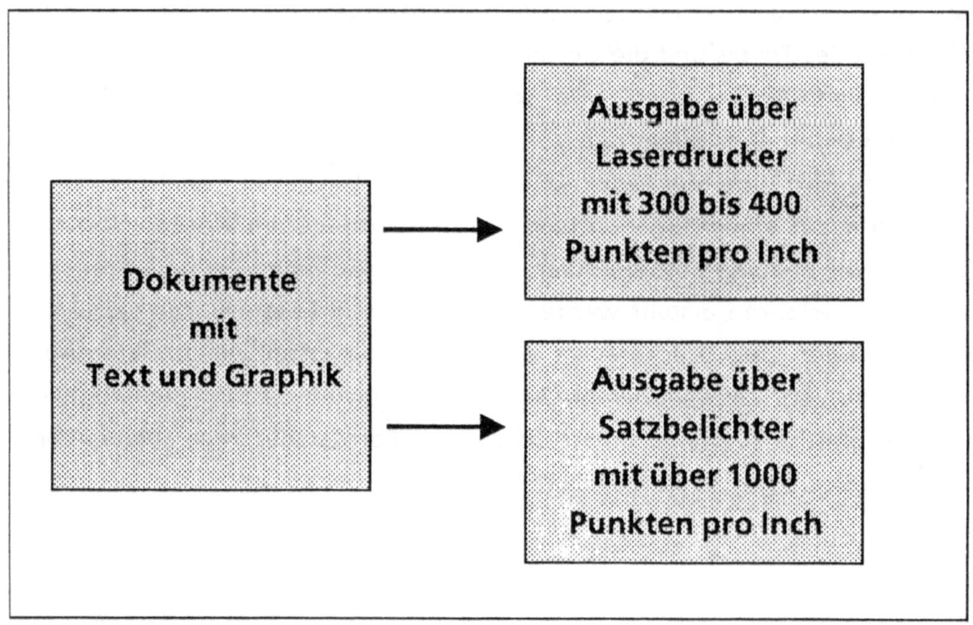

Abb. 3 Ausgabemöglichkeiten

Dieses Arbeitsverfahren hat sich nicht sprunghaft entwickelt. Mit der zunehmenden Graphikfähigkeit von Personalcomputern und der Existenz beispielsweise des Laserjets von Hewlett-Packard war die qualitativ hochwertige Ausgabe von Text und Graphik bereits möglich. Rank Xerox arbeitet seit Jahren an der Verbesserung von Arbeitsstationen für die elektronische Dokumentenerstellung, die die Firma in Verbindung mit Netzwerken und einer breiten Palette professioneller Laserdrucker mit hohen Ausgabegeschwindigkeiten anbietet. Hier wurde jedoch das elektronische Drucken in erster Linie für Büroanwendungen und als Alternative zu herkömmlichen Verfahren entwickelt. Erst der Laserwriter und die in seinem Gefolge angebotenen Laserdrucker mit PostScript-Seitenbeschreibungssprache haben das elektronische Publizieren endgültig populär gemacht und zugleich erstmals einen Standard geschaffen, der auch eine Verbindung zum Fotosatz und damit zu traditionellen Druckverfahren herstellt.

Man kann jetzt wirklich sagen, daß Desktop-Computer eine "integrierte Arbeit" bei der Erstellung kompletter Seiten ermöglichen: von Text und Graphik über die Gestaltung eines Layouts, bis zur Produktion der kompletten Druckvorlage auf dem Bildschirm und ihre Ausgabe auf dem Laserdrucker oder im Fotosatz.

Ob die geplante Veröffentlichung ein Bericht, eine Anzeige, eine regelmäßig erscheinende Informationsschrift, eine Broschüre, ein Magazin oder ein Buch ist – es gibt eine Vielzahl von Programmen, die unterschiedlichen Anforderungen gerecht werden. Und das gilt nicht nur für Layout und Umbruch, sondern

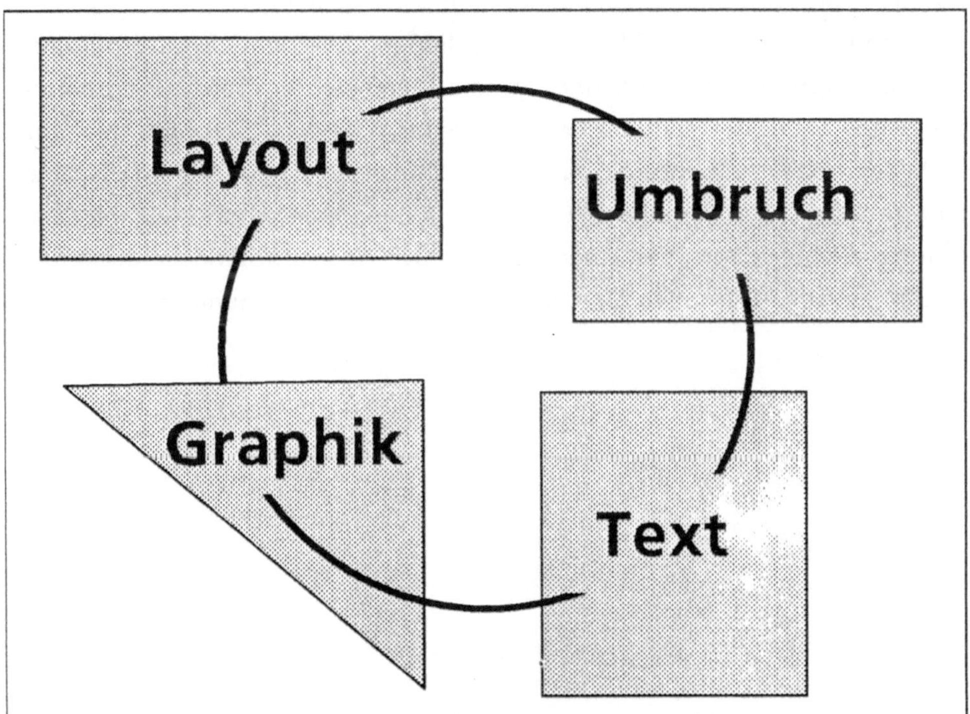

Abb. 4 Desktop Publishing erlaubt integrierte Produktion der Elemente einer Seite

genauso für das Verarbeiten und Redigieren von Texten und das Erstellen von graphischen Illustrationen. In manchen Textverarbeitungsprogrammen und Umbruch-/Layout-Programmen stehen eine Vielzahl unterschiedlicher Fonts zur Verfügung. Darüber hinaus gibt es eine Menge anderer Dinge, die bisher den Weg in die Setzerei unumgänglich machten, wenn man nicht Titelzeilen mühsam aus Abreibebuchstaben zusammensetzen wollte: verschiedene Schriftstile wie Outline oder Fett und unterschiedliche Schriftgrößen und Linienstärken. Manche Programme bieten professionelle typographische Möglichkeiten wie Silbentrennprogramm, Buchstabenunterschneidung, Expand und Condense der Schriftzeichen.

Was die neuen Softwareprodukte im Bereich Graphik bieten, ist ebenfalls erstaunlich. Sie erlauben freies Zeichnen ebenso wie das Plazieren und anschließende Modifizieren von Linien, Bögen, Kreisen, Ellipsen, Rechtecken etc. Graphische Objekte können vergrößert und verkleinert, rotiert, überlagert, schattiert und integriert werden. Alle diese Funktionen werden mit der Maus und über Rolladenmenüs (*engl. pull down menus*) gesteuert.

Text- und Graphikbausteine können anschließend in einem Layoutprogramm zur kompletten Seite zusammengefügt (montiert) werden. Solche Programme verarbeiten eine oder mehrere Seiten in einer Datei und besorgen den Umbruch des Textes in mehrere Spalten pro Seite sowie gegebenenfalls über mehrere Seiten. Die Ausgabe erfolgt anschließend, wie schon erwähnt, über Fotosatzbelichter oder über Laserdrucker, auch hochauflösende Matrixdrukker können eine Alternative für weniger anspruchsvolle Dokumente sein.

Traditonelle und neue Arbeitsorganisation

Neben vielen anderen Unterschieden zwischen dem traditionellen und dem neuen Weg des Publizierens ist einer der wichtigsten, daß das Produkt bei Anwendung der neuen Technik völlig unter der Kontrolle des Autors bleibt – von der Erstellung bis zur Verteilung, über das Schreiben, Redigieren, Entwerfen und Gestalten bis zum Druck.

Angesichts der vielen Arbeitsschritte, die ein Dokument in der traditionellen Produktionsweise durchlaufen muß, und die es auch dann durchlaufen muß, wenn es im Do-It-Yourself-Verfahren hergestellt wird, ist ein Schritt hier hervorzuheben: In der Phase des Schreibens oder Textens ist es der Autor oder Redakteur, der den Inhalt eines Dokumentes festlegt. Ob in dieser Phase eine Person oder mehrere tätig sind, hängt von der Art und dem Umfang des Dokumentes ab. Um zum Beispiel Informationsschriften über bestimmte technische Themen für Unternehmen zu erstellen, wird der erste Schritt der Redaktion möglicherweise mehrere Personen in Anspruch nehmen, die damit beschäftigt sind, die nötigen Informationen zu sammeln und aufzubereiten. Der Desktop Publisher zeichnet sich in dieser Phase dadurch aus, daß er selbst nicht nur den Inhalt festlegt, sondern eigenhändig oder in enger Kooperation mit einer Schreibkraft an seiner Seite, auch den Prozeß der Texterfassung, Formatierung und Korrektur besorgt, den das Dokument durchlaufen muß, bevor es an Verlag oder Druckerei weitergegeben werden kann. Herkömmlicherweise muß ein Dokument mehrere Korrekturläufe hinter sich bringen, bis eine letzte Fassung "fertig zum Druck" vorliegt. Das kann ein zeitraubender und kostenaufwendiger Prozeß sein. Der Desktop Publisher wird das Dokument erst aus seiner Hand geben, wenn es in der Form vorliegt, wie er es gedruckt sehen möchte.

Die Verlagsarbeit hat u. a. mit der Kontrolle des Manuskripts, mit der Überprüfung der Abbildungen und mit ihrer Plazierung zu tun. Auch die Beschaffung von Bildmaterial kann Aufgabe des Verlages sein. In der Schlußphase der redaktionellen Arbeit unterstützt der Lektor durch die Lektorierung des Manuskriptes den Autor mit Korrekturen, Hinweisen und Anregungen.

Daneben ist der Verleger bzw. sein Vertreter mit vielen anderen Elementen der Gestaltung eines Buches oder einer Zeitschrift ganz oder teilweise befaßt. Diese Arbeit bildet eine elementare Phase in der Herstellung einer Veröffentlichung, die einen permanenten Austausch mit dem Autor, mit Designern und anderen Personen erfordert, die an diesem Prozeß teilhaben. In Kürze: der Verleger oder sein Vertreter sind als Generalmanager des Publikationsprozesses tätig. Bei einer so wichtigen und äußerst vielseitigen Angelegenheit kommt es sehr darauf an, alle Bedingungen und Hilfsmittel jederzeit unmittelbar zur Hand zu haben. Und genau das ist es, was ein Personalcomputer mit DTP-Software bietet.

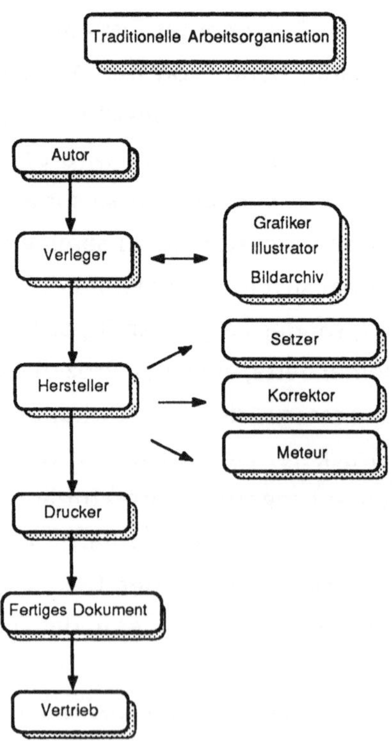

Abb. 5 Traditionelle Arbeitsorganisation

Ein wichtiger Teil der Arbeiten, die der Verleger zu koordinieren hat, ist beispielsweise das Erstellen von Illustrationen, die u. U. ein Graphiker oder Zeichner nach Entwürfen des Autors vornimmt. Diese Aufgabe erfordert in der Tat einen Spezialisten, der mit den richtigen Werkzeugen eine künstlerische oder kunsthandwerkliche Arbeit erledigt. Obwohl nicht alle Veröffentlichungen diesen Schritt erfordern, muß jedem Autor klar sein, wieviel mehr Aufmerksamkeit eine gut illustrierte Abhandlung auf sich zieht. Wegen hoher Kosten, Zeitaufwendigkeit der nötigen Arbeiten und anderer Gründe entscheidet man oft gegen Illustrationen – zum Nachteil der Publikation. Die Desktop-Methode stellt hier eine Vielzahl von Programmen zur Verfügung, mit der jeder einfache kamerafertige Graphiken produzieren kann, und mit denen er, wenn er es zu einigem Geschick dabei bringt, auch aufwendigere graphische Arbeiten erledigen kann.

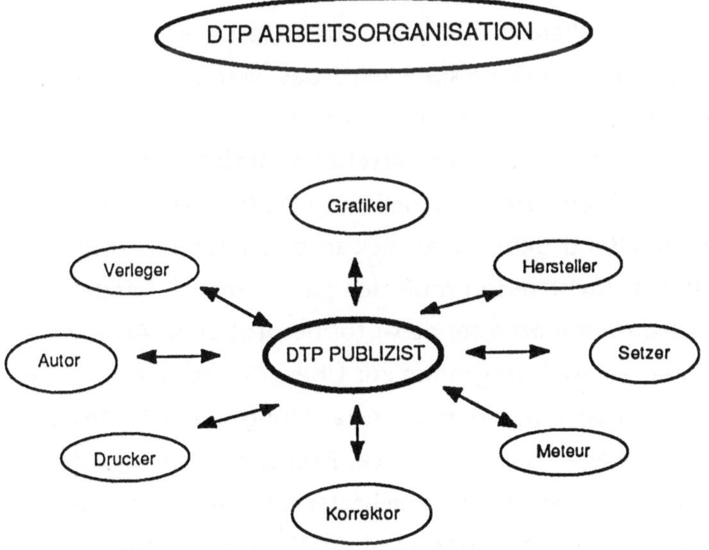

Abb. 6 Neue Arbeitsorganisation mit Desktop Publishing

Darüber hinaus stehen auch zum Anschluß an Personalcomputer Scanner zur Verfügung, die es erlauben, von einer fotographischen oder gedruckten Vorlage Bilder zu digitalisieren, anschließend am Bildschirm zu bearbeiten und im Laserdruckverfahren auszugeben. Es können zur Aufzeichnung auch Videokameras zum Einsatz kommen. Sie erlauben neben der Aufzeichnung von Fotos oder von anderem zweidimensionalen Material auch die unmittelbare Aufnahme dreidimensionaler Objekte. Die Bilder können am Bildschirm in Größe, Helligkeit, Kontrast und Schattierung verändert werden. Die Arbeit mit solchen Geräten ist komplizierter als es zunächst zu sein scheint und erfordert reprographische Kenntnisse. Aber zur vollständig elektronischen Dokumentenherstellung gehört auch die Bildverarbeitung.

Ebenso wichtig wie die Erstellung von Abbildungen und ihre Plazierung im Text ist der abschließende Produktionsprozeß und seine Überwachung durch den Hersteller. Der Hersteller produziert die letzte kamerafertige Kopie des ganzen Dokumentes: Textsatz, Korrekturlesen, Korrekturausführung, Umbruch des Textes und Montage der Satzfahnen und Abbildungen sind hier zu erledigen. Schließlich stehen Drucken und Binden sowie einige andere damit zusammenhängende Aufgaben unter der Aufsicht des Herstellers. Ein Desktop Publisher führt vielleicht alle diese Schritte selbst durch. Beim traditionellen Satzverfahren zum Beispiel wird das Manuskript vom Setzer zur Satzfahne verarbeitet und anschließend noch einmal mit dieser verglichen. Die mit angestrichenen Korrekturen versehene Satzfahne geht in einem schon vereinfachten Verfahren direkt zurück zum Autor, der seine Korrekturen hinzufügt. Anschließend geht sie zurück in die Setzerei – die Korrekturen werden ausgeführt. Nicht selten muß der ganze Prozeß wiederholt werden. Der am Personalcomputer arbeitende Autor besorgt diese Arbeiten alle selbst. Er benutzt ein Rechtschreibprogramm zur Überprüfung seines Textes und gibt die Textauszeichnungen ein, die er zur Gliederung seines Textes und zur Hervorhebung von Aussagen sehen möchte Rechtschreibprogramme ersetzen zwar keine Korrektoren. Sie machen nicht darauf aufmerksam, wenn ein Wort durch Schreibfehler sich in ein anderes ebenfalls existierendes verwandelt hat oder in seinem Satz- und Sinnzusammenhang fehl am Platze ist. Rechtschreibprogramme sparen aber eine Menge Arbeit, vor allem werden sie immer besser, je länger sie von demselben Autor benutzt werden, der das Lexikon nach und nach um die fehlenden, von ihm aber häufig benutzten Wörter ergänzt.

Das Montieren der Satzfahnen in die Seite und das Einfügen von Bildern kann mit entsprechenden Textverarbeitungsprogrammen umgangen werden, oder es kann mit speziellen Layout- / Umbruchprogrammen erledigt werden, die zusätzliche Möglichkeiten der Gestaltung bieten. Die Arbeitsweise ist oft stark an den manuellen Klebeumbruch angelehnt. Sogar den Standbogen als Umbruchvorlage findet man als Bildschirmschema häufig wieder. Ein großer Vorteil ist hier, daß in die elektronischen Satzfahnen auf dem Bildschirm bis zum letzen Moment korrigierend eingegriffen werden kann.

Einer der letzten Schritte ist der Druck. Dies ist normalerweise ein komplexer und teuerer Prozeß, der große Spezialkenntnisse erfordert. Der Laserdrucker ist hier ein guter Ausweg für denjenigen, der keine allzugroßen Auflagen benötigt. Und obwohl die Anschaffung wegen der Kosten nicht für jedermann in Frage kommen wird, ist sie doch vernünftig für jeden, der regelmäßig etwas zu veröffentlichen hat. Wer nur gelegentlich publizistisch tätig wird, kann seine Disketten zu einem Laserdruck-Center oder einer Setzerei geben. Gleich wie oft man veröffentlicht, in vielen Fällen wird man vielfach auf die Ausgabe über Satzbelichter verzichten können und vielleicht sogar den Laserausdruck als Druckvorlage für ein traditionelles Druckverfahren benutzen.

Wenn schließlich alles fertig und gedruckt ist, bleibt nur noch ein letzter Schritt, der wichtigste: die Veröffentlichung. Jeder Autor weiß, wie wichtig dieser Schritt ist, da ja die Übermittlung von Meinungen und Informationen an eine Öffentlichkeit das Ziel seiner Mühen ist. Es muß also entschieden werden, wie und von wem die Distribution besorgt wird. Wer nicht aus anderen Zusammenhängen über eine große Menge von Kontakten zu potentiellen Lesern oder über das erforderliche Kapital zu eigener verlegerischer Tätigkeit verfügt, wird in den meisten Fällen gut daran tun, hier die Zusammenarbeit mit einem bekannten und in dem entsprechenden Fachgebiet tätigen Verlag einzugehen.

Was man benötigt? – Die Grundausstattung

Für jemanden, der kein Spezialist im Bereich der Publikationstechniken ist, stellt sich das Angebot an Geräten und Programme, die sich für den Einsatz zu publizistischen Zwecken eignen, als weit und unüberschaubar dar. Um beim Kauf keine Fehler macht, ist es erforderlich schon etwas über Publikationstechniken zu wissen, damit die gekaufte Einrichtung später die Erwartungen erfüllt, die man in sie gesetzt hat. Auch sollten die angeschafften Systeme es erlauben, daß man sich selbst in seiner Arbeitsweise fortentwickelt, wenn man einige Erfahrungen in diesem Bereich gewonnen hat. Nicht nur die Grundfunktionen wollen also beachtet werden, sondern auch fortgeschrittenere, die vielleicht erst später zum Einsatz kommen werden. Die ersteren müssen einfach zu bedienen sein. Später sollen aber gleichwohl Funktionen für komplexere Gestaltungen zur Verfügung stehen, die natürlich auch schwieriger anzuweden sind.

Der Personalcomputer – oder besser Desktop-Computer – nimmt einen zentralen Platz der Ausrüstung ein. Unter dem Namen Desktop-Computer faßt man Personalcomputer wie IBM-PC oder Apple Macintosh zusammen; aber auch Arbeitsstationen (*engl: Workstations*) für wissenschaftlich-technische Arbeiten oder Büro-Anwendungen wie sie Sun, Apollo oder Xerox anbieten. Der Personalcomputermarkt ist einer der chaotischsten und unübersichtlichsten Märkte, die es zur Zeit gibt. Er ist in permanenter Bewegung. Kontinuierlich werden neue Personalcomputer auf den Markt gebracht und schnell werden alte Maschinen entwertet. Die Preise für Personalcomputer schwanken je nach Qualität, Ausstattung und gutem Markennamen zwischen 1.500 und 30.000 DM und mehr. Die erwähnten Arbeitsstationen liegen im oberen Bereich oder darüber. Die beiden wichtigsten Eigenschaften für die Anwendung mit WYSISYG-Benutzeroberflächen und Graphikprogrammen sind die Bildauflösung und die verfügbare Software.

Um den Computer herum gruppieren sich die anderen erforderlichen Ausrüstungsgegenstände: Ein Ausgabemedium, das für Publikationszwecke in der Regel ein Laserdrucker sein sollte, sowie die erforderlichen Programme zur Gestaltung von Text, Graphik und vollständigen Seiten. Für viele Publikationszwecke, u. a. überall dort, wo Berichte erstellt werden, wie beispielsweise in Werbeagenturen und Unternehmensberatungen, kommen heute aufgrund des schönen Schriftbildes noch Typenraddrucker zum Einsatz. Sie stehen jedoch der Anwendung der neuen graphischen Möglichkeiten im Wege. Hier dürfte eines der großen Einsatzgebiete für die Laserdrucktechnik liegen.

Die Software setzt sich aus Anwendungen für die drei Bereiche Text, Graphik und Layout zusammen. Daneben gibt es Spezialprogramme für das Erstellen von Gliederungen, das Ansteuern spezieller Drucker, die Gestaltung typographischer Extras, für wissenschaftlich-technischen Satz etc. Die Software ist natürlich nicht beliebig zwischen den verschiedenen Rechnern mit ihren verschiedenen Betriebssystemen austauschbar. Daher ist es erforderlich, eine

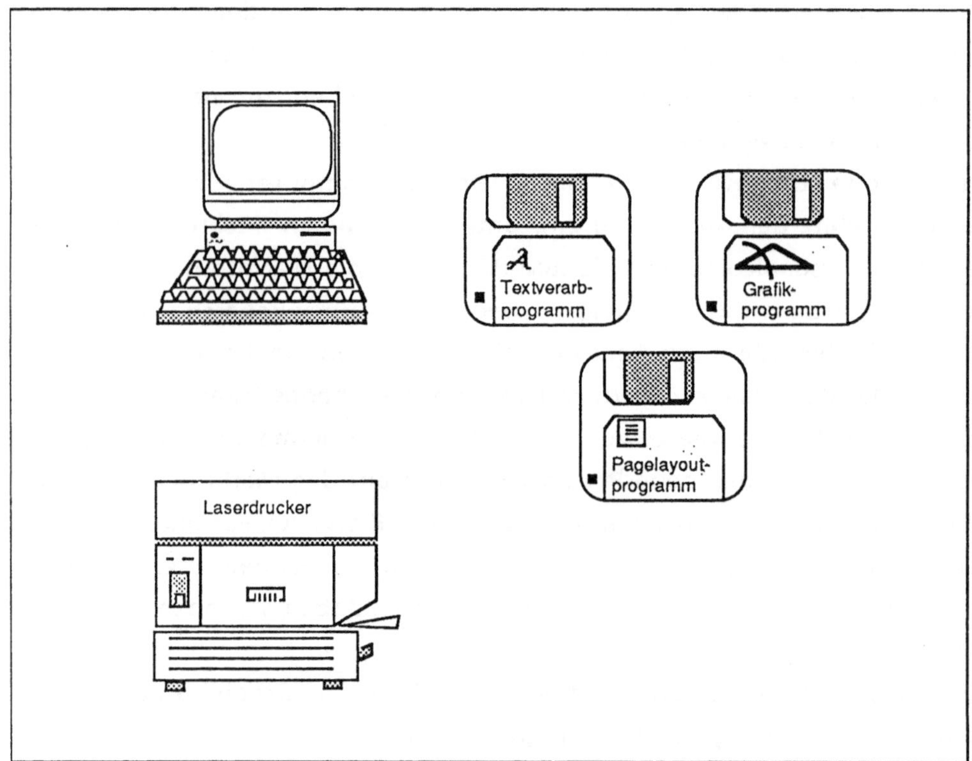

Abb. 7 Konfiguration eines Desktop Publishing Systems

gewisse Orientierung im Markt des Desktop-Publishing-Angebots zu gewinnen. Dies gelingt am einfachsten, wenn zunächst einmal einzelne Produkte bestimmten Systemfamilien zugeordnet werden. Auch darf die Entscheidung für die Anschaffung eines Produktes — bespielsweise eines Druckers — nie isoliert gefällt werden. Am Anfang muß daher die Auseinandersetzung mit den grundsätzlich und alternativ zur Verfügung stehenden Systemfamilien stehen.

Wir geben im folgenden einen Überblick über die drei verfügbaren Hauptgerätegruppen, die für sie verfügbaren Ausgabemedien und die Software. Denn die Entscheidung für eine Ausrüstung wird immer eine Entscheidung für eine dieser Systemfamilien sein und die Möglichkeiten der anderen damit mehr oder weniger ausschließen. Es wird Ihnen daher eine Hilfe sein, sich im Markt zu orientieren, wenn wir die Produktgruppen, innerhalb derer Sie Ihre Lösung finden müssen, im ganzen einander gegenüber stellen. Als Orientierungspunkt wählen wir den Personalcomputer, der jeweils seine Welt von Software und Hardware um sich herum bildet. Wir gehen dabei davon aus, daß Sie ihre Geräte nicht nur zu Publikationszwecken benutzen werden, sondern auf ihrem Rechner auch andere Arbeiten erledigen wollen - vielleicht eine Tabellenkalkulation oder eine Datenverwaltung. Unter reinen Publikationsgesichtspunkten müssen die Seitenbeschreibungssprachen stark beachtet werden, da durch sie die Leistungsfähigkeit der darauf aufbauenden Software und der Ausgabemedien bedingt ist.

Systeme, die Standards setzen

Der IBM-PC und die MS-DOS-Welt

Der IBM PC erschien 1980 im Markt. Anstelle des zuvor äußerst weit verbreiteten 8-Bit Prozessors ZILOG Z 80, der meist unter dem Betriebssystem CP/M von Digital Research lief, setzte IBM den 16-Bit Prozessor Intel 8088 ein und wählte das Betriebssystem MS-DOS von Microsoft, das als PC-DOS implementiert wurde. Der PC verfügt in der Grundausstattung über 64 Kilobyte, zwei 5 1/4 Zoll Floppy-Disk-Laufwerke und fünf interne Slots für Erweiterungskarten, von denen zwei für den Floppy-Controller und den Bildschirm-Controller belegt werden. Das Design ist so ausgelegt, daß Zusatzkarten von anderen Herstellern eingebaut werden können. Der PC hatte in der Grundausstattung einige starke Einschränkungen, in erster Linie die Qualität der Bildschirmgraphik, die mit der IBM-Standard-Monochrom-Karte nur aus Graphikzeichen aufgebaut werden kann. Nachdem der IBM-PC als Standard anerkannt wurde, kamen viele Clones (*möglichst exakte Nachbauten*) auf den Markt und nahezu alle namhaften Hersteller bieten inzwischen kompatible Geräte an.
Unmittelbarer Nachfolger des weitergeführten PCs war der XT, der sich im wesentlichen durch Einbau eines Festplattenlaufwerks als Massenspeicher vom PC unterscheidet und auch über eine anders aufgebaute Hauptplatine verfügt. 1984 brachte IBM den AT heraus, der heute dabei ist, der Standard für graphische Anwendungen innerhalb der PC / MS-DOS-Welt zu werden. Die Maschine hat einen Intel 16-Bit Prozessor (Intel 80286) und einen internen 16-Bit Datenbus.
Mit Stand März 1987 sieht die Produktpalette der PC-Reihe bei IBM, nach Auskunft des IBM-eigenen Info-Treffs in Frankfurt, folgendermaßen aus: Das alte PC-Modell existiert nicht mehr, d. h. es werden keine Geräte mit der Hauptplatine des PC mehr gebaut. An seine Stelle tritt der XT SDD. Er verfügt über eine XT-Hauptplatine mit 640 Kilobyte Arbeitsspeicher und über 2 Diskettenlaufwerke. Eine Festplatte kann nachgerüstet werden. Der XT FD ist im

Prinzip das gleiche Gerät mit besserer Ausstattung. Er verfügt über ein Floppy-Disk-Laufwerk und ein Festplattenlaufwerk mit 20 Megabyte. Geräte dieser Ausstattung werden als XT-kompatibel bezeichnet, da sie dem alten XT-Modell ungefähr entsprechen. Geräte, die als Massenspeicher lediglich über ein oder zwei Floppy-Laufwerke verfügen werden als PC-kompatibel bezeichnet. Als drittes Modell der XT-Reihe wird der XT 286 angeboten, der über den Prozessor des AT, den 80286, verfügt und dadurch eine größere Rechengeschwindigkeit aufweist, nach Auskunft von IBM noch 20 % unter dem AT 03. Der XT 286 ist wie der XT SFD ausgestattet, kann aber im Unterschied zu diesem im Arbeitsspeicher bis zu 3 Megabyte aufgerüstet werden. Top-Modell der IBM-PC-Serie ist der AT 03 mit dem Prozessor 80286, 512 KByte Arbeitsspeicher (der theoretisch bis auf 16 Megabyte aufgerüstet werden kann, beim derzeitigen Netzteil praktisch auf 4 - 5 MByte), einem Floppy-Laufwerk und einem Festplattenlaufwerk. Maximal kann die Maschine mit zwei 30 Megabyte Festplattenlaufwerken ausgerüstet werden. Als AT-kompatibel bezeichnet man Geräte mit dem Prozessor 80286, einem Floppy-Laufwerk und einer Festplatte. IBM empfiehlt zu allen seinen Geräten eine neue Tastatur mit separatem Cursorsteuerblock und 12 Funktionstasten in der oberen Tastenreihe.

Da der zunächst einzig vorhandene IBM-Monochrom-Bildschirm-Adapter über keinerlei Graphikfähigkeit verfügt, sondern lediglich Linien und Rahmen aus Graphikzeichen des Zeichensatzes aufbauen kann, bietet IBM Zusatzkarten an, die den Geräten Graphikfähigkeit verleihen. Beim Kauf eines PC ist anzugeben, mit welcher Karte das Gerät ausgerüstet werden soll, wobei sich erhebliche Preisunterschiede ergeben können. Alles wissenswerte über IBM-Graphikadapter und andere Graphikadapter für IBM-kompatible Personalcomputer finden Sie unter dem Stichwort Graphikfähigkeit im Abschnitt über den Arbeitsplatz in Teil 2 dieses Buches. Zum Standard unter den Graphikadaptern hat sich der Hercules Graphics Adapter (HGA) entwickelt. Er wird jedoch von der IBM-Software nicht unterstützt.

Als dritte Generation PC-kompatibler Rechner sah man bis vor kurzer Zeit eine neue Serie PC-kompatibler Computer heraufkommen, die über einen 32-Bit Chip Intel 80386 verfügen. Die Firma Compaq stellt bereits einen solchen Rechner her und man glaubte andere würden folgen. Diese Aussicht ist jedoch zweifelhaft geworden, da IBM nun einen Rechner mit völlig neuer Architektur unter dem Namen Personal System 2 herausgebracht hat. In dieser neuen

Baureihe wird es Rechner sowohl mit dem Prozessor 80286 als auch mit dem Prozessor 80386 geben. Alle Modelle werden schneller sein als der bisherige AT und über einen völlig neuen Graphikadapter verfügen. Auf diesen Rechnern werden die bisherigen PC-Programme unter MS-DOS ablauffähig sein, soweit sie einen der bisherigen IBM-Graphikadapter unterstützen. IBM bringt jedoch ebenfalls ein neues Betriebssystem und neue Software heraus. Ein gravierender Unterschied zu den bisherigen Geräten liegt auch darin, daß IBM sich mit dem Personal System 2 offenbar endgültig zum Einsatz von 3,5 Zoll Laufwerken entschlossen hat. Es muß sich nun erweisen, wie stark die Überlebensfähigkeit des von IBM geschaffenen PC-Standards ist, nachdem IBM selbst ein Konkurrenzprodukt zu diesem Standard im Markt plaziert hat. Zwar kann man kaum behaupten, daß die heutige MS-DOS-Welt noch dem PC-Standard von 1980 entspricht, aber die Familie der Rechner mit MS-DOS-Betriebssystem (und das sind bislang die PC-, XT- und AT-kompatiblen Geräte) stellt bei allen Unterschieden einen großen Grad von Softwareportabilität und somit in gewissem Maße Aufrüstbarkeit von einer zur anderen Gerätegeneration dar. Ob das alles im Vergleich zu anderen Systemen unter dem Strich wirklich ein Vorteil ist, sei dahingestellt, denn ohne neue größere Investitionen ist auch hier der letzte Stand der Technik nicht zu haben. Aber wer einmal in ein MS-DOS-System investiert hatte, konnte eben bislang innerhalb dieser Welt mitwachsen. Nicht zuletzt tat er dies in der Regel, weil er sich an die Besonderheiten des Betriebssystems und der verfügbaren Software gewöhnt hatte. Eine Verhaltensweise, der auch das neue IBM-System entgegenkommt. Die neuen Rechner werden neben dem neuen Betriebssystem und UNIX auch MS-DOS weiter unterstützen. UNIX ist ein Standard-Betriebssystem in der Welt der Arbeitsstation für wissenschaftlich-technische Anwendungen. Anfang 1986 brachte IBM einen kompakten, transportablen Computer auf IBM-PC-Basis heraus. Er verfügt über einen Standard-Arbeitsspeicher von 256 Kilobyte, zwei 3,5 Zoll Floppy-Disk-Laufwerke und einen Flüssigkristallmonitor (*LCD-Monitor*), der durch einen Standardmonitor ersetzt werden kann.
Die zunächst für den PC angebotene Tastatur wurde vielfach kritisiert. Bei Zahleneingaben fiel es als Nachteil ins Gewicht, daß die numerische Tastatur nur durch Umschaltung zu erreichen ist, da in der ersten Tastaturebene die Cursorsteuerfunktionen liegen. Viel wurde auch über die Pfeiltasten geklagt, die zwischen dem y und der Umschalttaste liegen und beim schnellen Schrei-

Abb. 8 Die von IBM für alle Modelle der PC- Reihe empfohleneTastatur

ben verwirren. Ihre Position entspricht aber dem neuen Standard für Schreibmaschinentastaturen und kann daher nicht IBM angelastet werden. Viele
Hardware-Hersteller boten Alternativen für die Tastatur an, die sich an dem
populären Selectric-Keyboard orientieren. IBM bietet nun ebenfalls eine
Tastatur an, die über getrennte Cursorsteuertasten und zwölf Funktionstasten
oberhalb des Standardtastenfeldes verfügt.
Das Betriebssystem MS-DOS ist befehlsorientiert. Es bietet komfortable Möglichkeiten der Datenverwaltung, wenn man sich mit der Bedienung etwas vertraut gemacht hat.
Für den PC stehen inzwischen mit Windows von Microsoft und GEM von Digital Research zwei konkurrierende graphische Benutzeroberflächen zur Verfügung, die eine Bedienung ermöglichen, wie sie durch den Macintosh bekannt
geworden ist. Windows verfügt über Multitaskingfähigkeit, d. h. mehrere Anwendungsprogramme können gleichzeitig im Speicher gehalten und in verschiedenen Fenstern auch auf dem Bildschirm dargestellt werden. Diese Anwendung empfiehlt sich allerdings nur auf einem Rechner mit dem Prozessor
80286, da sonst keine akzeptablen Geschwindigkeiten zustandekommen.
Textverarbeitungsprogramme mit Originalschriftendarstellung stehen für den
PC genauso zur Verfügung wie für den Macintosh, ebenso Graphikprogramme und Software zur Erstellung von Seitenlayouts und zur Durchführung des
Spalten und Seitenumbruchs. Was die Textverarbeitung und die Graphik
betrifft, ist festzuhalten, daß die meisten der guten und vielseitigen Text-

```
C >
C > path
PATH = C:\;\WINDOWS;\WORDS;\SYSTEM;\PM
```

Abb. 9 Dateisuchpfad unter MS-DOS-PCs

verarbeitungsprogramme sowie Programme für CAD-Anwendungen eine
Anbindung an die PostScript-Welt noch nicht vollzogen haben, während
andererseits Drucker mit HP LaserJet-Emulation nicht die typographische
Vielseitigkeit des LaserWriters bieten. Beide Anwendungen – die guten PC-
Textverarbeitungen und die Programme für das Computer Aided Design –
ergeben ein starkes Argument für die Anwendung von MS-DOS-PCs für Publikationsaufgaben und in beiden Bereichen ergibt sich auch Publikationsbedarf
aus den vorhandenen Standardanwendungen heraus. Das gleiche gilt für die
unendliche Zahl von kommerziellen Programmen, die unter MS-DOS zur Verfügung stehen, und die bei der Systementscheidung ein starkes Argument in
diese Richtung ergeben. Es reicht nicht aus, beispielsweise Geschäftsgraphiken aus diesen Programmen in Layoutprogramme übernehmen zu können.
Eine vorteilhafte Systemkonfiguration aus MS-DOS-PC und Laserdrucker
ergibt sich erst dann, wenn kommerzielle Programme auch selbst eine Vielzahl der für Publikationsanwendungen geeigneten Laserdrucker ansteuern,
die über typographische Schriften und eine Treibersprache verfügen, durch
die auch die Anbindung an den Fotosatz sichergestellt ist. Es ist daher, um ein
Beispiel zu nennen, unverständlich, daß man für Word noch keinen PostScript-
Treiber hat. Auch Publikationsprogramme für spezielle Anwendungen, so
zum Beispiel das Formelsatzprogramm Scientex Publisher der Firma MIDAS,
bieten häufig leider keinen PostScript-Druckertreiber.
Für die IBM-Kompatiblen sind viele verschiedene Maus-Modelle sowie
Tabletts verfügbar, die die Ansteuerung der Cursorposition, die Bedienung
von Anwendungs-Menüs sowie das graphische Arbeiten ermöglichen. Zu

einem Standard hat sich die Microsoft-Maus entwickelt, die entweder über die serielle Schnittstelle (RS 232 = V.24) angeschlossen wird oder über eine Erweiterungskarte, die in einen der Erweiterungsslots gesteckt werden muß. Vorteil der letztgenannten Methode ist, daß der serielle Port für Druckeranschlüsse und Datenkommunikation frei bleibt.

Der IBM-PC kann, abgesehen von dem Druckertreiber des Anwendungsprogramms, nahezu jede Art von Drucker entweder über die serielle oder über die parallele Schnittstelle ansteuern. Generell ist die parallele (Centronics-) Schnittstelle stärker standardisiert, so daß sich der Anschluß eines Druckers über die parallele Schnittstelle als problemlos darstellt. Für Desktop-Publishing-Anwendungen stehen verschiedene Laserdrucker zur Verfügung, die entweder den HP LaserJet emulieren oder über PostScript betrieben werden. Sie werden über die serielle Schnittstelle angesteuert. In jüngster Zeit wird auch der Xerox-Laserdrucker 4045 sowie der 2700 als Tintenstrahldrucker von vielen MS-DOS-Programmen unterstützt. So z. B. durch den Xerox Ventura Publisher und das Programm Textline von CCS, Hamburg.

Auch der Apple LaserWriter bietet eine serielle Schnittstelle, über die er problemlos an einen PC angeschlossen werden kann. Außerdem kann ein IBM-PC über eine Zusatzkarte in das Netzwerk AppleTalk integriert werden. Beide Anschlußmöglichkeiten erlauben es, einen LaserWriter zwischen Macintosh- und MS-DOS-PCs zu teilen, die Vorteile beider Personalcomputer in Anspruch zu nehmen und die Dokumente über den gleichen Drucker auszugeben. Allerdings verfügen die gewohnten Standardprogramme unter MS-DOS erst zum geringen Teil über PostScript-Treiber, so daß ein PostScript-Drucker wie der LaserWriter als Universaldrucker für den MS-DOS-PC zur Zeit noch wenig geeignet ist, denn in der zusätzlich vorhandenen Diablo-Emulation bietet er nur sehr geringe Möglichkeiten.

Unter den Scannern für die Bildverarbeitung, die mit dem PC betrieben werden können, ist beispielsweise der MS-200 von Microtek ein Gerät, das sowohl mit dem Macintosh als auch mit einem PC-kompatiblen Gerät betrieben werden kann. Er kann Dokumente bis 20 × 60 cm in einer Auflösung von 200 Punkten pro Inch verarbeiten. Die Bildauflösung ist nicht überragend, produziert aber akzeptable Ergebnisse, die der Qualität von Zeitungsbildern entsprechen. Das Gerät ist zu einem Preis verfügbar, der es für Desktop-Anwendungen interessant macht.

Macintosh, LaserWriter und AppleTalk

Der Macintosh wurde von Apple mit dem Ziel entwickelt, einen graphikfähigen Personalcomputer anzubieten, der in der Lage ist, auf dem Bildschirm Text und Graphik so oder zumindest annähernd so darzustellen, wie sie bei der Ausgabe erscheinen werden (WYSIWYG = What You See Is What You Get). Der Macintosh ist mit einem Mikroprozessor 68000 der Firma Motorola ausgerüstet, der ein Standardprozessor für Arbeitsstationen mit grafischen Anwendungen ist. Der Rechner kam anfangs mit einem Arbeitsspeicher von 128 KByte und einem ROM von 64 KByte heraus. In das Gehäuse war ein 3,5 Zoll Floppy-Disk-Laufwerk für einseitige 400 KByte-Disketten integriert. 1985 führte Apple einen Macintosh mit 512 KByte Arbeitsspeicher ein. Außerdem wurde der Vorläufer des Macintosh, die Lisa, als Rechner mit großem Arbeitsspeicher zunächst unter dem Macintosh-Label weiter geführt. Mit der Lisa hatte Apple zum ersten Mal Aufsehen für seine leicht zu handhabende Benutzeroberfläche erregt. Der Rechner war jedoch zu teuer und konnte sich nicht durchsetzen.

Seit 1986 trat der Macintosh Plus mit einem Arbeitsspeicher von 1 Megabyte im gewohnten Mac-Gehäuse an die Stelle der Lisa. In seinem ROM-Speicher von 128 Kilobyte befindet sich unter anderem das Programm zur Verwaltung eines hierarchischen Dateisystem. Dieses ermöglicht es wie beim Betriebssystem MS-DOS, Dateien in Verzeichnisse zu stellen und diese wiederum in anderen Verzeichnissen zusammenzufassen. Die Verzeichnisse sind hier durch Ordner dargestellt. Der Macintosh Plus verfügt über ein zweiseitiges Diskettenlaufwerk für Disketten mit 800 Kilobyte. Es arbeitet beinahe doppelt so schnell wie das bisherige. Als Option stehen externe Diskettenlaufwerke und eine Festplatte zur Verfügung. Auch von anderen Herstellern werden Festplatten für den Macintosh angeboten. Das Programm, um den Macintosh direkt von der Festplatte zu starten, ist ebenfalls im ROM vorhanden. Der Macintosh Plus stellt ein in weiten Funktionen verbessertes Modell des Macintosh dar, z. B. arithmetische Funktionen, Quick Draw Support etc. Mit dem Macintosh Plus hat Apple auch die Tastatur verbessert. Sie bietet nun Cursorsteuertasten und ein numerisches Tastenfeld.

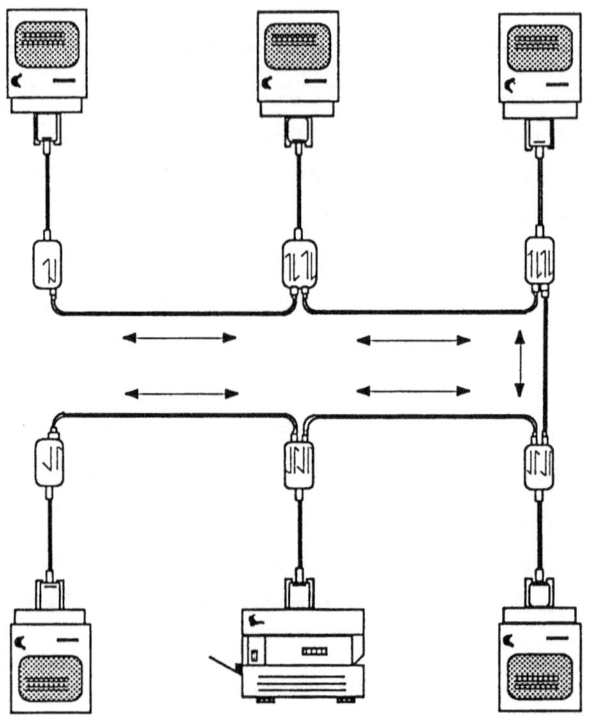

Abb. 10 Beispiel für ein Netzwerk mit AppleTalk Verbindungen

Der Macintosh verfügt über einen Monitor der Bildschirmgröße 9 Zoll, der mit einer Auflösung von 512 × 342 Pixel arbeitet. Der Macintosh wird weitgehend über eine den Schreibtisch simulierende Bedieneroberfläche und über Pull-Down-Menüs gesteuert. Als Abkürzung können auch Tastencodes benutzt werden. Jeder Macintosh verfügt über 3 Kommunikationsanschlüsse. Einen für die Maus, eine serielle Schnittstelle für das Netzwerk AppleTalk sowie eine serielle Kommunikationsschnittstelle zum Anschluß von Modems oder zur Verbindung mit anderen Personalcomputern oder Druckern.
Auf der CEBIT '87 zeigte Apple erstmals zwei neue Macintosh-Modelle: Die Architektur des Basismodells wurde grundlegend überarbeitet. Das neue

Standardmodell Macintosh SE verfügt über einen freien Steckplatz für Erweiterungskarten. Hier kann beispielsweise eine Karte mit dem Prozessor 8086 eingesetzt werden, um den Rechner für MS-DOS-Software auszurüsten. Damit wurde der langwährenden Kritik der Fachwelt an der geschlossenen Architektur des Macintosh genüge getan. Als neues Modell wurde ebenfalls der Macintosh 2 eingeführt. Er verfügt mit dem Prozessor Motorola 68020 über einen 32-Bit Prozessor und gehört beinahe in die Klasse der Arbeitsstationen. Unter anderem ist er farbfähig, kann unter UNIX betrieben werden und wird mit unterschiedlichen Monitoren angeboten.

Das bereits erwähnte Netzwerk AppleTalk ist ein lokales Netzwerk, mit dem bis zu 32 Mikrocomputer verbunden werden können. Es erlaubt Übertragungen über eine Gesamtentfernung von 300 Metern mit einer Geschwindigkeit von 230.400 Bit/Sek. Von Drittherstellern werden Zusatzkarten angeboten, um auch IBM-PCs in das Netzwerk zu integrieren.

Neben der Maus, die zu jedem Macintosh dazugehört, findet man im Markt verschiedene Zeichenwerkzeuge, die die grafische Arbeit mit der einen oder anderen Software erleichtern. Darunter gibt es Zeichentabletts und Zeichenstifte wie MacPen. MacPen erlaubt es in Verbindung mit einem Digitalisierungstablett komplizierte Pläne oder Diagramme zu zeichnen, komplizierte Graphiken für CAD/CAM-Anwendungen zu erstellen oder handschriftliche Texte auf den Bildschirm zu bringen. Es kann mit Tabletts in einer Auflösung von 200 bis 1000 Punkte pro Inch und von 8 1/2 x 11 bis zu 8 1/2 x 14 Zoll benutzt werden.

Zum Apple System gehört der LaserWriter, wenngleich der Macintosh zunächst mit dem ImageWriter eingeführt wurde. Der ImageWriter ist ein sehr guter Matrixdrucker, der auch den Einsatz eines kleinen Scannerlesekopfes (ThunderScan) zur Übernahme von Fotos oder sonstigen Abbildungen in Macintosh-Graphikprogramme erlaubt. Der LaserWriter ist ein Laserdrucker auf Basis des Canon LBP-8 Druckers. Es wird eine Tonercartridge benutzt, die zusammen mit der Bildtrommel ausgetauscht werden kann. Mit einer Ladung können etwa 3000 Seiten DIN A4 gedruckt werden. Der Drucker enthält einen eigenen 32-Bit-Mikroprozessor und 2 Megabyte Speicher. Davon sind 1,5 Megabyte RAM und 0,5 Megabyte ROM. Der Druckercontroller arbeitet mit der PostScript-Seitenbeschreibungssprache. Der ROM-Speicher enthält die Fonts (Vektorfonts). Der LaserWriter verfügt über zwei Schnittstellen, eine zum Anschluß des Netzwerkes AppleTalk, über das der LaserWriter mit dem Macintosh verbunden wird, sowie über einen seriellen Anschluß zum direkten Anschluß eines anderen Rechners, der mit einer Übertragungsrate von 9600 Bit / Sek. Daten zum LaserWriter schicken kann.

Der Drucker kann Seiten mit einem Format von maximal DIN A4 in einer Auflösung von 300 Punkt pro Zoll bedrucken, mischt Text und Graphik und verfügt in der Grundversion über 2 eingebaute Fotosatzschriften (Times und Helvetica), eine Schreibmaschinenschrift (Courier) und ein Symbol-Font für wissenschaftliche Anwendungen.

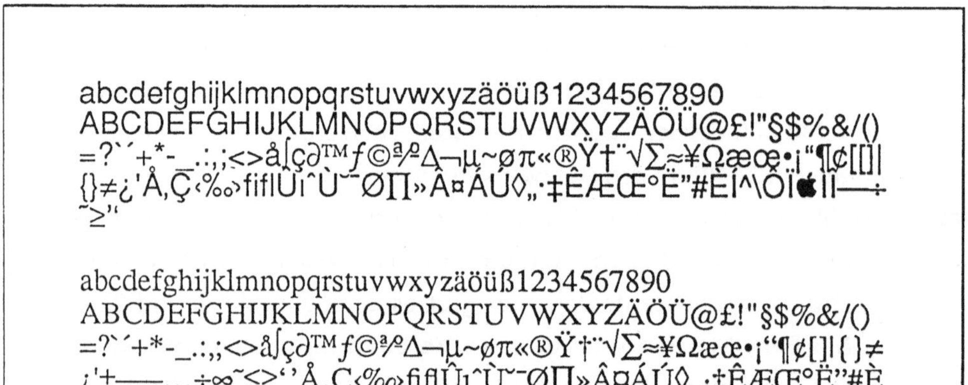

```
abcdefghijklmnopqrstuvwxyzäöüß1234567890
ABCDEFGHIJKLMNOPQRSTUVWXYZÄÖÜ@£!"§$%&/()
=?`´+*-_.:,;<>å∫ç∂™ƒ©ª/º∆¬µ~øπ«®Ÿ†¨√∑≈¥Ωæœ•¡"¶¢[]|
{}≠¿'Å,Ç‹‰›fifl Û ı ˆÙ˜¯ØΠ»Â¤ÁÚ◊„·‡ÊÆŒ°Ë"#ÈÍˆ\Ôï  Îˇ —÷
˜≥"

abcdefghijklmnopqrstuvwxyzäöüß1234567890
ABCDEFGHIJKLMNOPQRSTUVWXYZÄÖÜ@£!"§$%&/()
=?`´+*-_.:,;<>å∫ç∂™ƒ©ª/º∆¬µ~øπ«®Ÿ†¨√∑≈¥Ωæœ•¡"¶¢[]|{}≠
¿'±—…÷∞˜≤≥''Å,Ç‹‰›fiflÛ ı ˆÙ˜¯ØΠ»Â¤ÁÚ◊„·‡ÊÆŒ°Ë"#È
Íˆ\Ôï  Îˆ'

abcdefghijklmnopqrstuvwxyzäöüß1234567890
ABCDEFGHIJKLMNOPQRSTUVWXYZÄÖÜ@£!"§$%&/()=?
+*´`-_.:,;<>å∫ç∂™ƒ©ª/º∆¬µ~øπ«®Ÿ†¨√∑≈¥Ω    •�
¡"¶¢[]|{}≠¿'±Ò——…÷∞˜≤Å,Ç‹   ›   Û ı ˆÙˇ¯ØΠ»Â¤ÁÚ
◊„·‡ÊË"#ÈÍˆ\Ôï  Îî

αβχδεφγηιφκλμνοπθρεστυϖωξψζ  ≅≤1234567890♣↔
ΑΒΧΔΕΦΓΗΙϑΚΛΜΝΟΠΘΡΣΤΥςΩΞΨΖ  +*−_:.;,><≡∂♠⊗♥
≈∨…∅ℜ∝~⌐≠∩♦∧←℘•⊕×|™Πℑ®ƒ[]|{}↑ℵϑ±)——→∉∈∞ϒ
⊃√∠∇°ƒ≥®⇐™⇑⇒⇓⌠⌡∖⌉↵÷∪Σ⇔|ʃ·©〈◊〈©#Π⊥∴|ΓL
```

Abb. 11 Die vier Fonts der LaserWriter-Grundversion: Helvetica, Times, Courier und Symbol

Der LaserWriter Plus verfügt über weitere Fotosatzschriften, darunter über das Font Zapf Dingbats, das viele Sonderzeichen enthält.

Xeroxs Dokumentations-Arbeitsplatz

Das Xerox System Documenter soll hier als Beispiel für eine netzwerkfähige
Arbeitsstation dienen. Es bildet praktisch die obere Leistungsgrenze der
Systeme, die man als Desktop-Systeme bezeichnen kann. Wir haben uns auch
deshalb zur Aufnahme dieses Systems in diese Beschreibung entschlossen,
weil Rank Xerox am konsequentesten von allen uns bekannten Anbietern das
Prinzip des elektronischen Schreibtisches zum Organisationsprinzip seiner
Benutzeroberfläche gemacht hat.

Die Arbeitsstation 6085 kann einerseits als Einzelarbeitsplatz betrieben und
direkt mit dem Xerox-Laserdrucker 4045 als Ausgabegerät verbunden werden, andererseits kann sie Arbeitsstation innerhalb des Xerox-Netzwerkes
nach dem Ethernet-Standard sein. In der Einzelplatzversion wird das System
als Assistent vertrieben. Es wird mit einem Prozessor in MESA-Architektur,
einer Festplatte mit 10, 20 oder 40 Megabyte und einem Bildschirm mit 15
oder 19 Zoll geliefert. Der Arbeitsspeicher umfaßt 1,1 oder optional 1,6 Megabyte und ist zusammen mit Festplatte und Prozessor in einem Gehäuse untergebracht, das nicht auf, sondern neben dem Schreibtisch untergracht werden
muß. Zusätzlich ist ein Diskettenlaufwerk verfügbar, das bei der Einzelplatz-
lösung zum Laden der Software und für die Datensicherung benötigt wird.
Ein Streamer-Tape (Magnetbandkassettenlaufwerk) soll in nächster Zukunft
verfügbar sein. Die Tastatur des Systems verfügt über 10 Funktionstasten am
oberen Tastaturrand und 10 weitere im rechten Tastaturbereich. Ein separates
numerisches Tastenfeld ist vorhanden. Cursorsteuertasten existieren nicht, da
die Cursorsteuerung ausschließlich über die Maus durchgeführt wird.

Die Software erlaubt es, mehrere Dokumente und Programme zur gleichen
Zeit in Arbeit zu nehmen. Dies kommt der nahezu perfekten Nachbildung des
Schreibtisches als Aufbauprinzip der Benutzeroberfläche sehr zugute, da auf
Programme, wie beispielsweise ein Zeichenprogramm, wie auf ein Werkzeug
zugegriffen werden kann. Die Dateiorganisation erfolgt über Ordner, die
wiederum in anderen Ordnern untergebracht werden können. Leider steht
keine Suchfunktion innerhalb des Inhaltsverzeichnisses zur Verfügung, so daß

ein Ordner geöffnet werden muß, damit man seinen Inhalt einsehen kann. In der Basissoftware ist eine Textverarbeitung, ein Kalkulationsblatt, eine Rechtschreibefunktion und Graphiksoftware integriert. Die Textverarbeitung erlaubt das Plazieren eines Graphikrahmens innerhalb des Textdokumentes. In diesem Rahmen können Vektorgraphiken aus graphischen Grundelementen wie Kurve, Dreieck, Rechteck, Gerade, Kreis und Ellipse aufgebaut werden. Daneben steht ein Zeichenbrett zur Verfügung, mit dem freie pixelorientierte Grafik erzeugt und in die Graphikrahmen plaziert werden kann. So ergibt sich eine komfortable Arbeitsweise bei der Textillustration. Innerhalb des Textes können Grundtabellen aufgerufen werden, die um Spalten und Reihen erweitert und auf Wunsch verändert und den Erfordernissen angepaßt werden können. Sie können ebenfalls als Kalkulationsblatt benutzt werden. Im Graphikprogramm stehen Möglichkeiten zur Verfügung, die Ergebnisse in Torten-, Linien- und Balkendiagrammen darzustellen.

Abb. 12 Tastatur der Xerox-Arbeitsstation 6085

Die Eigenschaften aller Text- und Graphikelemente werden über Eigenschaftsfenster oder über Funktionstasten gesteuert, so z. B. Linienstärke und Füllmuster einer graphischen Figur, Schriftart, Schriftgröße und Zeilenabstand eines zuvor definierten Textes, Linienart und Spaltenbreite in Tabellen. Die Funktion Zeilenende liegt bei Xerox in der Versalebene der Tastatur. In der ersten Ebene liegt auf der Zeilenendetaste ein Absatzzeichen. Diesem Zeichen, das am Anfang eines Absatzes steht, können alle Formateigenschaften des Absatzes zugewiesen werden. Die Editierfunktionen findet man auf den linken Funktionstasten, die entsprechend beschriftet sind: Löschen, Wiederholen, Übertragen, Kopieren, Eigenschaften, Suchen etc. In der oberen Tastenreihe finden sich Textauszeichnungen wie Zentrieren, Fett, Kursiv, Größer / Kleiner etc. Diese Tasten werden entsprechend dem Arbeitsstadium automatisch neu belegt. Bei graphischen Arbeiten können über diese Tasten Funktionen wie Strecken, Vergrößern sowie einige häufig benötigte Grundelemente wie Raster, Linie, Kurve angewählt werden. Nach Drücken der Taste Tastatur können über die obere Tastenreihe verschiedene Tastaturbelegungen mit internationalen Zeichensätzen sowie Sonderzeichen für Büro und mathematische Anwendungen angewählt werden.

Es kann ein automatischer Seiten- und Spaltenumbruch durchgeführt werden – leider nicht als Hintergrundprozedur zeitgleich zu anderen Arbeiten. Das Xerox-System ist für die Dokumentenherstellung zu Publikationszwecken sehr gut geeignet, und wir haben die Arbeitsweise bei der Herstellung dieses Buches als leicht zu erlernen und komfortabel empfunden. Die Steuerung über Menüleisten und Maus ergänzt sich sehr gut mit den Funktionstasten. So definiert man beispielsweise mit der rechten Hand und dem Mauszeiger Textbestandteile und löst mit der linken Bearbeitungsfunktionen wie Kopieren oder Löschen aus. Allerdings würde man sich für exakte Ansteuerung von Textzeichen eine zusätzliche Cursorsteuerung über Steuertasten wünschen. Desweiteren ist für Publikationsaufgaben unbedingt ein Silbentrennprogramm erforderlich, das noch nicht zur Verfügung steht.

Die Ausgabe erfolgt ausschließlich über die Dokumentenbeschreibungssprache Interpress und über Xerox-Drucker. Xerox bietet die Arbeitsstation 6085 in einem Komplettpaket mit dem Drucker 4045 an, der auch in einer Kopiererversion erhältlich ist.

Zur Arbeitsstation ist eine PC-Emulation erhältlich, die den Einsatz von MS-DOS-Standardsoftware in einem Bildschirmfenster und die Übernahme von Arbeitsergebnissen in die Viewpoint-Software ermöglicht. Außerdem werden Konvertierungsprogramme für verschiedene Dateiformate angeboten.

TEIL 2 - ENTSCHEIDUNGEN

Der vorliegende zweite Teil dieses Buches will Sie bei Ihren ersten praktischen Schritten hin zum Do-It-Yourself bei der Erstellung von Drucksachen und Dokumenten begleiten. Er will Ihnen praktische Entscheidungshilfe beim Kauf von Hard- und Software sowie Unterstützung bei Ihren ersten Schritten in der Welt des Satzes, Layouts und Drucks sein. So werden wir Sie in die Lage versetzen, Hard- und Softwareprodukte aufgrund von Datenblättern und Prospekten zu beurteilen. Diese Beurteilung bildet eine wichtige Grundlage für Ihre Kaufentscheidung. Außerdem erwerben Sie in diesem Teil viele Kenntnisse, die Sie benötigen, um die Features der Programme und Rechner beim Erstellen Ihrer ersten Dokumente sicher anwenden zu können. Während Teil 1 Ihnen einen Einblick in die Welt der drei wichtigen Systemfamilien gegeben hat, gehen wir nun nach einem mehr systemübergreifenden Gesichtspunkt vor, um die Kriterien für vergleichende Marktstudien und die Grundkenntnisse für die Softwareanwendung zu gewinnen. Hier werden Ihre Fragen zu den folgenden Themen beantworten:

Personalcomputer, ihre Betriebssysteme und Benutzeroberflächen;

Textverarbeitungsprogramme, ihre Editoren und Formatierungsmöglichkeiten;

Zeichen- und Graphikprogramme, ihre Gestaltungsmöglichkeiten;

Layoutprogramme.

Der Arbeitsplatz

Hier werden die wesentlichen Eigenschaften von Personalcomputern, auf die beim Kauf zu achten ist, insbesondere im Hinblick auf Publikationsanwendungen dargestellt.
Diese Eigenschaften liegen in den Bereichen Zentraleinheit, Betriebssystem, Graphikkarte, Bildschirm und Tastatur.Ein weiterer wichtiger Punkt ist die Verfügung über graphische Benutzeroberflächen. Diesem Thema widmen wir ein eigenes Kapitel.

Systemfamilie und Kompatibilität

Für das Desktop Publishing stehen im Bereich der Personalcomputer im wesentlichen zwei Systeme bzw. Systemfamilien zur Verfügung: Die Welt der MS-DOS-Computer, die immer wieder auch als die IBM-Kompatiblen bezeichnet werden, und der Apple-Macintosh mit seinem eigenen Betriebssystem, einem vom gleichen Hersteller gelieferten Laserdrucker und dem Netzwerk AppleTalk. Für beide Rechner steht eine unüberschaubare Fülle an kommerzieller Software zur Verfügung. Die Publikations-Software ist inzwischen bei beiden schon beinahe genauso umfangreich, wobei der IBM-kompatible MS-DOS-Rechner eben den Vorteil des Industriestandards auf seiner Seite hat, d.h. für ihn existieren die meisten in der Büro- und Geschäftswelt einzusetzenden Programme. Der IBM-PC oder kompatible Rechner sind die am weitesten verbreiteten Rechner und mit ihnen wird man sich demzufolge am leichtesten tun, Daten aus dem kommerziellen Bereich in zu gestaltende Dokumente zu übernehmen. Was der Standard des IBM-PC ist, zu dem so viele Hersteller kompatible Geräte, Peripherie und Software anbieten, finden in unserem Kapitel über Systeme, die Standards setzen, in Teil 1. Auf der anderen Seite war der Macintosh der erste Rechner mit einer voll graphischen Bildschirmdarstellung und noch immer stehen für ihn wohl die meisten und die schönsten graphischen und typographischen Programme zur Verfügung. So ist aufs beste dafür gesorgt, daß derjenige, der sich einen PC hauptsächlich zu typographischen Zwecken anschaffen möchte, wirklich die Qual der Wahl hat. Schon längst ist daher in den USA ein Produkt auf den Markt gekommen, daß dem Macintosh einen PC-Rechner und ein 5 1/4 Zoll Diskettenlaufwerk zur Seite stellt und als "Mac-Charlie" seinem Anwender "The best of both worlds" verspricht. Und seit der CEBIT '87 bietet Apple selbst mit der offenen Architektur des Macintosh SE und des Macintosh 2 die Möglichkeit, die Rechner mit Karten auszurüsten die MS-DOS-Programme ablauffähig machen.

Beide Lösungen stellen ein gewisses Maß an Kompatibilität zwischen beiden Systemen in Aussicht. Unter Kompatibilität versteht man die Austauschbarkeit von Programmen und Dateien zwischen unterschiedlichen Computermodellen. Die Kompatibilität hängt dabei von einer Reihe von Faktoren ab: Die wichtigsten sind der Mikroprozessor, das Betriebssystem, die Diskettenlaufwerke, das Datenformat der Disketten, die Tastatur. Bei Systemen, die sich für Desktop Publishing eignen, spielt die Graphikkompatibilität eine große Rolle. Die Austauschbarkeit von Textdaten ist am leichtesten zu gewährleisten und stellte zwischen der MS-DOS- und der Mac-Welt von Anfang an kein grundsätzliches Problem dar. Solange nämlich die Zeichen auf beiden Systemen ASCII-codiert sind, können zumindest die reinen Textcodes ohne die Steuerzeichen eines bestimmten Textverarbeitungsprogrammes auf beiden Systemen verarbeitet werden. Da Textverarbeitungsprogramme wie Microsoft Word auf beiden Systemen zur Verfügung stehen, können auch Formate mit übernommen werden. Bei Graphiken sieht es deshalb schlechter aus, weil sie ganz unterschiedlich aufgebaut werden. Für die Austauschbarkeit von Programmen ist grundsätzlich der gleiche Mikroprozessor und das gleiche Betriebssystem vorausgesetzt. Kompatibilität in dieser Hinsicht wird deshalb in der Regel durch Emulationskarten erreicht, die den Proszessor des jeweils anderen Systems tragen. Eine ganz andere Sache ist es, wenn Softwarehersteller die gleichen Programme in Macintosh- und MS-DOS-Versionen anbieten, wie das beispielsweise bei Microsoft mit Word oder bei Aldus mit dem PageMaker geschah. Hier wurden die Programme selbst an die unterschiedlichen Rechner und Betriebssysteme angepaßt. Natürlich werden solche Programme sinnvollerweise in grundlegenden, rechnerunabhängigen Eigenschaften ähnlich aufgebaut, was unter Umständen den Austausch von Dateien zwischen den Versionen für verschiedene Rechner erleichtert.

Innerhalb der MS-DOS-Welt selbst ist die Kompatibilität ein großes Thema. Denn nicht alles, was als IBM-kompatibel abgeboten wurde, ließ sich auch problemlos so einsetzen. Oft scheitert die volle Kompatibilität schon daran, daß der eine Rechner über Diskettenlaufwerke im Format 3,5″ verfügt, der andere über solche im Format 5,25″. Diskettenkompatibilität setzt die gleiche Diskettengröße und die gleiche Anordnung von Spuren und Sektoren auf der Diskette, also das gleiche Datenformat, voraus. An einer nicht vorhandenen Diskettenkompatibilität braucht weder der Austausch von Dateien noch der von Programmen zu scheitern. Sind die Systeme aber ansonsten kompatibel, so ist es äußerst ärgerlich, wenn die austauschbaren Daten und Programme immer erst von einer Diskette auf die andere konvertiert werden oder über Kabel übertragen werden müssen, weil entweder das Diskettenformat, oder das Datenformat auf der Diskette nicht übereinstimmen. Wenn ein PC über das Betriebssystem MS-DOS verfügt, so heißt das noch lange nicht, daß alle MS-DOS-Programme auf diesem PC laufen werden. Vor allem Graphik-programme stellen höhere Anforderungen an den Rechner. Für die Graphik-kompatibilität kommt es auf den Bildschirmtreiber an. Im Bereich der Graphik hat sich aber in Form der Hercules-Monochrom-Graphikkarte (auch einfach Hercules-Karte genannt) ein Quasistandard herausgebildet. Die meisten Pro-gramme unterstützen diese Graphikkarte. Hierzu aber Ausführlicheres im Abschnitt Graphikkarten. Man spricht auch von der Tastatur als Kriterium der Kompatibilität. Hier geht es aber weniger um wirklich notwendige Bedin-gungen des Datenaustausches als vielmehr um den Test auf die Gleichwertig-keit der Systeme.

Die Zentraleinheit

Die Zentraleinheit ist sozusagen das Herz eines Rechners. Von ihr hängt in erster Linie ab, welche Anwendungen mit diesem Rechner möglich sind. Zur Zentraleinheit gehören das Rechenwerk und das Speicherwerk. Die wesent-lichen Eigenschaften der Zentraleinheit bestehen in der Speicherkapazität und in dem Typ des zum Einsatz gebrachten Mikroprozessors. In Datenblät-tern findet man zur Speicherkapazität Angaben über den ROM- und den RAM-Speicher. ROM ist die Abkürzung für **Read Only Memory**. Dieser Speicher ist vom Hersteller mit bestimmten Informationen fest geladen, die während des Betriebes lediglich gelesen, aber nicht verändert werden können. In diesem Speicher sind in der Regel Teile des Betriebssystems fest abgelegt. So liegt zum Beispiel beim IBM-PC ein Teil des Betriebssystems — das sogenannte BIOS — in ROM-Speichern. Man merkt dies praktisch beim Vergleich der durch das Betriebssystem MS-DOS (*Microsoft Disk Operating System*) belegten Speicherkapazität zwischen einem Original-IBM-PC und einem sogenannten Clone, einem mit dem IBM-PC nahezu identischen Gerät eines anderen Herstellers. Das MS-DOS verbraucht beim IBM-PC weniger Speicherplatz als bei dem Clone, da jene Teile des MS-DOS, die IBM durch die Funktionen des BIOS abdeckt, nicht geladen zu werden brauchen. Aus dem Ausgeführten folgt übrigens auch, daß Rechner mit dem Betriebssystem MS-DOS nicht immer 100 % kompatibel zu IBM-PCs sind, (besser gesagt: sie sind es nie). Die Funktionen des BIOS sind dem Original-PC exclusiv vorbehalten und dürfen von niemandem kopiert werden. Nur Programme, die sowohl die Routinen des BIOS als auch die des entsprechenden Teils von MS-DOS unterstützen, laufen auf dem IBM-PC ebenso wie auf seinen Clones.

Doch nun zurück zu den ROM- und RAM-Speichern. ROM-Speicher sind also Speicher, die vom Hersteller fest geladen sind. Währenddessen die RAM-Speicher während des Betriebes sowohl gelesen als auch beschrieben werden können. RAM bedeutet Random Access Memory. Das ist ein Speicher, auf den aufs geradewohl Zugriff genommen werden kann, womit die Eigenart dieser Speicher korrekter bezeichnet ist als durch Lese- und Schreib-Speicher. Denn natürlich sind auch die ROM-Speicher beschreibbare Speicher— nur eben nicht unmittelbar, sondern nur unter Zuhilfenahme spezieller Programmiergeräte. Was die Speicherkapazität betrifft, so ist beim Kauf eines PC einzig und allein auf den RAM-Speicher zu achten. Der RAM-Speicher ist der Arbeitsspeicher des Rechners, in ihn werden das Programm sowie alle in Arbeit befindlichen Daten geladen. Je größer also der RAM-Speicher, ein desto größerer Teil des Programms und desto größere Dateien können unmittelbar im Arbeitsspeicher gehalten werden. Dies ist unter zwei Gesichtspunkten wichtig: Zum einen erhöht es die Geschwindigkeit, da das Lesen von Daten von einer Floppy-Disk oder einer Festplatte wesentlich mehr Zeit in Anspruch nimmt, als das Lesen aus dem Arbeitsspeicher. Zum anderen brauchen alle Programme ein bestimmtes Minimum an Speicherkapazität. Personalcomputer werden heute mit Speicherkapazitäten zwischen 128 Kilobyte und 1 Megabyte angeboten . Eine größere Speicherkapazität ist nicht unbedingt von Vorteil. Denn die genannten positiven Effekte stellen sich nur ein, wenn die größere Speicherkapazität von den verwendeten Programmen auch ausgenutzt wird. Im wesentlichen sollte man sich also an den Angaben der Hersteller wichtiger Standardprogramme orientieren und darauf achten, daß spätere Speichererweiterungen möglich sind. Große Arbeitsspeicher können allerdings durch Zusatzmodule des Betriebssystems als virtuelle Disketten konfiguriert werden. Dadurch werden bestimmte Teile des Arbeitsspeichers vom Betriebssystem wie ein Diskettenlaufwerk behandelt, sodaß in diesem Speicherbereich Programme oder Programmteile abgelegt werden können, die dann bei Bedarf nicht erst von der Diskette gelesen werden müssen. Es handelt sich um ein Verfahren, die Arbeitsgeschwindigkeit eines Rechners zu erhöhen.

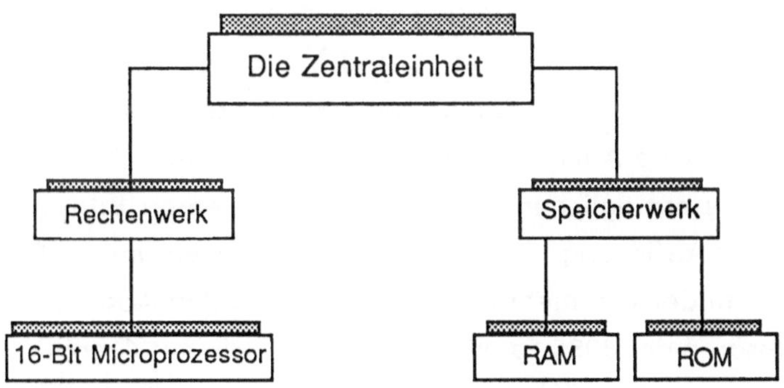

Abb. 13 Aufbau der Zentraleinheit

Der zweite wesentliche Bestandteil der Zentraleinheit ist das Rechenwerk und darin der Mikroprozessor. Nach ihrem internen Aufbau unterscheidet man 8-, 16- und 32- Bit-Rechner. Die Unterschiede treten in einer unterschiedlichen Leistungsfähigkeit zu Tage, wobei jedoch immer einschränkend zu beachten ist, daß es letztlich darauf ankommt, welche Leistungsmerkmale der Prozessoren die verfügbaren Programme und Betriebssysteme wirklich ausnutzen.

Bei den Personalcomputern, von denen hier zu reden ist, sind als Mikroprozessoren vor allem der Motorola 68000 und der Intel 8086/8088 zu nennen sowie die jeweils darauf aufbauende Familie von Prozessoren. Der Macintosh verfügt über einen Motorola 68000, bei IBM- und kompatiblen Geräten sind zwei Geräteklassen zu unterscheiden, die Gruppe der PC- oder XT-kompatiblen Geräte mit dem Intel 8088 Mikroprozessor und die Gruppe der AT-kompatiblen Geräte mit dem Intel 80286 Mikroprozessor. Beide Prozessoren sind 16 Bit-Prozessoren ebenso wie der 68000, aber die Kommunikationen zwischen den internen Systemeinheiten läuft bei Geräten mit dem 8088 Prozessor über einen internen 8-Bit-Datenbus. Das heißt, der Prozessor arbeitet zwar mit Datenwörtern von 16 Bit Länge, es muß aber eine Umsetzung stattfinden, da immer nur 8 Bit gleichzeitig über den Datenbus geschickt werden können. Einige Hersteller von IBM-kompatiblen Rechnern setzen deshalb an Stelle des 8088 den Prozessor 8086 — einen echten 16-Bit Prozessor — ein. In älteren, rein textorientierten Satz-PCs findet, man häufig auch den ZILOG Z80. Die Prozessoren der 68000-Familie sind unter den Mikroprozessoren, die man heute in Personalcomputern findet grundsätzlich die für Graphikanwendungen am besten geeigneten. Die Rechner mit Prozessoren der 8086-Familie werden für graphische Anwendungen durch unterschiedliche Graphikkarten unterstützt. Diese ermöglichen je nach Auslegung einen Bildschirmaufbau unterschiedlicher Auflösung. Zum Thema Graphikkarten und zu Standards in diesem Bereich findet sich mehr in dem entsprechenden Abschnitt. Die Rechner mit Prozessoren der 8086-Familie haben, wenn sie mit Graphikkarten ausgerüstet sind, grundsätzlich keinen Nachteil gegenüber denen der 68000-Familie. Es ist jedoch zu beachten, daß die Geräte nicht immer von Haus aus bereits mit einer solchen Karte versehen sind und daß die verwendeten Programme die eingebaute Karte unterstützen müssen.
Wichtiges Kriterium für den Vergleich von PC-Systemen hinsichtlich der Leistungsfähigkeit der Zentraleinheit sind die Ein- und Ausgangskanäle. Hierunter versteht man die Schnittstellen über die ein PC mit anderen PCs, Druckern, Datenfernübertragungseinrichtungen sowie mit Modems oder Akustikkopplern kommuniziert. Als Standard sollte man hier eine Multi-I/O-Karte ansehen, die sowohl über eine serielle als auch eine parallele Schnittstelle verfügt. Sie enthält außerdem eine Echtzeituhr, die die direkte Übernahme der Uhrzeit in das Betriebssystem erlaubt. Die parallele Schnittstelle

dient in der Regel dem Anschluß von Druckern und ist nach dem Centronics-Standard ausgelegt. Die serielle Schnittstelle ist als V.24- Schnittstelle (bzw. im amerikanischen Raum als RS-232-Schnittstelle) die Standardkommunikationsschnittstelle überhaupt.

Als Massenspeicher verfügen MS-DOS-Maschinen in der Regel über zwei Diskettenlaufwerke mit 360 Kilobyte Speicherkapazität je Laufwerk. Für graphische Anwendungen sollte eine Festplatte vorhanden sein, da der Speicherbedarf sehr groß ist. Festplatten (Winchester-Laufwerke) gibt es in Größen von 10 Megabyte oder mehr. Ist eine solche Festplatte vorhanden, kann eines der beiden Diskettenlaufwerke entfallen. In der Regel arbeitet man dann so, daß alle Programme auf der Festplatte abgelegt werden. Das Diskettenlaufwerk wird nur benutzt zum Einlesen von Fremddaten, zum Einlesen der Programme, zum Auslagern von Daten zum Zwecke der Datensicherheit sowie zum Auslagern von Daten die weitergegeben werden sollen. MS-DOS-Rechner sind mit eingebauten Festplattenlaufwerken erhältlich, die auch nachgerüstet werden können. Der Macintosh ist inzwischen ebenfalls mit integrierter oder nachrüstbarer Festplatte erhältlich. Für beide Rechner stehen auch Festplatten im separaten Gehäuse zur Verfügung. Diese erlauben den leichten Austausch der Festplatte zwischen verschiedenen Arbeitsplätzen. Generell ist zu Festplatten zu sagen, daß mit ihnen ausgestattete Geräte einen festen und erschütterungsfreien Standort benötigen, da es sonst leicht zu Ausfällen kommt. Bei größeren Datenbeständen kann die Anschaffung eines sogenannten Streamer-Tapes sehr praktisch sein. Das ist eine kleine Magnetbandstation, die mit Magnetbandkassetten arbeitet, die etwa die Größe von Viedeobändern haben. Mit diesen Streamer-Tapes gestaltet sich das Anfertigen von Sicherheitskopien größerer Datenbestände wesentlich einfacher. Soll der Bestand einer 20 Megabyte Festplatte etwa nach dem Auftreten eines Defektes von Disketten wieder eingelesen werden, so kann dies Stunden dauern.

MS-DOS wurde nicht als Betriebssystem für Mehrplatzsysteme geschaffen. Mehrplatzsysteme bestehen aus Arbeitsstationen, deren Anwendungssoftware unter UNIX oder ähnlichen Betriebssystemen läuft. Diese Arbeitsstationen können über sogenannte Local Area Networks (LAN), lokale Netzwerke, verbunden werden und dann wechselseitig auf die Datenbestände (Arbeitsdateien und Software) zentraler oder individueller Massenspeicher

zugreifen. Aus der Welt dieser Arbeitsstationen, die sowohl im wissenschaftlich-technischen Bereich als auch im Bereich der Bürokommunikation zum Einsatz kommen, wurden die heutigen graphischen Benutzeroberflächen in die
Personalcomputer-Welt heruntertransportiert. In Teil 1 dieses Buches wird mit
der Xerox-Arbeitsstation eine Lösung für die Bürokommunikation genauer
beschrieben. Die Rechner der MS-DOS-Welt können durch Verwendung
zusätzlicher Hard- und Software-Pakete, die man auch unter dem Namen
Local Area Networks (LAN) findet, ebenfalls vernetzt werden. Der meist-
verbreitete Netzwerkstandard ist Ethernet. Netzwerke nach dem Ethernet-
Standard ermöglichen die Kommunikation zwischen Arbeitsstationen, PCs
und Großrechnern über eine maximale Distanz von 1 km. Die Vernetzung von
MS-DOS-PCs bietet der Fachhandel häufig als Alternative zu den Mehrplatz-
systemen unter Betriebssystemen wie UNIX oder XENIX an. Ein LAN-Netzwerk
erlaubt in der PC-Welt den direkten Austausch von Daten zwischen verschiedenen Arbeitsplatzrechnern, in der Regel durch direkten Zugriff auf Floppy-
Disk oder Hard-Disk eines anderen Rechners. Dabei legt sich die Netzwerk-
software über das MS-DOS-Betriebssystem, wodurch zusätzlicher Speicherplatz im Arbeitsspeicher verbraucht wird. Einer der vernetzten PCs muß die
Steuerfunktion für das Netzwerk übernehmen und als zentraler Daten-
speicher (*engl. Fileserver*) dienen. Im Einzelfall ist zu prüfen, inwiefern dabei
auch die jeweilige Anwendungssoftware in der Multi-User-Umgebung läuft.
Netzwerke werden von vielen verschiedenen Herstellern angeboten. Sie
unterscheiden sich erheblich in der Anzahl der möglichen Arbeitsplätze und in
der maximal überbrückbaren Distanz. Ein verbreitetes Netzwerk für MS-DOS
ist das SK-NET der Schneider & Koch & Co. GmbH, Karlsruhe. Das für den Apple
Macintosh einschlägige LAN-Netzwerk ist AppleTalk. Es gestattet die Kommunikation von bis zu 32 Macintosh-Rechnern untereinander sowie mit einem
zentralen Drucker. Über eine Zusatzkarte, die in den MS-DOS-Rechner ein-
geschoben wird, können auch solche Rechner in das Apple Netzwerk integriert werden, um Zugang zum LaserWriter zu gewinnen oder Daten auszutauschen.

Betriebssysteme

Welches Betriebssystem für einen Rechner verfügbar ist, hängt vom verwendeten Mikroprozessor ab. Aus dem Betriebssystem ergibt sich wiederum, welche Anwendungssoftware zur Verfügung steht. Das Betriebssystem ist die Schnittstelle zwischen der Anwendungssoftware und dem Mikroprozessor. Darüber hinaus nimmt das Betriebssystem aber noch wichtige andere Aufgaben war, wie z. B. die Dateiverwaltung auf der Diskette, daher im übrigen das Kürzel DOS in den Namen vieler Betriebssysteme (*engl. Disk Operating Systems*). Die Prozessoren der 8086-Familie findet man in Rechnern mit dem Betriebssystem MS-DOS. Das schließt nicht aus, daß manche dieser Rechner auch mit anderen Betriebssystemen arbeiten werden können. Die Prozessoren der 68000-Familie findet man im Apple Macintosh, im Commodore Amiga und im Atari ST. Diese drei Rechner zeichnen sich dadurch aus, daß zwar alle über den gleichen Mikroprozessor, aber über eigene Betriebssysteme verfügen, die untereinander und zur Welt der MS-DOS-Rechner nicht kompatibel sind. Während der Macintosh der Computer ist, auf dem das Desktop Publishing "erfunden" wurde, sind die beiden übrigen für diesen Zweck von der Hardware-Seite zwar ebensogut geeignet, mit der Unterstützung durch entsprechende Programme sieht es jedoch weitaus schlechter aus.

Wichtige Eigenschaften eines Betriebssystems sind Vielseitigkeit der Dateiverwaltung und der Bedienungskomfort, schließlich macht das Betriebssystem in allgemeinen Steuerungsfunktionen einen guten Teil der Benutzeroberfläche eines Rechners aus.

Das Betriebssystem MS-DOS verfügt über eine hierarchische Dateiorganisation, d. h. ausgehend von einem Hauptinhaltsverzeichnis können Unterverzeichnisse in beliebigen Verzweigungen angelegt werden. Dies erlaubt es, Dateien nach Sachzusammenhängen zu gruppieren und für jede Gruppe ein separates Inhaltsverzeichnis anlegen zu lassen. Durch Angabe eines entsprechenden Suchpfades können Dateien, die sich in Unterverzeichnissen befinden, von jedem Anwendungsprogramm aus gelesen werden. Die Programme selbst können ebenfalls von jeder Position innerhalb des Dateisystems aus gestartet werden, wenn der Suchpfad so definiert wird, daß das

Verzeichnis, in dem sich das Programm befindet, angesteuert wird. Außerdem stehen weitere komfortable Funktionen der Dateiadministration zur Verfügung, wie z. B. alphabetisches Sortieren von Dateieinträgen, umfassende Suchfunktionen, sowie eine begrenzte Programmierbarkeit zur Verknüpfung von Ein- und Ausgabefunktionen. Hierfür können Kommandodateien angelegt werden. Diese erlauben es zum Beispiel, das System so zu programmieren, daß beim Starten immer automatisch ein bestimmtes Unterverzeichnis zur Verfügung steht und eine bestimmte Anwendungssoftware geladen wird. Dies sind nur einige der Möglichkeiten des Betriebssystems MS-DOS. Wer einen solchen Rechner anschaffen will, sollte sich neben dem MS-DOS-Handbuch auf jeden Fall ein Fachbuch über MS-DOS zulegen, daß ihn mit den vielfältigen Anwendungsmöglichkeiten vertraut macht. Dabei empfiehlt sich eine Einführung mit Programmierbeispielen.

Das Betriebssystem des Apple Macintosh verfügte zunächst nicht über eine hierarchisch strukturierte Dateiorganisation. Die einzelnen Dateien konnten lediglich in Ordnern zusammengefaßt werden. Sobald es für den Macintosh auch eine Hard-Disk gab, hat Apple zur Verwaltung der umfangreicheren Dateien dieser Festplatte ebenfalls ein hierarchisches Dateisystem eingeführt. Die Besonderheit des Macintosh-Betriebssystems liegt in der einfach zu bedienenden Benutzeroberfläche, bei der Dateien und Funktionen durch Bilder oder Menüleisten in Rolladenmenüs (*engl.: pull down menus*) repräsentiert werden, die lediglich mit dem Mauscursor angeklickt werden, um eine Datei für eine Funktion zu definieren, zu öffnen oder eine Funktion zu starten. Allgemein läßt sich sagen, daß MS-DOS das flexiblere, aber schwerer zu bedienende System ist, das Mac-Betriebssystem weniger flexibel, aber leichter zu bedienen ist.

Der Macintosh war der erste Personalcomputer mit einer vollständig graphisch orientierten Benutzeroberfläche und vielseitigen graphischen Fähigkeiten, für die Apple von Anfang an geeignete Programme zur Verfügung stellte. Auf der Benutzeroberfläche stehen viele Dienstprogramme zur Verfügung, wie zum Beispiel ein Notizblatt, ein Taschenrechner und anderes. Diese Utilities können aus jedem Programm heraus aufgerufen und benutzt werden.

Die Softwarehäuser Digital Research und Microsoft stellen graphische Benutzeroberflächen inzwischen auch für IBM-kompatible Rechner zur Verfügung. Es handelt sich um die Programme GEM und Windows. Letzteres erreicht eine akzeptable Geschwindigkeit nur auf einem AT. Unter beiden Oberflächen gibt es Text-, Mal- und Zeichenprogrammen. Unter GEM läuft die Layoutsoftware Ventura Publisher, für die Xerox die Vertriebsrechte erworben hat. Für diese Anwendung ist eine Festplatte erforderlich. Unter Windows läuft das Layoutprogramm PageMaker der Firma Aldus Corporation. Für diese Anwendung ist ein AT erforderlich. Auch außerhalb dieser beiden graphischen Benutzeroberflächen existieren sowohl Graphik- als auch Layoutprogramme innerhalb der MS-DOS-Welt.

Graphikfähigkeit

Beim Macintosh ist die Graphikfähigkeit kein Diskussionspunkt. Er wurde als graphikfähiger Personal Computer entwickelt und gebaut. Für den IBM-XT/AT kommt es auf die richtige Zusatzkarte an. IBM selbst bietet eine Colorgraphikkarte an. Der IBM **C**olor **G**raphic **A**dapter (CGA) erreicht eine Auf-

Abb. 14 Graphikkarte für IBM-kompatiblen PC

lösung von 640 x 200 Pixels schwarz/weiß oder 320 x 200 Pixels mit vier Farben. Diese Auflösung ist für qualitativ hochwertige Graphiken zu gering.

Da die Firma Hercules den Mangel, der in der geringen Auflösung der IBM Colorgraphikkarte liegt, frühzeitig durch eine preisgünstige Graphikkarte für Monochromgraphik aufgehoben hat, setzte sich diese Monochromgraphikkarte der Firma Hercules als Standard unter den Graphikkarten durch. Sie erreicht 720 × 348 Pixels und liefert nur zwei Farben, was aber für DTP-Anwendungen keine Einschränkung darstellt. Die EGA-Karte von IBM (Enhanced Graphic Adaptor) liefert eine geringere Auflösung von 640 × 350 Pixels dafür 16 Farben, was für die hier beschriebene Anwendung nicht von Bedeutung ist. Die ebenfalls von IBM angebotene PGA-Karte (Professional Graphics Adapter) produziert 680 × 400 Pixels und 256 Farben. Im Vergleich zu diesen Zahlen: Die Auflösung des Macintosh liegt bei 512 × 342 Pixels. Farbgraphiken können nur mit dem Macintosh 2 erzeugt werden. Beim Kauf einer Graphikkarte – auch einer Karte mit höherer Auflösung als die Hercules-Karte – für einen IBM-kompatiblen Rechner sollte auf jeden Fall darauf geachtet werden, daß sie den Hercules-Graphik-Modus unterstützt, da er praktisch von allen Softwareherstellern berücksichtigt wird. Es ist wichtig zu wissen, daß IBM hier eine Ausnahme macht. IBM-Software ist mit der Hercules-Graphikkarte nicht lauffähig und auch, um auf dem neuen Personal System 2 lauffähig zu sein, müssen Programme den neuen Graphikmode oder eine der bisherigen IBM-Graphikkarten unterstützen. Eine Vielzahl von Herstellern bietet inzwischen Graphikkarten an, die alle einen oder mehrere der oben genannten Graphikmodi sowie darüberhinausgehende höhere Auflösungen bieten. Es kann nicht selbstverständlich davon ausgegangen werden, daß die angebotenen Graphik-Modus-Emulationen (*Nachbildungen der Graphikmodes anderer Hersteller*) mit allen auf dem Markt verfügbaren Programmen zusammenarbeiten. Vor allem sehr hardwarenahe programmierte Programme machen nicht selten Schwierigkeiten. Immer sollte bei der Entscheidung für einen Graphikmode die Übereinstimmung mit der einzusetzenden Software überprüft werden. Beim Kauf einer kompatiblen Karte von einem anderen Hersteller oder einer Karte, die den gewünschten Mode emuliert, sollte durch eigene Tests das problemlose Zusammenarbeiten der Graiphikkarte mit der Software sichergestellt werden. An diesem Punkt zeigt sich deutlich, daß eine Systemkonfiguration nicht nur von der Seite der Hardware her aufgebaut werden kann. Auf der Softwareseite können gewichtigere Argumente für ein bestimmtes Programm sprechen, für das dann die entsprechenden hardwareseitigen Vorkehrungen getroffen werden müssen.

Bildschirm

Der Bildschirm muß in der Auflösung der Graphikkarte entsprechen und zu ihrem Bildschirmausgang kompatibel sein. Wichtige Kriterien von Monitoren sind der Monitoreingang (RGB, TTL, NTSC, BAS), die Auflösung, getrenntes Einstellen von Helligkeit und Kontrast (eine Eigenschaft, die sogar bei professionellen, mehrplatzfähigen Systemen nicht immer vorhanden, aber um so wichtiger für angenehmes, ermüdungsfreies Arbeiten ist), möglichst große Flickerfreiheit und geringes Nachleuchten. Je höher die Frequenz eines Bildschirms, desto besser die Abbildungsqualität. Wichtig ist auch die Monitorgröße. Für graphische, typographische und gestalterische Aufgaben kommen nur Monitore von 12'' und darüber in Frage, wobei wir nicht vergessen haben, daß der Mac über einen 9'' Monitor verfügt. Zunehmend werden innerhalb der MS-Dos-Welt auch Monitore im DIN A4-Format angeboten. Für den Macintosh ist ein größerer Monitor in Vorbereitung. Für den Macintosh 2 sind verschiedene Monitor-Modelle erhältlich. An das Basismodell kann ein größerer Monitor als Zusatzperipherie angeschlossen werden.

Tastatur

Die Tastatur sollte einen Block von Funktionstasten sowie ein separates numerisches Tastenfeld und ein Cursor-Tastenfeld enthalten. Die Macintosh-Modelle Plus und SE verfügen in der Grundausstattung über eine Tastatur mit integriertem Zifferntastenfeld und separaten Cursorsteuertasten. Separate Funktionstasten sind hier nicht vorgesehen, da die Steuerung beim Macintosh in erster Linie über Menüs und Abbilder (*engl.: Icons*) erfolgt, die mit dem Maus-Cursor angesteuert werden. Da beim Schreiben von Fließtext beide Hände auf der Tastatur sind, muß diese Bedienungsweise eindeutig als Nachteil angesehen werden. Allerdings können die Befehle auch ersatzweise über Tastencodes angestoßen werden, was aber im Vergleich zu separaten

Funktionstasten immer noch umständlicher ist, da zusätzlich die Befehlstaste betätigt werden muß. Bei Tastaturen für MS-DOS-PCs ist darauf zu achten, daß die Cursorsteuertasten nicht im numerischen Tastenfeld liegen, da sonst eigens umgeschaltet werden muß. Die Ansteuerung von Textpositionen mittels einer Cursorsteuertaste erweist sich bei längerer Gewöhnung eindeutig als vorteilhaft gegenüber der Mausbedienung. Bei der Auswahl einer Tastatur sollte außerdem auf genügend Abstand zwischen den Tasten geachtet werden, um das Tastschreiben (*Schreiben ohne Blick auf die Tastatur*) zu unterstützen. Am besten sind Tastaturen mit mehr oder weniger stark konischen Tasten, die nach oben deutlich schmaler werden. Dies gibt den Fingern einen deutliches Gefühl für das Verlassen der richtigen Lage. Im übrigen müssen die Tasten einen guten Druckpunkt haben. Daß die Belegung im mittleren Tastenfeld der Schreibmaschinennorm entsprechen muß, versteht sich von allein.

Kauf eines Personalcomputer-Publikations-Systems (Hardware)

Beim Kauf sollten Sie sich möglichst an Händlern orientieren, die Ihnen ein komplettes System aus Personalcomputer mit entsprechender Graphikausrüstung, Monitor, Tastatur, ausgebautem Arbeitsspeicher und Massenspeicher anbieten können. Der Händler sollte Ihnen, falls die Anschaffung eines Laserdruckers geplant ist, auch diesen anbieten können. Auch die Software sollten Sie bei dem gleichen Händler kaufen können. Ein Händler, der diese Anforderung erfüllt, bietet die besten Aussichten auf eine fachgerechte Beratung – vor und auch nach dem Kauf. Zumindest die Hardware sollten Sie komplett bei demselben Händler kaufen. Andernfalls werden Sie bei Reklamationen und anderen Problemen, die Sie nicht allein lösen können, in einer sehr schlechten Position sein. Nur wenn Sie sich wirklich sicher sind, daß das, was Sie miteinander kombinieren wollen, auch zusammen arbeiten wird, können Sie es wagen, Elemente bei verschiedenen Händlern zu kaufen. Doch auch dann kann es bei Reklamationen Schwierigkeiten geben. Falls es auch unter Kostengesichtspunkten möglich ist, daß Sie sowohl Hard- als auch Software in einer Komplettkonfiguration bei einem Händler kaufen können — um so besser. Bei dieser Vorgehensweise werden Sie sich auf die Beratung durch den Händler verlassen können. Sie haben die beste Aussicht, daß Sie eine ausgetestete Konfiguration erhalten. Auch kann der Händler Ihnen in diesem Fall bei Problemen mit dem Zusammenwirken der verschiedenen Systemkomponenten besser helfen und wird es mit größerer Bereitwilligkeit tun. Leider findet man noch wenige PC-Händler, die im Bereich des Desktop Publishing so versiert sind, daß Sie Komplettlösungen unterschiedlicher Zusammenstellung anbieten können. Oft sind es Softwarehäuser, die zu ihren eigenen Programmen entsprechende Hardwarekonfigurationen anbieten, die sowohl PC-Arbeitsplätze als auch Drucker und Scanner umfassen.

Die im folgenden abgebildete Tabelle soll Ihnen bei Ihren eigenen Marktstudien helfen. Sie stellt die Beschreibung der Hardware eines kompletten Arbeitsplatzes dar. Sie können diese Tabelle in mehreren Exemplaren aus dem Buch herauskopieren. Für jedes System, das Sie in einen Vergleich einbeziehen wollen, sollten Sie eine separate Tabelle ausfüllen. Ausgehen sollten Sie immer vom regionalen Angebot. Denn sicher wird es besser sein, sich für ein System zu entscheiden, dessen Händler Sie bei Schwierigkeiten direkt ansprechen können.

Vergleichskriterien für Personal Computer

In der folgenden Tabelle finden Sie einige Eigenschaften von Personalcomputern, die beim Systemvergleich und bei der Kaufentscheidung zu berücksichtigen sind. In die zweite Spalte von links tragen Sie bitte ein, ob und in welcher Ausprägung die in der ersten Spalte gelistete Eigenschaft vorhanden ist. In der letzten Spalte können Sie vermerken, ob Sie von der jeweiligen Eigenschaft Ihre Kaufentscheidung abhängig machen wollen, sei es, daß sie für Anwendungsprogramme, die Sie benutzen wollen, entscheidend ist, oder sei es aus anderen Gründen

<u>Eigenschaft</u>	<u>Vorhanden</u>? <u>ja/nein</u> **Parameter**	**<u>wichtig</u>?**
<u>**Zentraleinheit**</u>		
Prozessor / Name		
Geschwindigkeit in MHZ		
Kompatibel mit AT/XT		
Arbeitsspeicher in Kilobyte		
Arbeitsspeicher maximal ausbaufähig bis...(in Kilobyte)		
Massenspeicher		
Floppy-Laufwerke Anzahl / Format / Kilobyte		
Datensicherheit Streamer-Tape verfügbar		
<u>**Betriebssystem**</u>		
Name		
Im Paket enthalten?		
Wichtige Programme lauffähig? Welche?		

Hierarchisches Dateisystem		
Netzwerkfähigkeit		
Benutzeroberfläche graphische Oberfläche verfügbar (WYSIWYG ja / nein)		
Im Paket enthalten? Falls ja welche?		
Graphiksoftware verfügbar		
Seitenlayout-Software verfügbar		
Software für Umbruch mehrerer Seiten verfügbar		
Mischen von Text und Graphik in Layoutsoftware möglich		
Graphikfähigkeit / Graphikkarte		
Systemimmanent ja / nein		
Falls nein, Art der Graphikkarte		
Farbe ja / nein		
Anzahl der Farben		
Auflösung horizontale × vertikale Pixels pro Inch		
Monitoranschlüsse (TTL, BAS, RGB)		
Bildschirm		
Marke		
Eingang (TTL,BAS,RGB)		
Auflösung in Pixel		
Bildaufbaufrequenz in Hz		
Zeilenfrequenz in KHz		
Note für Flickerfreiheit		

Note für Nachleuchten		
Note für Entspiegelung		
Schärfeeindruck bei Graphik		
Lesbarkeit der Zeichen Standardtextverarbeitung		
Bei Schwarzweißmonitor Farbe (grün, bernstein, grau)		
Tastatur		
Guter Druckpunkt ja/nein		
Tasten nicht zu eng		
Anzahl Funktionstasten (keine, 10, mehr als 10)		
Separate Cursorsteuertasten		
Separates numerisches Tastenfeld		

Graphische Benutzeroberflächen

Mit dem Ausdruck Benutzeroberfläche bezeichnet man den Teil eines Programmes, der bestimmt, wie es sich für den Benutzer darstellt. Das Programm kann dabei sowohl ein Anwendungsprogramm als auch ein Betriebssystem sein. Die Benutzeroberfläche des Betriebssystems beeinflußt natürlich die Erscheinungsweise der unter diesem Betriebssystem arbeitenden Programme für den Benutzer. In der MS-DOS-Welt verfügen die Anwendungsprogramme inzwischen häufig über komfortablere Benutzerschnittstellen als das Betriebssystem MS-DOS selbst. Während bei MS-DOS einzelne Befehle gemerkt und eingegeben werden müssen, bieten die Anwendungsprogramme in der Regel mindestens Auswahlmenüs an, in denen die verfügbaren Funktionen aufgelistet sind, und durch die man sich nach einer Baumstruktur hindurchwählen kann. Der Macintosh und einige andere Mikrocomputer verfügen über Betriebssysteme mit sehr komfortabler graphischer Benutzeroberfläche, die zu einer starken Vereinheitlichung der unter diesen Betriebssystemen angebotenen Programme geführt haben. Diese Vereinheitlichung ist in der Auswirkung vielleicht noch positiver zu bewerten als die übrigen Besonderheiten der graphischen Benutzeroberfläche. Inzwischen sind graphische Benutzeroberflächen, unter denen verschiedene Programme ablauffähig sind, auch in der MS-DOS-Welt verfügbar. Sie legen sich praktisch über die traditionelle Oberfläche des Betriebssystems und stellen eine Fenster-und Menütechnik, wie sie vom Macintosh bekannt ist, für verschiedene Anwendungsprogramme zur Verfügung. Die graphische Benutzeroberfläche stellt ein wichtiges technisches Prinzip dar, das bei Desktop Publishing Systemen zum Einsatz kommt und dem das Desktop Publishing seine Entstehung verdankt. Dies hängt mit den beiden wesentlichen Eigenschaften der graphischen Benutzeroberfläche zusammen. Zum einen vereinfacht sie die Ansteuerung komplexer Gestaltungsfunktionen durch eine konsequente Menüsteuerung der zugehörigen Programme mit einem einheitlichen Aufbau und mit stark visueller Auslegung. Das heißt, der Benutzer gibt keine Befehle ein, sondern findet alle Funktionen in einer Art Menü vor und aktiviert sie mit den Cursorsteuertasten oder der Maus. Die andere wesentliche Eigenschaft besteht darin, auf dem Bildschirm ein originalgetreues Abbild des gestalteten Textes oder der gestalteten Graphik zu erzeugen, und zwar mehr oder weniger identisch mit dem, was beim Ausdruck mit einem Laserdrucker oder einem Fotosatzbelichter entstehen wird. Diese Darstellungsart bezeichnet man als WYSIWYG (**W**hat **Y**ou **S**ee **I**s **W**hat **Y**ou **G**et). Es muß ganz klar gesagt werden, daß das Erstellen von Dokumenten natürlich auch ohne WYSIWYG und ebenso ohne eine Menüführung des Benutzers möglich ist und zu ausgezeichneten Ergebnissen führen kann. Dies wurde im Bereich des Fotosatzes sowie mit Textverarbeitungsprogrammen ja auch lange Jahre vor der Erfindung der graphischen Benutzeroberfläche praktiziert. Durch die WYSIWYG-Darstellung der Dokumente und die Menüsteuerung wird es aber dem Ungeübten um ein vielfaches leichter, auch komplexe Gestaltungsmerkmale zum Einsatz zu bringen. Dies hängt im wesentlichen mit drei Faktoren zusammen. Der Benutzer braucht sich keine komplizierte Befehlsstruktur mehr zu merken. Formatierungsbefehle stören den visuellen Eindruck des Textes nicht. Der Benutzer sieht auf dem Bildschirm sofort die Auswirkungen seiner Eingaben. Der Effekt ist: er kann sich voll auf den Inhalt und auf die formale Gestaltung konzentrieren, ohne der Maschinenbedienung selbst große Aufmerksamkeit schenken zu müssen. Ein weiterer Effekt ist, daß mühselige Korrekturdurchgänge eingespart werden können, da eine Korrektur weitgehend am Bildschirm erfolgen kann und auch die Auswirkungen von Fehlbedienungen sofort sichtbar werden und beseitigt werden können. Eine befehlsorientierte Arbeitsweise erfordert hingegen, eine starke Konzentration auf die korrekte Eingabe der Formatierungsbefehle, vor allem bei komplexem Satz. Der Verzicht auf die Originaldarstellung erfordert ein sehr gutes graphisches Vorstellungsvermögen und korrekte Maßeingaben nach einem gut ausgezeichneten Manuskript. Korrekturläufe sind unumgänglich, wenn nicht zusätzlich ein Bildschirm für die Originaldarstellung zur Verfügung steht. Was die Erstellung von Graphiken mit Personalcomputern anbelangt, so ist sie eigentlich erst durch graphische Bildschirmdarstellung möglich geworden, da sie weitaus stärker als die Textverarbeitung und selbst als die Satzerstellung das freie Gestalten erfordert. Es spricht eine Vielzahl von Gründen für die graphische Benutzeroberfläche und aus der typischen Desktop-Anwendung ist sie nicht mehr wegzudenken. Auf der anderen Seite muß aber auch angemerkt werden, daß bei reiner Textgestaltung

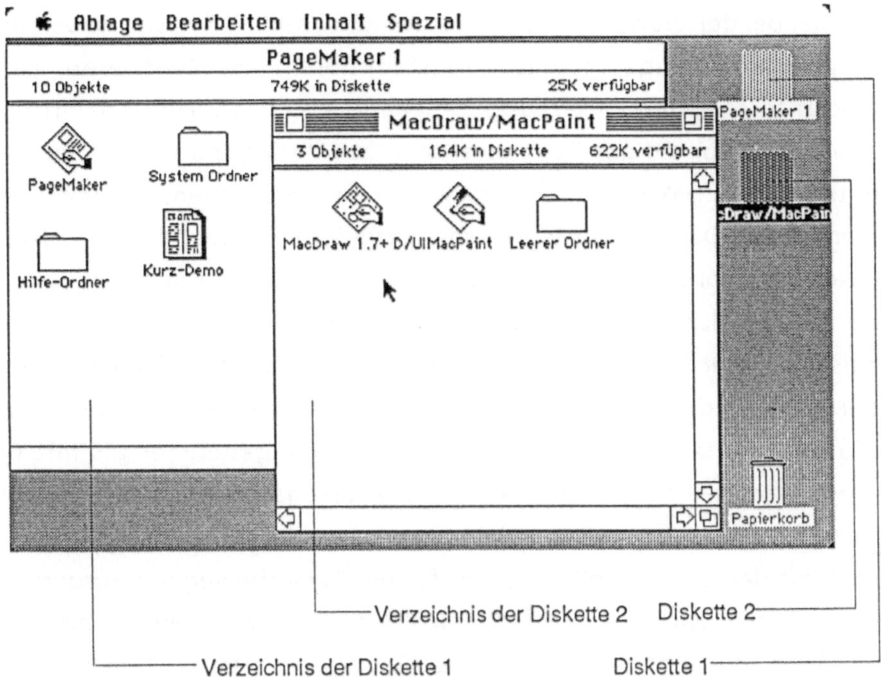

Abb. 15 Benutzeroberfläche des Macintosh

ein geübter Anwender mit der befehlsorientierten Methode schneller arbeitet als mit einer Formatierung über Menüsteuerung. Im Bereich des professionellen Fotosatzes hat sich daher schon vor dem Aufkommen der graphischen Oberflächen eine Kombination aus befehlsorientierten Satzterminals und zusätzlichen Echtschriftenbildschirmen für die Darstellung des Arbeitsergebnisses durchgesetzt. Optimal sind in diesem Bereich solche Arbeitsplätze, die es erlauben, am selben Gerät vom Arbeitsmodus in den Darstellungsmodus umzuschalten, bzw. den Bildschirm in einen befehlsorientierten Bereich und einen Darstellungsbereich zu teilen. In noch weitaus stärkerem Maße gilt, daß eine WYSIWYG-Darstellung dort, wo es um die reine Texterfassung geht, keine wesentlichen Vorteile bietet. Beim Vergleich von befehlsorientierter mit menügesteuerter Arbeitsweise muß man aber berücksichtigen, wie die menüorientierten Systeme im einzelnen ausgelegt sind. Als optimal erweist sich eine Kombination aus Rolladenmenüs (*engl. pull down menus*) und der Anordnung gewisser Funktionen auf besonderen Funktionstasten. So stehen

zum Beispiel bei der Viewpoint-Software des XEROX-6085-Systems neben den Rolladenmenüs wichtige Formatierungsfunktionen wie Zentrieren, Fett, Kursiv, Schriftgröße, Unterstreichung, Zeilenlineal für das Setzen von Einzugstabulatoren etc. ebenso auf Funktionstasten zur Verfügung wie die laufend benötigten Editierfunktionen Übertragen, Kopieren, Suchen, Öffnen eines Dokumentes etc. Das stellt sich als sehr vorteilhaft heraus, da die ständig benötigten Funktionen auf diese Weise wesentlich schneller aktiviert werden können, als über das Anklicken von Menübalken in Rolladenmenüs mit dem Mauscursor. Bei der Firma Apple hat man aus der Einsicht, daß für eine textorientierte Arbeit die Bewegung und exakte Positionierung des Cursors mit einer Cursorsteuertaste wesentlich schneller und angenehmer als mit der Maus zu bewerkstelligen ist, die Konsequenz gezogen: Die mit dem Macintosh Plus eingeführte Tastatur ist neben einem standardmäßigen Zifferntastenfeld auch mit den traditionellen Tasten für die Cursorbewegung ausgerüstet worden. In diesem wichtigen Bereich macht jeder Hersteller seine Fehler. IBM stellte anfangs nur eine Tastatur zur Verfügung, bei der die Cursorsteuertasten in der ersten Ebene des numerischen Tastenfeldes lagen. Der Macintosh begann mit einer Tastatur ohne numerisches Tastenfeld und Cursorsteuertasten und das ansonsten außergewöhnlich bedienerfreundliche Xerox-6085-System gestattet eine Steuerung des Cursors nur über die Maus, was beim Löschen oder Einfügen von einzelnen Zeichen schon einige Akribie erfordert. Grundsätzlich ist festzuhalten, daß eine Kombination der Steuerung über Rolladenmenüs und Maus und eine zusätzliche Anordnung der wichtigsten Funktionen auf besonderen Tasten wesentlich zur Bedienungsfreundlichkeit eines Systems beiträgt.
Graphische Benutzeroberflächen zeichnen sich neben einer Originaldarstellung von Text und Graphik dadurch aus, daß alle Dateien und Funktionen durch Bilder auf dem Bildschirm repräsentiert werden. Dateien werden in der Regel durch zweimaliges Anklicken mit dem Mauscursor geöffnet. Das heißt, die entsprechende Datei wird auf dem Bildschirm dargestellt. Handelt es sich um eine Programmdatei, so wird das entsprechende Programm geladen. Die Datei kann auch ein Inhaltsverzeichnis oder Ordner sein, dann werden zunächst die Bilder der zugeordneten Dateien angezeigt. Nach dem Laden eines Programmes erscheinen ein Dokument und verschiedene programmspezifische Menüfelder — in der Regel am oberen oder an einem seitlichen Bild-

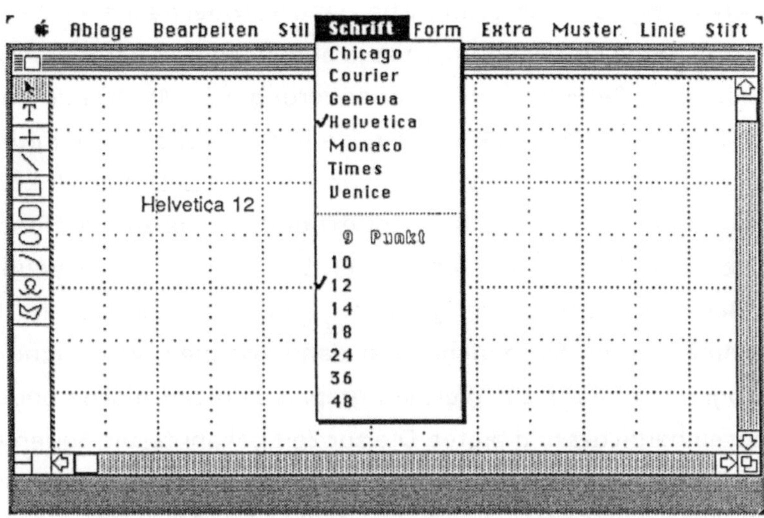

Abb. 16 Beispiel für ein Bedienungsmenü (in diesem Fall Schriften und Schriftgrößen)
in Macintosh Programm

schirmrand. Man findet je nach der momentan geladenen Software Felder mit
Titeln wie Format, Font, Stil, Bearbeiten, Spezial, Füllen, Linien, etc. (Siehe
Abb. 16). Diese Felder werden mit dem Mauscursor angeklickt. Man findet
dann unter dem Menüfeld Format Optionen für die Gestaltung des Seiten-
formats, unter Font Möglichkeiten zur Anwahl verschiedener Fonts, unter Stil
in der Regel Ausgestaltungen des angewählten Schriftschnittes wie Outline,
Fett, Unterstreichen etc., also im Grunde einen zweiten Bestandteil der Font-
anwahl, da ja z. B. Helvetica normal und Helvetica outline selbständige
Schriftfonts bilden. Unter dem Menü Bearbeiten findet man Optionen wie
Löschen, Ausschneiden, Einsetzen etc., unter Füllen Muster zum Auffüllen von
Flächen in Graphikprogrammen und unter Linien zur Verfügung stehende
Linienstärken und Gestaltungen. Das Menü Spezial hat sich für besondere
Funktionen unterschiedlicher Art eingebürgert. Diese Beispiele sind aus
Programmen für den Apple Macintosh entnommen. Man findet sie aber so
oder ähnlich bei anderen graphischen Oberflächen wieder.
Bevor Sie sich für eine graphische Oberfläche entscheiden, sollten Sie genau
prüfen, ob die von Ihnen gewünschten Anwendungsmöglichkeiten unter die-
ser Oberfläche verfügbar sind und inwiefern die von Ihnen ins Auge gefaßten
Programme unter dieser Oberfläche·wirklich zusammenarbeiten. Im übrigen

ist die Entscheidung für eine graphische Benutzeroberfläche keine Selbstverständlichkeit. (Eine Entscheidung ist es ja ohnehin nur in der MS-DOS-Welt, da es hier die reine Befehls- und Textorientierung von MS-DOS zu kompensieren gilt.) Da viele Programme ihre eigene Bedieneroberfläche mitbringen und es unter MS-DOS auch eine Vielzahl von aus dem CAD-Bereich kommenden Graphikprogrammen wie z. B. AutoCAD gibt, ist die Anschaffung einer separaten Bedieneroberfläche eventuell entbehrlich. In den Genuß einer wirklichen Bedienungserleichterung durch eine einheitliche Oberfläche für alle Programme werden Sie ohnehin erst dann kommen, wenn eine große Zahl der Programme unter der gleichen graphischen Oberfläche angeboten wird und ein einheitliches Bild bietet. Die zur Zeit bekanntesten Seitenlayout- und Umbruchprogramme werden allerdings unter graphischen Oberflächen angeboten und sind ohne diese nicht ablauffähig. Der PageMaker läuft unter Windows, der Ventura Publisher unter GEM. Bei Anschaffung dieser Programme ist darauf zu achten, ob die graphische Oberfläche zum Lieferumfang gehört. Doch unter MS-DOS gibt es auch Layoutprogramme, die ihre eigene Bedieneroberfläche mitbringen und weder auf Windows noch auf GEM angewiesen sind.

Vergleichskriterien für Benutzeroberflächen

Die nachfolgende Tabelle soll Ihnen die Kriterien, die zur Entscheidung für eine graphische Benutzeroberfläche von Bedeutung sind, noch einmal übersichtlich darstellen. Da Benutzeroberflächen ebensowenig wie Betriebssysteme zwischen einzelnen Systemen austauschbar sind, ist die Entscheidung für eine Benutzeroberfläche auch ein Stück Systementscheidung, wenngleich Sie die Systementscheidung sicherlich nicht allein von der Benutzeroberfläche abhängig machen werden. Wenn Sie sich innerhalb der MS-DOS-Systemwelt bewegen wollen, müssen Sie sich noch für eine konkrete Benutzeroberfläche entscheiden, oder Sie verzichten ganz auf eine solche, fahren die Standardsoftware direkt unter MS-DOS und kaufen sich Graphik - und Layoutprogramme, die weder unter GEM noch unter Windows laufen.

Eigenschaften	**Vorhanden?** **ja/nein** **Parameter**	**Wichtig?**
Produktname		
Hardwareanforderungen für akzeptable Betriebsgeschwindigkeit		
Welche Programme gehören zum Desktop (Text-, Graphik-,Kommunikation-, andere)		
Qualität des zugehörigen Textprogramms		
Qualität des zugehörigen Graphikprogramms		
Qualitiät des zugehörigen Kommunikationsprogramms		
Verfügbare Text-, Graphik-, Layoutsoftware		
Können mehrere Programme in verschiedenen Fenstern gleichzeitig laufen?		

Werkzeuge der Textarbeit

Als Textverarbeitungsoftware bezeichnet man Programme, die das Editieren und Redigieren, das Formatieren und Gestalten sowie das Drucken und Vervielfältigen von Textdokumenten unterstützen. Im weiteren Sinne gehören Programme zur automatischen Silbentrennung, zur Rechtschreibkorrektur, zur Unterstützung der Gliederung und Strukturierung, zum Aufbau von Stichwortverzeichnissen, zur Verwaltung von Fußnoten sowie Wortverzeichnisse für Synonyme und Fremdsprachen in den Bereich der Textverarbeitung. Manche Textverarbeitungsprogramme verfügen über die Fähigkeit, Graphiken in den Text zu übernehmen.

Vorteile der elektronischen Textverarbeitung

Das entscheidende Argument für die elektronische Textverarbeitung ist der Vorteil, den es bietet, einmal geschriebene Texte auf magnetischen Datenträgern speichern zu können und damit für unterschiedliche Weiterverwendungen verfügbar zu haben. Das heißt, Texte werden nur noch einmal geschrieben, eine entsprechend gute Arbeitsorganisation und Ausnutzung der Möglichkeiten elektronischer Textverarbeitung vorausgesetzt. Die dabei entstehende Datei kann anschließend beliebig oft verändert, kopiert, mit anderen Texten zusammenmontiert und in unterschiedlicher Form ausgegeben werden. Dadurch sind einmal geschriebene Texte über einen langen Zeitraum jederzeit zur Wiederverwendung verfügbar, Korrekturen sind leicht durchzuführen, es können Teildokumente fertiggestellt und später zusammengefügt werden, immer wiederkehrende Textbestandteile können in Textbausteinen abgelegt und beliebig oft aufgerufen werden. Ein wichtiger Vorteil ist auch, daß von einem Schriftstück beliebig viele Ausdrucke von gleichbleibender Originalqualität vorgenommen werden können. Für Texter, Journalisten und Autoren ergibt sich der Vorteil, daß zunächst Gedankensplitter festgehalten werden können. So erleichtert sich das Erstellen und

Konzipieren längerer Textpassagen. Später können einzelne Bestandteile zusammengefügt werden, bevor schließlich eine Schlußredaktion vorgenommen wird.

Für die druckfertige Vorbereitung größerer Auflagen oder repräsentativer Schriftstücke ergeben sich ebenfalls entscheidende Vorteile. Gestaltung und Vervielfältigung können unter Umständen ganz in eigene Regie übernommen werden – hier liefert das Desktop Publishing entscheidende neue Möglichkeiten. Soll die Erstellung der Druckvorlage einer Setzerei überlassen werden, so kommt es zu erheblichen Kosteneinsparungen, wenn der Setzerei statt eines Manuskriptes ein magnetischer Datenträger übergeben wird. Schon im Rahmen einer einfachen Textverarbeitung kann die Kodierung für den Fotosatz weitgehend übernommen werden, so daß als extern durch eine Setzerei zu erledigende Aufgaben lediglich die Kontrolle und die Satzausgabe im Lichtsatzverfahren verbleiben.

Für viele Publikationen wird man schon mit einem Textverarbeitungsprogramm über ausreichende Gestaltungsmöglichkeiten verfügen. Gemeinde-, Club- und Vereinsnachrichten, Infoblätter mancher Art, Schulzeitungen, Berichte, Vordrucke, Verträge, Vereinbarungen und Protokolle sowie Manuskripte können schon mit normalen Textverarbeitungsprogrammen erstellt werden, ohne daß die typische Desktop Publishing Software hinzukommen müßte. Entscheidend wird der Drucker sein, mit dem die Ausgabe erfolgt. Vom Matrixdrucker, über den Typenraddrucker bis zum Laserdrucker bieten sich unterschiedliche Möglichkeiten, je nach Anforderungen an die Qualität des gedruckten Buchstabens und an die Vielseitigkeit der Gestaltungsmöglichkeiten. Schon lange wird auf diese Weise in den Büros "Desktop Publishing" betrieben. Wichtig ist für diese Anwendung, daß ein Textverarbeitungsprogramm neben dem Seitenumbruch sowie der Handhabung von Kopf- und Fußzeilen auch verschiedene Schriften, Schritgrößen, dazu passende Zeilenvorschübe sowie nach Möglichkeit einen Mehrspaltenumbruch bietet. Manche Textverarbeitungsprogramme erlauben auch das Einfügen von Graphik. So z. B. Mac Write und GEM Write, die aber leider über keine komfortablen Umbruchmöglichkeiten verfügen. Aber auch zu Wordstar gibt es inzwischen eine Erweiterung, Wordstar Extra, die das Kombinieren mit Graphik ermöglicht.

Aufbau einer Textverarbeitung

Ein Textverarbeitungsprogramm besteht im wesentlichen aus drei Elementen: dem Editor, dem Textformatierer und dem Druckertreiber. In diesen drei Bereichen liegen die grundlegenden Leistungen, die Sie von einer Textverarbeitung erwarten müssen, also auch die Stärken und Schwächen begründet. Darüberhinaus gibt es eine Reihe von Extras wie Rechtschreibungskontrolle und Gliederungshilfe. Andere Funktionen erweitern die Textverarbeitung in Richtung Layout und Umbruch wie z.B. Fußnotenverwaltung, Erstellen des Index und des Inhaltsverzeichnisses, Mehrspaltensatz etc.

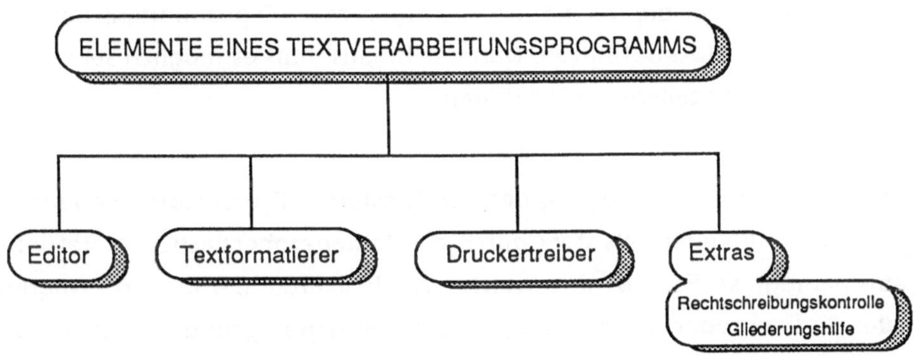

Abb. 17 Elemente eines Textverarbeitungsprogramms

Der Editor

Er umfaßt all jene Funktionen einer Textverarbeitung, die Sie vor der Formatierung und typographischen Gestaltung eines Textes zur Erfassung, Revision und Korrektur eines Textes, also für redaktionelle Arbeiten und für die reine Schreibarbeit benötigen. Dieser Teil einer Textverarbeitung ist sehr wichtig, denn von ihm hängt es ab, wie leicht Sie ihre Gedanken innerhalb

einer Textverarbeitung "zu Papier" bringen bzw. wie Sie die umfangreiche
Schreibarbeit für große Textmengen bewältigen. Editor und Benutzeroberfläche sind eng miteinander verwoben. Hierher gehören Fragen wie Steuerung über Menü und/oder Funktionstasten einerseits und.über Befehlsein-
gabe andererseits, Fragen über Originaldarstellung bzw. normale Text- und
Befehlsdarstellung und evtl. über die Existenz einer zusätzlichen Preview-
funktion. In letzterem Fall stellt sich die Frage, ob mit Originalschriftfonts
gearbeitet wird oder mit substituierenden Bildschirmfonts. Grundlegende
Funktionen eines Editors sind neben dem Anlegen, Abspeichern und Löschen
von Dokumenten die Cursorbewegung und die Bewegung des Textes im
Bildschirmfenster. Auch die Definition bestimmter Textausschnitte für nachfolgende Editierfunktionen sowie die Funktionen Löschen, Kopieren, Umpo-
sitionieren und separates Abspeichern definierter Textausschnitte gehören zu
den Funktionen, über die jeder Editor verfügen muß. Die Definition bezeichnet man auch als Blockdefinition. Darüber hinaus muß es möglich sein, Textpassagen ganz oder teilweise einzufügen.

Cursorbewegung und Bewegung des Textfensters - Die Cursorbewegung ist
eine Funktion, die ebenfalls stark durch die Bedieneroberfläche des Betriebssystems bedingt ist. Es fragt sich, welche Möglichkeiten der Cursorbewegung
von der Bedieneroberfläche des Betriebssystems her grundsätzlich vorgesehen sind, nur Steuertasten, nur die Maus oder beides? Ähnlich ist es bei den
Möglichkeiten einer schnellen Bewegung innerhalb des Textes. Funktionen
wie Cursorsprung ein Wort nach rechts/links, Cursorsprung Zeilenanfang/
Zeilenende, Cursorsprung absatzweise nach oben / unten erlauben eine ra-
sche Orientierung innerhalb des Textes und bieten den Vorteil, daß der Cursor
als Schreibposition innerhalb des Textes bewegt wird, wobei sich der im Bildschirm sichtbare Textausschnitt automatisch verändert. Darüber hinaus hat
man zuweilen Funktionstasten zur Verfügung die eine kontinuierliche Bewegung des Bildschirmfensters (Bildlauf, *engl.: scroll function*) über den gesamten Text erlauben. (Siehe Abb. 18.) Systeme mit WYSIWYG-Oberflächen hingegen bieten an der rechten Seite des Textfensters Bildlaufpfeile, die mit dem
Mauscursor zu aktivieren sind. Sie erlauben entsprechend den Bildlauftasten
eine kontinuierliche Bewegung des Textes im Bildschirm, wobei der Cursor

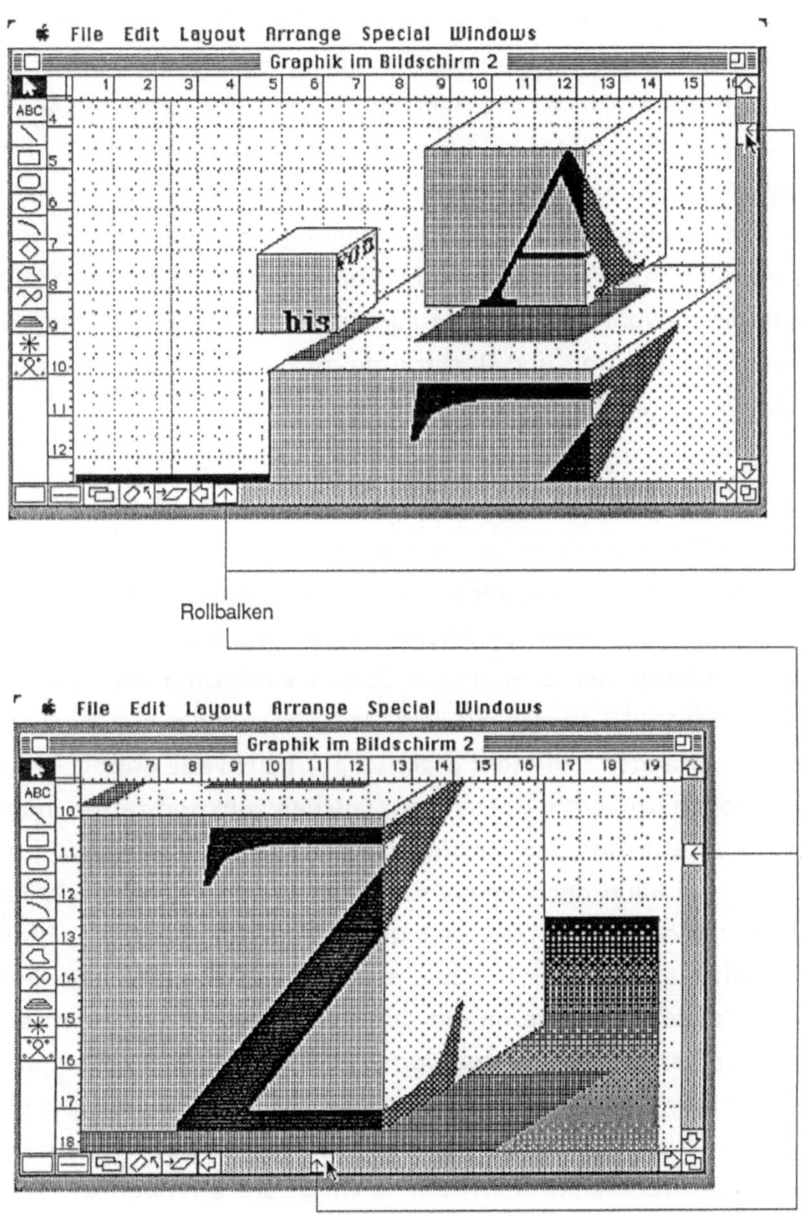

Abb 18 Verschiebung des Bildfensters mit dem Rollbalken. Im unteren Bildschirm wurde das Bildfenster nach rechts und nach unten verschoben

seine Position nicht zu verlassen braucht. Er wird anschließend mit der Maus auf die gewünschte Position gesetzt. Darüber hinaus hat man hier einen Bildlaufbalken zur Verfügung, der am rechten Rand des Textfensters entlang läuft und in seiner Länge das gesamte Dokument repräsentiert. Dieser Balken ermöglicht es durch Anklicken in einer bestimmten Höhe, unmittelbar an jede Position innerhalb des Textes zu springen. Als Mangel empfindet man es jedoch häufig, wenn diese Systeme die Cursorpositionierung nur mit der Maus erlauben. Dies kann vor allem bei der Darstellung eines kleinen Schriftgrades sehr mühselig sein. Auch vermißt man hier häufig von komfortablen Editoren älterer Systeme gewohnte praktische Funktionen wie z. B. Speichern einer bestimmten Cursorposition und Rücksprung zu dieser Position nach einem eingeschobenen Verarbeitungsschritt.

Kopieren, Übertragen, Löschen von definierten Textblöcken - Für die Definition von Textblöcken sollte man grundsätzlich zwei Verfahren zur Verfügung haben. Markierung der Anfangs- und Endposition der zu definierenden Blöcke und Definition von Zeichen, Wort, Satz, Absatz. Dabei sind die entsprechenden Positionen einmal über Cursorsteuertasten anzufahren, zum anderen bei WYSIWYG-Editoren mit dem Mauscursor und eventuell zusätzlich über Tasten zu erlangen. Eine sehr praktische Arbeitsweise ergibt sich, wenn für die Funktionen Kopieren, Übertragen, Löschen Funktionstasten möglichst am rechten Tastaturrand zur Verfügung stehen. Allerdings nur für den Rechtshänder – er kann dann bequem mit der rechten Hand die Maus zur Definition der Blöcke benutzen und mit der linken Hand die Funktion auslösen. Auch hier gilt, das für zeichengenaues Arbeiten, zum Beispiel Löschen, die Cursorpositionierung mit der Maus schwierig ist. Hier benötigt man einfach ein Springen des Cursors von Zeichenposition zu Zeichenposition, wie es bei der Bewegung mit Cursortasten üblich ist. Warum soll das gleiche nicht auch bei Mausbedienung möglich sein? Übrigens auch für die Formatierung sind die Blockfunktionen sehr wichtig. Sie erlauben es, Textauszeichnungen blockbezogen zu vergeben. So erhält man Funktionskombinationen wie Block definieren – Block Fett, Block definieren – Block unterstreichen etc. Häufig fehlt die gewohnte Funktion des Speicherns eines definierten Blockes in einem separaten Dokument bei neueren Systemen. Das

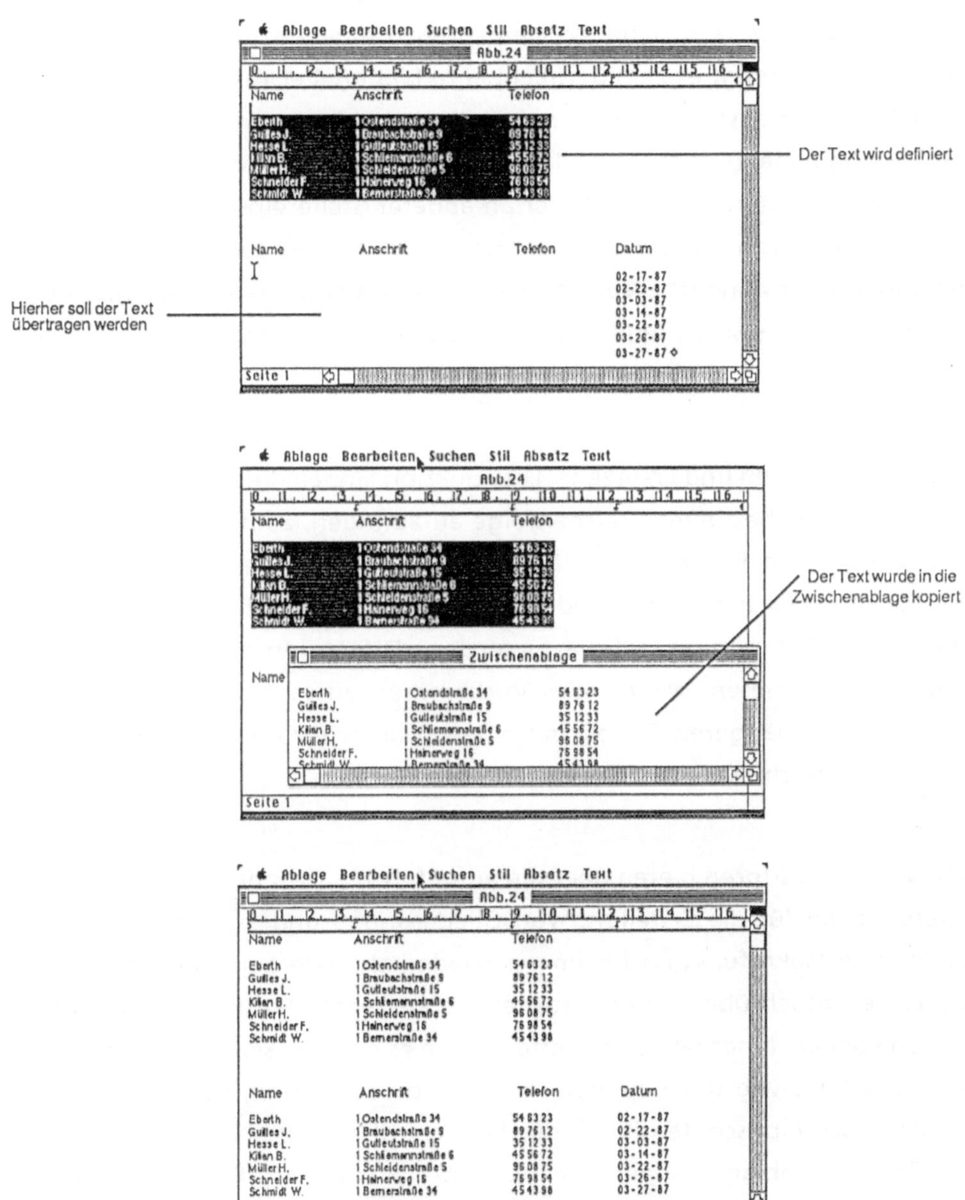

Abb. 19 Übertragen eines Textausschnittes innerhalb eines Dokumentes

Einfügen von Texten aus anderen Dokumenten, ohne diese Dokumente öffnen zu müssen, ist eine ebenso wichtige Editor-Funktion. Nur so ist es möglich, Texte aus verschiedenen Elementen zusammenzufügen und zu editieren. Häufig kommt es zum Beispiel bei redaktioneller Arbeit vor, daß man einen Gedanken ausformuliert, ihn dann aber wieder verwirft, da er nicht in den Zusammenhang paßt. Zuweilen möchte man den Text gerne als Textbaustein abspeichern, um ihn später an anderer Stelle einsetzen zu können. WYSIWYG-Editoren sind es, die eine solche Funktion oft vermissen lassen, da man hier das umständliche Verfahren des Öffnens eines neuen Dokumentenfensters und des anschließenden Übertragens in dieses Fenster für die Methode der Wahl hält.

Finden oder Suchen und Ersetzen - Die Funktion Finden dient dazu, innerhalb einer Datei eine bestimmte Zeichenfolge aufzufinden, zum Beispiel wenn an einer bestimmten Position eine längere Einfügung vorgenommen werden soll. Für die Funktion Suchen und Ersetzen kann eine Suchzeichenfolge und eine Ersatzzeichenfolge definiert werden. Dies kann zum Beispiel zur Anwendung kommen, wenn jedes Vorkommen eines bestimmten Wortes innerhalb eines längeren Textes mit einem Marker für die Aufnahme in das Stichwortverzeichnis versehen wird.

Extras - Gute Editoren bieten über die aufgeführten Grundfunktionen hinaus Unterstützung für die Erstellung von Gliederungen und Stichwortverzeichnissen, eine Makrofunktion für immer wiederkehrende Texte und Kommandos, die eventuell über Funktionstasten – sogenannte Softkeys - aufgerufen werden können. Innerhalb eines Editors sollte es möglich sein, Funktionen des Betriebssystems wie das Kopieren von Dateien zu starten, sowie die sogenannten "Schreibtischutensilien" der Benutzeroberfläche, wie Taschenrechner, Dokumentablagemappe, Notizbuch etc. aufzurufen. Einige Textverarbeitungsprogramme erlauben das Einkopieren von Graphiken. Dies kann sehr wichtig sein und eventuell sogar die Anschaffung eines speziellen Layout- und Umbruchprogramms ersparen.

Die Graphik wurde in die Zwischenabalage kopiert

Die neue Publikationstechnik erlaubt nicht nur die Darstellung von Text, sondern auch das Einbringen von Grafiken. Unter dem Begriff Grafik werden Diagramme, Charts Grafen, Zeichnungen, Logos, Symbole, Fotografien und anderes zusammengefaßt. All diese Elemente sind wichtige und manchmal bestimmende Teile einer Publikation. Denn sie sind es, die die Aufmerksamkeit beinahe unmittelbar auf sich ziehen. Werden sie geschickt zum einsatz gebracht, so können sie das Interesse des Lesers steigern, das Ausgeführte klarer machen und die zentralen im Text dargestellten Ideen verdeutlichen.

Gleich welche Art grafischer Elemente zum Einsatz kommt, sie müssen klar sein, das Interesse des Leser wecken und in einem ausgewogenen Verhältnissen zu anderen Grafiken und zum Text stehen. Text und Grafik müssen eine homogene Einheit bilden.
Eine gelungene Grafik ist immer eine, die die entscheidenden Gedasnken hervorhebt und ergänzt. Das ist es, was bei der Entscheidung des was und wie einer Grafik immer bedacht werden sollte.
Ein weiterer wichtiger Faktor sind sicher auch die Herstellungkosten. So müssen zum Beispiel Fotografien häufig getrennt verarbeitet werden, während Grafiken gleich auf dem Bildschirm in den Text einfügt werden können. Andereseits erlauben einige Programme sogar Fotografien zusammmen mit dem Text zu verarbeiten.

Die Graphik wurde mit der Funktion Einsetzen aus der Zwischenablage in den Text eingesetzt. Die Graphik wurde dabei an der Cursorposition eingesetzt

Abb. 20-a   Eine Graphik wird innerhalb einer Textverarbeitung plaziert

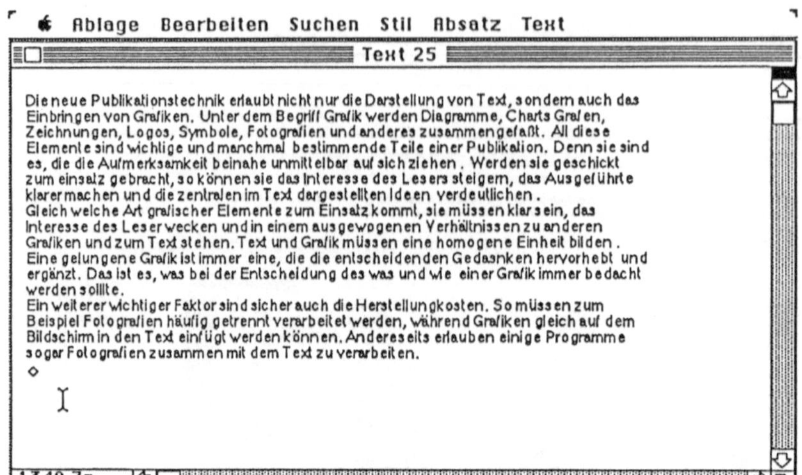

Text im Fenster des Textverarbeitungsprogramms

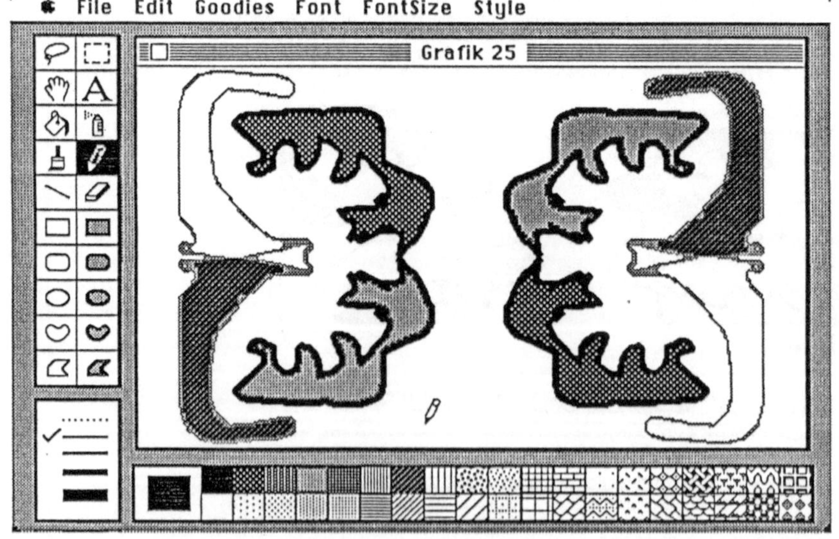

Graphik im Fenster des Graphikprogramms

Abb. 20-b Eine Graphik wird innerhalb einer Textverarbeitung plaziert

Dateiformat - Wichtig ist die Frage, in welchem Format Dateien, die mit einem Texteditor erzeugt wurden, auf der Diskette abgelegt sind und ob sie mit anderen Editoren weiterverarbeitet werden können. Generell sollte auf die Verträglichkeit von Datenformaten geachtet werden. Verfügt man zum Beispiel über ein kleines Dateiprogramm, daß bei der Anlage einer Adreßdatei hilft, so sollte das Format der erzeugten Adreßdatei natürlich von der Serienbrieffunktion des Textverarbeitungsprogramms genutzt werden können. Nachträglich alle Steuercodes in der Adreßdatei umzuändern ist zwar möglich, aber äußerst lästig.

Textformatierung - Noch mehr als bei der Textedition fallen die Unterschiede zwischen der traditionellen Textverarbeitung, die sich als Ausgabemedium des Typenrads oder Matrixdruckers bediente, und dem Desktop Publishing bei der Textformatierung ins Gewicht. Schon bei der herkömmlichen Textverarbeitung kennen wir die Anwendung von Proportionalschriften, die durch unterschiedlichen Schaltschritt für verschieden breite Buchstaben ein ausgeglichenes fotosatzähnliches Schriftbild erzeugen. Und auch bisher gab es ja mit dem Einsatz vieler verschiedener Typenräder oder Kugelköpfe eine Übergangsstufe zwischen der Bürotextverarbeitung und dem eigentlichen Fotosatz, nämlich den hauptsächlich in Schreibbüros verwendeten Schreib oder Composersatz, der sich parallel zum Kleinoffsetdruck entwickelt hatte. Dennoch sind wir hier mitten im Feld der neuen Möglichkeiten, die das Desktop Publishing bietet. Graphische Benutzeroberflächen können jede Gestaltungsform zeigen, und der Laserdrucker ist ein universelles und qualitativ hochwertiges Ausgabemedium. Damit steht einer freien Gestaltung der Schriftform und der Textformatierung nichts mehr im Wege.
Neben den gewohnten Funktionen wie Proportionalschrift, Fett, Kursiv, Subscript und Superscript, Unterstreichung und vielleicht Expand und Condense wird es nun möglich, aus dem Textverarbeitungsprogramm heraus weitaus mehr verschiedene Zeichensätze (Schriftfonts) und Schriftgrößen zur Anwendung zu bringen als dies mit Typenrädern möglich war Außerdem können echte Fotosatzschriften angesteuert werden. Auf diese Möglichkeiten sollte man bei der Anschaffung eines Textverarbeitungsprogramms Wert

legen. Hier fängt das typographische Gestalten mit Textverarbeitungsprogrammen an. Typographie ist jedoch mehr als der ins Auge springende Einsatz
unterschiedlicher Schriften und Schriftgrößen. Und sie kann auch dort zum
Einsatz kommen, wo nur mit einer Schrift gearbeitet wird: Eine Veränderung
des Zeilenabstandes kann den Gesamteindruck eines Dokumentes vielleicht
stärker beeinflussen als der Einsatz eines anderen Schriftgrades. Ein gutes

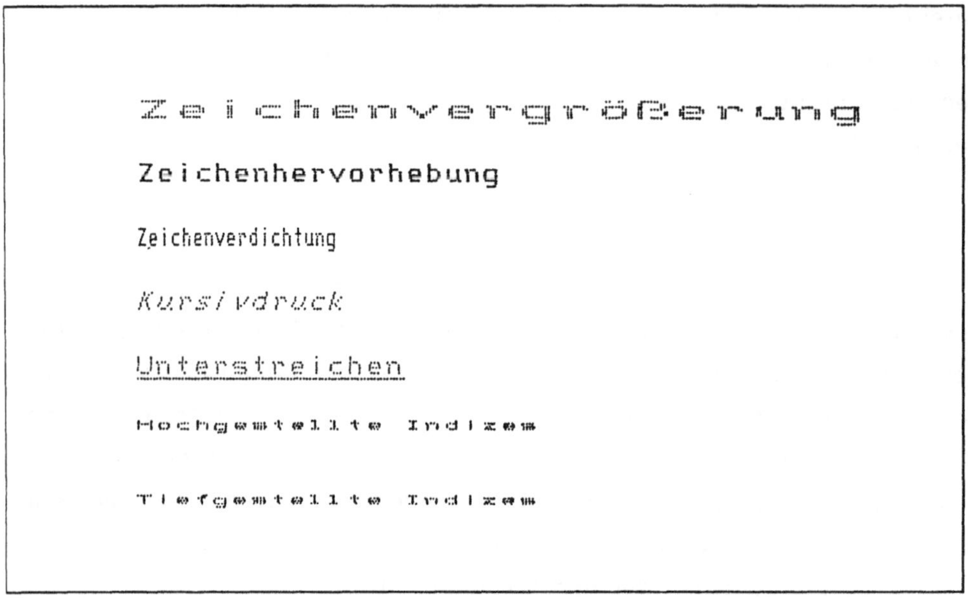

Abb. 21 In der Textverarbeitung übliche Textauszeichnungen- Ausdruck mit Matrixdrucker

Textverarbeitungsprogramm sollte die freie Gestaltung des Zeilenabstandes
oder Durchschusses daher zulassen. Es ist sehr hilfreich, wenn Standardein-
stellungen und einige wenige Variationen vorgegeben sind. Das gilt nicht nur
für den Zeilenabstand. Denn je mehr frei einzustellen ist, desto komplexer
wird die Anwendung des Programms. Beim Zeilenabstand helfen zum Beispiel
an die Schreibmaschinenbedienung angelehnte Einstellungen wie einzeilig,
eineinhalbzeilig, zweizeilig, dreizeilig. Es sollte aber zumindest die Möglichkeit gegeben sein, in Punktschritten frei zu variieren, denn eine Veränderung
um 50 oder 100 % ist in vielen Fällen zu grob. Sollen Zeilen sehr eng gesetzt
werden, so bietet sich zwar der einfache Zeilenabstand an, zuweilen scheinen
aber die Ober- und Unterlängen der Schriftzeichen ineinander zu laufen. Hier
wünscht man sich alsbald die Möglichkeit, einmal ein oder zwei Punkte beim

Durchschuß zugeben zu können. Um so dringlicher wird dies mit dem Einsatz unterschiedlicher Schriften, da jede Schrift ihre eigene Charakteristik hat und eine individuelle Anpassung des Zeilenabstandes verlangt. Ähnliches gilt für die Abstufung der Schriftgrößen und im erweiterten Sinne für alle Maße. Typographie zeichnet sich im Unterschied zur Textverarbeitung wesentlich durch die Feinheit aus, in der Maße eingegeben werden können.

Helvetica 9   Courier 9   Times 9
Helvetica 10   Courier 10   Times 10
Helvetica 12   Courier 12   Times 12
Helvetica 14   Courier 14   Times 14
Helvetica 18   Courier 18   Times 18
Helvetica 24   Courier 24   Times 24
etica 36   Courier 36 Time
a 48   Courier 48 T

Abb. 22 Textauszeichnungen einschließlich verschiedener Schriftarten und -größen
(Ausdruck mit Apple LaserWriter auf 76% reduziert)

Im Hinblick auf den Ausschluß der Zeilen und das Seitenformat soll man die Funktionen Zentrieren, Linksbündig, Rechtsbündig und Blocksatz, das Definieren von Einzügen und Tabulatorstops, die Festlegung eines Seitenformats mit Kopf- und Fußzeile sowie automatischen Umbruch und Seitennumerierung von jedem Textverarbeitungsprogramm erwarten. Das linksoder rechtsbündige Ausschließen eines Textes ergibt aber noch keinen Flattersatz, da von diesem ein gewisser Rythmus im Wechsel der kurzen und langen Zeilen sowie die Möglichkeit zu erwarten ist, das Längenverhältnis der kurzen zu den langen Zeilen zu beeinflussen. Ebenso ergibt ein rechts wie links bündig stehender Text noch keinen guten Blocksatz, da sich häufig große Wortzwischenräume ergeben.

Zum Blocksatz gehört in jedem Fall die Silbentrennung, und diese von Hand durchzuführen, ist bei größeren Texten äußerst mühselig, und ohnehin nur praktikabel, wenn der Texteditor zumindest insofern interaktiv ist, daß der Zeilenfall direkt und unabhängig von einem separaten Ausschluß- oder Seiteneinteilungsprozeß im Bildschirm sichtbar wird. Wo eine automatische

Silbentrennung nicht zur Verfügung steht, arbeitet man sinnvollerweise mit
dem sogenannten Softdivis (*engl.: softhyphen*). Dies ist eine Silbentrennung,
die an der gewünschten Positione in ein Wort eingegeben, aber nur dann
wirksam wird, wenn dieses Wort ans Zeilenende in die sogenannte Ausschlußzone gerät. Der Vorteil der Softdivis liegt darin, daß sie bei Textverän-
derungen, die den Zeilenfall beeinflussen, je nach Bedarf aktiviert oder
deaktiviert werden. Blocksatz ist übrigens im Verhältnis zum links, rechts oder
auf Mitte zentrierten Flattersatz unter typographischen Gesichtspunkten
nicht der bessere Schriftsatz, wie viele meinen. Das Vorurteil rührt daher, daß
er den Übergang von der Schreibmaschine zu fortgeschritteneren Formen der
Textverarbeitung handgreiflich macht. Flattersatz ist aber vielleicht leichter
zu lesen und wegen der gleichmäßigen Wortzwischenräume oft schöner als
der Blocksatz. Dies gilt besonders, wenn beim Setzen auf einen rythmischen
Flatterrand geachtet wird.
Auch bei der Gestaltung von Einzügen und Tabellen gibt es wesentliche
Unterschiede. Einzüge sollten bedingt oder quantifiziert vergeben werden
können, also beispielsweise für 10 Zeilen Einzug von 2 cm, jede erste Zeile
eines Absatzes 1 cm einziehen oder nach links herausstellen und ähnliches.
Gute Textverarbeitungsprogramme bieten darüber hinaus die Möglichkeit
zum Setzen von Führungspunkten oder ähnlichen Markierungen am Beginn
eines Absatzes oder zum Setzen von Initialen.
Das Tabellensetzen unterscheidet sich vom Tabellenschreiben dadurch, daß
für jede Tabellenspalte unterschiedliche Formatierungen möglich sind. Das
heißt, die Definition von Zentrierung, Einzügen, Schriftauszeichnung (fett
oder mager, Schriftgrad, Font etc.) wird auf die jeweilige Spalte bezogen.
Außerdem müssen die Tabellen sowohl in horizontaler als auch in vertikaler
Richtung ausgefüllt werden können. Für eine einmal definierte Tabelle sollten
diese Angaben nachträglich getrennt von ihrem Grundgerüst verändert werden können. Effektives Arbeiten erlauben Programme, die einfache Tabellen
vorgeben, die anschließend modifiziert werden können, also um Spalten oder
Reihen erweitert, im Hinblick auf die Ausdehnung der Spalten und Reihen, die
Textformatierung innerhalb derselben etc. verändert werden können. Wenn
Sie meinen, auf all diese Dinge könne man unmöglich beim Kauf eines Textverarbeitungsprogramms achten, so geben Sie dieses Buch Ihrer Sekretärin
Sie wird verstehen, wovon die Rede ist. Solche Kleinigkeiten können nämlich

bei der täglichen Arbeit viel Zeit einsparen. Überhaupt ist es sinnvoll, Programme vor ihrer Anschaffung von denen testen zu lassen, die mit ihnen arbeiten müssen, vorausgesetzt daß ein gewisser Erfahrungshintergrund vorhanden ist. Es kann beispielsweise in der täglichen Arbeit einen großen Unterschied ausmachen, ob ein Softhyphen bei nicht vorhandener Silbentrennautomatik auf der Standardtastatur getastet werden kann, oder ob erst umständlich auf eine Spezialtastaturbelegung umgeschaltet werden muß, in der das Softhyphen dann aufgefunden werden muß.

Natürlich ist es richtig, je mehr Funktionen ein Programm bietet, desto umfangreicher sind seine Bedienungsmenüs und um so schwieriger ist es, das Programm zu bedienen. Es empfiehlt sich unter Umständen, für die tägliche Arbeit ein sehr einfaches Programm zu benutzen, daß auf abwechslungsreiche Gestaltungsmöglichkeiten verzichtet und Texte, die solche Möglichkeiten erfordern, mit einem anderen komplexeren, aber kompatiblen Programm noch einmal zu überarbeiten. Vor allem die reine Texterfassung läßt sich effektiver gestalten, wenn sie zunächst von allen Formatierungen unbeeinflußt bleibt. Und es kann Programme geben, die für diesen Zweck wegen ihrer Geschwindigkeit und einfachen Bedienung des Editors besonders gut geeignet sind. Natürlich steht auf der anderen Seite der große Vorteil der neuen Benutzeroberflächen, alles was an Formatierungs- und Auszeichnungsmöglichkeiten zur Verfügung steht, auf dem Bildschirm unmittelbar beim Schreiben sichtbar zu machen. (Siehe Abb. 23.) Dadurch wird es schließlich möglich, eine sehr enge Verbindung zwischen Textauszeichnung und inhaltlicher Aussage auch dort zu praktizieren, wo man früher aus Zeit- und Kostengründen darauf verzichtet hat. Wo hier im Einzelfall die Grenze gezogen wird, ob alle Auszeichnungen direkt beim Redigieren eines Textes oder in einem späteren Schritt eingefügt werden es, bleibt letztlich auch dem persönlichen Geschmack und Arbeitsstil überlassen. Wer seine Gedanken zunächst so "zu Papier" bringt wie sie ihm in den Kopf kommen und später viel korrigiert, wird sich am Anfang nicht mit Gestaltungsfunktionen aufhalten wollen. Wer hingegen sogleich ins Reine schreibt, wird die Möglichkeit nutzen, seinen Text sofort so zu sehen wie er in gedruckter Form erscheinen wird. Auf der anderen Seite mag auch derjenige, der zunächst Stichwort sammelt und ein Konzept erstellt, die Möglichkeit von Hervorhebungen durch fett und kursiv als Merkhilfe schätzen. Wo nach Vorlage oder Diktat geschrieben wird, können Forma-

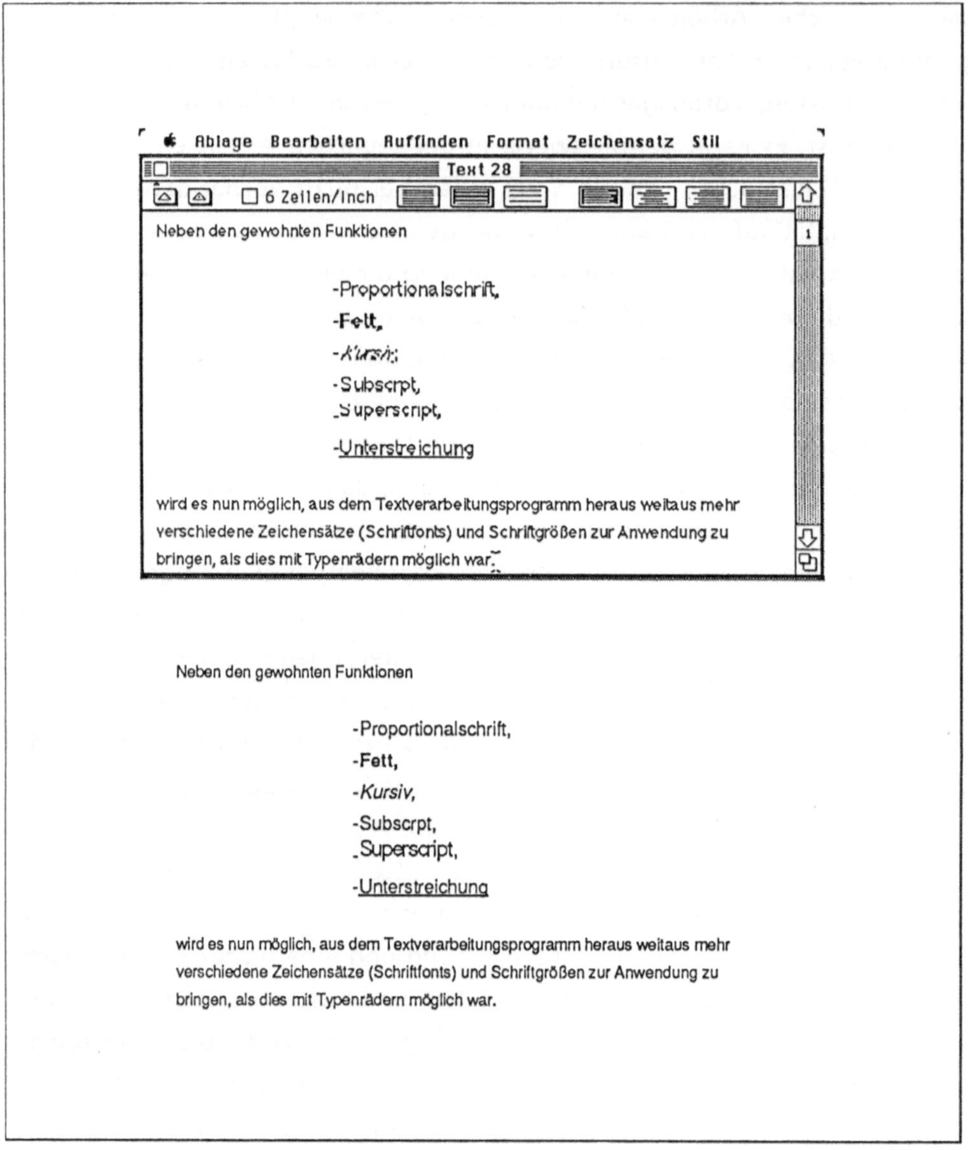

Abb. 23 Textverabeitung mit WYSIWYG Darstellung

tierungen in diesem Arbeitsschritt mit eingegeben werden. In diesem Fall
wird der Erfasser ein klar ausgezeichnetes Manuskript und klare Diktatan-
weisungen schätzen. Denn auch die zusätzliche Belastung der Schreibkräfte
durch die Übernahme der Schriftsetzerarbeit sollte beim behandelten Thema
nicht in Vergessenheit geraten.

Umbruchfunktionen

Schon im Zusammenhang mit der Textformatierung haben wir viele Möglichkeiten der Umbruchgestaltung erwähnt, die an und für sich die Aufgabe
spezieller Umbruch- und Layoutsoftware sind, vielfach aber als Bestandteil der
Textverarbeitung angeboten werden. Und letzteres ist von Vorteil, denn für
eine Vielzahl der Anwendungen reichen diese Möglichkeiten aus. Umbruchfunktionen, die zum Teil schon erwähnt wurden oder im Zusammenhang mit
der Layoutsoftware behandelt werden, sind: Seitenumbruch, Spaltenumbruch, Makroanwendung für Formate, Abschnittsformate, Möglichkeit
zum Auffüllen von Zeilen, z. B. zum Auspunktieren oder ähnliches, der
Vertikalausschluß zur Verteilung vertikalen Raumes und Erreichung einer
gewissen Sollhöhe, Befehl Neue Seite zur manuellen Schaltung einer neuen
Seite an gewünschter Position, bedingter Befehl Neue Seite, um bestimmte
Textteile auf einer Seite zusammenzuhalten. Entscheidend ist die Frage der
möglichen Spaltenzahl und des Seitenmaximums beim Seitenumbruch und
bei der Paginierung. Die Funktion Gleiche Länge zur gleichmäßigen Verteilung von Text auf mehrere Spalten, eine Unterstützung der Fußnoten-
plazierung.

Zusatzfunktionen

Viele Textverarbeitungsprogramme verfügen heute über Zusatzfeatures wie
Rechtschreibkontrolle, Gliederungsfunktion, Inhaltsverzeichnis und Index-
Unterstützung. Zuweilen findet man auch ein Synonymwörter-Lexikon, das
die Textredaktion unterstützt. Auch für die Übernahme von Daten aus ande-
ren Programmen, insbesondere Datenbanken, Kalkulationen, Planungen,
Zeichnungen, findet man häufig eine Unterstützung in Textverarbeitungs-
programmen. Die Rechtschreibkontrolle besteht aus einem Lexikon, das vom
Benutzer erweitert werden kann und mit dessen Einträgen jedes Wort eines
Textes verglichen wird. Bei Abweichungen von der Schreibweise erfolgt eine
Meldung und eventuell die Korrektur. Eine Gliederungsfunktion erlaubt das

Erfassen von Gliederungstiteln und Untertiteln sowie die Zuordnung von Texten. Durch Umschalten zwischen Gliederungs- und Textmodus kann entweder eine Übersicht der Gliederungspunkte eines Dokumentes oder der Text sichtbar gemacht werden. Diese Funktion ist sehr hilfreich für die redaktionelle Arbeit, da zunächst in einer Art Brainstorming Stichpunkte erfaßt werden können und diesen dann immer detailliertere Informationen zugeordnet werden können. Für diese Arbeitsweise gibt es auch spezielle Anwendungsprogramme. Die Unterstützung von Inhaltsverzeichnis und Index dient der automatischen Verwaltung von Gliederungspunkten und Stichwörtern und der Zuordnung der entsprechenden Seitenzahlen für den Aufbau von Inhaltsverzeichnis und Index. Ein elektronisches Synonymwörter-Lexikon übernimmt die bekannte Funktion eines entsprechenden Wörter-Buches, erleichtert das Auffinden der Begriffe und ist so eine effektive Unterstützung der redaktionellen Arbeit.

Druckertreiber

Der Druckertreiber ist der dritte funktionelle Hauptbestandteil eines Textverarbeitungsprogramms. Er übernimmt die Umsetzung der Formatierungsbefehle des Programms in die Formatierungsbefehle des jeweils anzusteuernden Druckers. Nur so kann die Textverarbeitung mit dem Controller des Druckers kommunizieren, der die Steuerung der Nadeln, des Typenrades oder des Laserstrahls übernimmt. Die Druckeransteuerung oder die Kommunikation zwischen Ein- und Ausgabegeräten ist eines der schwierigsten Kapitel der Textverarbeitung. Da das gleiche Thema auch im Zusammenhang mit anderen Anwendungen wie Graphik und Layout auftaucht, behandeln wir die Frage des Zusammenwirkens von PC, Anwendungsprogramm und Drucker in einem eigenen Abschnitt. Die dort behandelten Aspekte sind bei der Anschaffung und Installation der Anwendungsprogramme zu berücksichtigen.

Vergleichskriterien für Textverarbeitungssoftware

Diese Tabelle soll es Ihnen erleichtern, den Überblick über die vielfältigen Funktionen von Textverarbeitungsprogrammen zu behalten. Insbesondere sollen Sie mit ihrer Hilfe einen Vergleich der wichtigen Funktionen vornehmen können, in denen sich die Programme unterscheiden. In einer Vielzahl von Funktionen stimmen die auf dem Markt verfügbaren Programme überein. Unterschiede bestehen häufig nur in der Bedienungsweise. Wir listen hier daher nicht alle Funktionen auf, sondern in erster Linie solche, bei denen wir gravierende Unterschiede zwischen einzelnen Programmen festgestellt haben.

Eigenschaften	Vorhanden? ja/nein Parameter	Wichtig?
Name		
Hersteller		
Graphische Oberfläche WYSIWYG		
Editor		
Seitenweise vor und zurück gehen		
Cursor an Zeilenende		
Cursor Anfang nächste Zeile		
Definition für Bearbeitungsfunktionen wie Löschen, Kopieren, Umplazieren		
Zeichen		
Wort		
Zeile		
Satz		
Absatz		

Ganzer Text		
Makros für Editor- oder Format-Funktionen		
Redaktionshilfen		
Gliederungsfunktion		
Unterscheidung von Groß- und Kleinschreibung bei Suche-Funktion		
Sortierfunktion		
Stichwortverzeichnis:		
– durch Markierung der Wörter		
– durch automatischeSeitensuch-funktion für Wörter der Stichwortdatei		
Formatierung		
Formatierung absatzweise		
Spaltenumbruch		
Freier Seitenkopf und Seitenfuß		
Mehrere Schriftarten und -größen		
Tabellen für Schaltschritte bei Proportionalschrift		
Tabellen für Dickten bei Fotosatzschriften		
Zeilenabstand frei anzugeben		
Formatierung in Tabellen		
Direkte Eingabe von Steuer-zeichen in den Text		

Silbentrennung automatisch		
– interaktiv während der Texterfassung		
– in separatem Trenndurchlauf		
Druckertreiber		
– für welche Drucker vorhanden		
– selbst zu erstellen		
Anschaffungspreis		

Graphikprogramme – elektronische Pinsel und Zeichenstifte

Graphik- und Zeichenprogramme, also Programme, die zur Erzeugung von graphischen Formen nach eigenen Vorstellungen dienen, gibt es nicht erst seit von Desktop Publishing die Rede ist. Vor allem im technisch-wissenschaftlichen Bereich kommen sie seit einiger Zeit zum Einsatz – auch als Low-Cost-Systeme auf Personalcomputern. Diese Systeme bieten die erforderlichen Möglichkeiten für das technische und maßgerechte Zeichnen. Was sie vermissen lassen, ist die Integration von Text und Graphik unter einer gemeinsamen Benutzeroberfläche. Das aber ermöglicht erst, was wir unter elektronischem Publizieren verstehen. Im Unterschied zu einer weit verbreiteten Ansicht war nicht der Apple Macintosh, sondern der Xerox Star, ein Vorläufer der 6085 Arbeitsstation, die erste Maschine mit einer graphischen Desktop-Benutzeroberfläche. Der "Desktop" wurde von Xerox im PARC (**Palo Alto Research Center**) entwickelt. Die Viewpoint-Software von Xerox ist immer noch eine der komfortabelsten für Text- und Graphikbearbeitungen, die wir kennengelernt haben. Und Xerox bietet seine Arbeitsstation mit Laserdrucker heute zu einem Komplettpreis an, der sie zu einer zwar teureren, aber erwägenswerten Alternative zu PC-gestützten Systemen macht. Doch auch dazu bedurfte es erst der kleinen Revolution, die der erste graphische Personalcomputer sowohl in der PC-Welt als auch in der Welt des professionellen Fotosatzes ausgelöst hat. Dem Macintosh gebührt die Ehre, diese Benutzeroberfläche in der Welt der Personalcomputer populär gemacht zu haben. Inzwischen gibt es graphische Oberflächen und in sie integrierte (zumindest einfache) Graphikprogramme auch in der kommerziellen Welt der MS-DOS-PCs. Durch ihre Anwendung tritt zur Textredaktion die Illustration als ein in die Arbeit am Personalcomputer integriertes Element. Es ist zwischen Malprogrammen und Zeichenprogrammen zu unterscheiden. (Siehe Abb. 25.) Die Unterschiede sind fließend, aber Malprogramme sind etwas stärker für das freie, flächige Gestalten ausgelegt, während Graphikprogramme vor allem stärker das exakte Positionieren von Linien unterstützen. Graphikprogramme erstrecken sich über einen sehr großen Anwendungsbereich. Die Grenze ist nach oben völlig offen. Ihre Anwendung reicht vom einfachen Skizzieren bis in den Bereich wissenschaftlicher und technischer Anwendungen.

Pixelgrafik und Vektorgraphik

Malprogramme arbeiten in der Regel pixelorientiert, d. h. jeder einzelne Bildschirmpunkt wird entweder schwarz oder weiß gesetzt. Zeichenprogramme hingegen bauen das Bild aus graphischen Grundroutinen wie Gerade, Kurve etc. auf. Malprogramme sind daher in der Gestaltung freier als Zeichenprogramme, während die Zeichenprogramme aufgrund der Anwendung von Routinen exakter arbeiten. Da die Pixelgraphik auch als solche an den Drucker übertragen wird, kann dieser natürlich nicht mehr Pixelinformationen erhalten, als auf dem Bildschirm vorhanden ist. Die Konsequenz: Die Auflösung der Graphik ist entsprechend geringer, da die Bildschirmauflösung in der Regel hinter der des Laserdruckers zurückbleibt. Bei der Vektorgraphik hingegen baut der Drucker das Bild aus den übertragenen Vektorinformationen der graphischen Grundelemente erneut in seiner maximalen Auflösung auf.

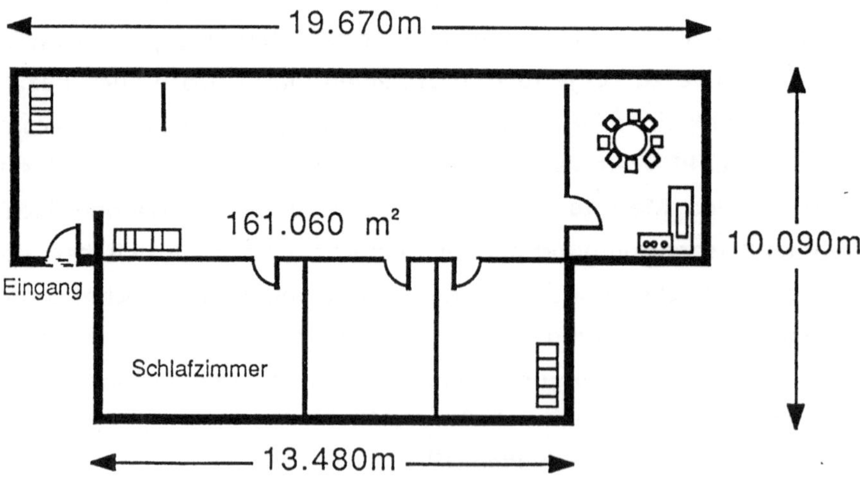

Ab. 24 In MacDraft und ähnlichen Programme kann man maßstabsgerechte Zeichnungen anfertigen und Flächenberechnung durchführen

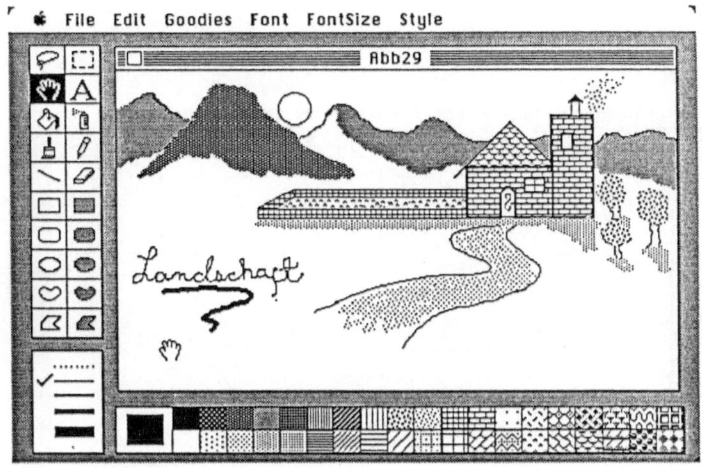

Ab. 25 Malprogramme erlauben freies flächiges Arbeiten

Grafikeditoren

Wie die Textprogramme verfügen auch die Graphikprogramme über einen
Editor. Dieser besteht aus einem Menü mit graphischen Grundformen und
Werkzeugen sowie aus Menüs zur Ansteuerung von Editierfunktionen. Die
graphischen Grundfunktionen bestehen aus Rechteck, Kreis, Ellipse, eventuell
Polygon, waagerechte oder senkrechte Linie, frei positionierbare Gerade,
Kreisbogen oder Ellipsenausschnitt sowie einem Werkzeug zur Erzeugung
freier Linien. (S. Abb. 26.) In Malprogrammen stehen verschiedene Werkzeuge
wie Pinsel unterschiedlicher Stärke, Zeichenstift, Sprühdose und Radiergummi
zur Verfügung. (Siehe Abb. 27.) Je umfangreicher die graphischen Grundfunktionen, die in einem Programm vorhanden sind, ausfallen, desto leichter
lassen sich Grundformen exakt erzeugen. Die Arbeitsweise sieht so aus, daß
eine Grundfunktion ausgewählt, die Form in der Zeichenfläche positioniert

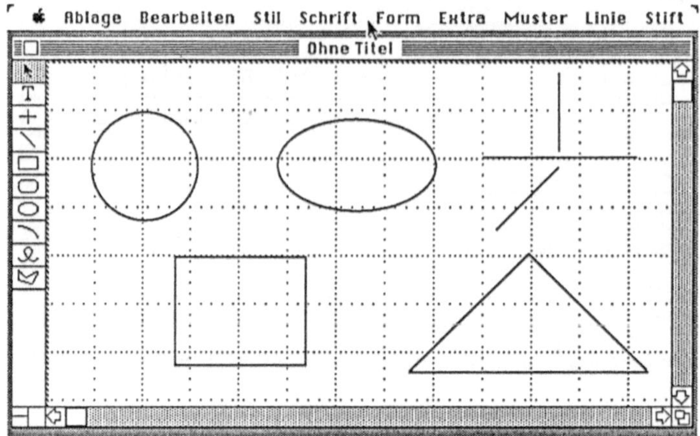

Ab. 26 Graphische Grundelemente in Zeichenprogramm

Ab 27 Die Werkzeuge eines Malprogramms erzeugen unterschiedliche Effekte

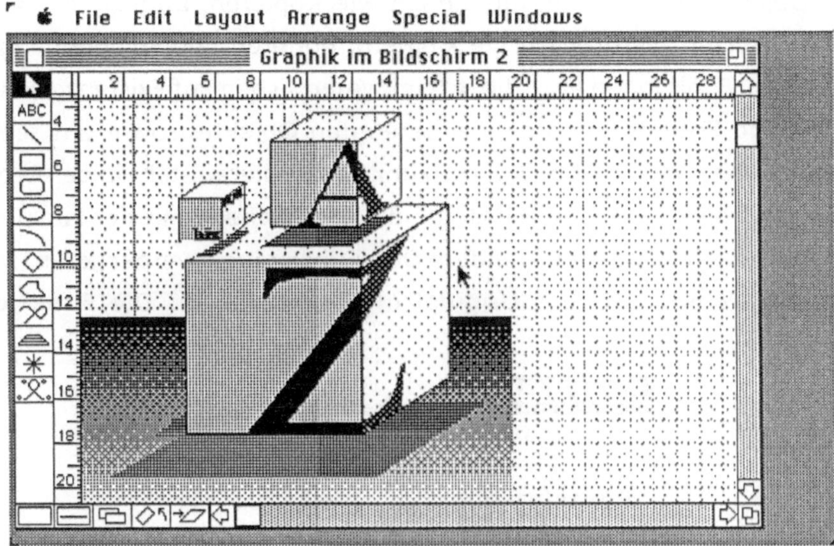

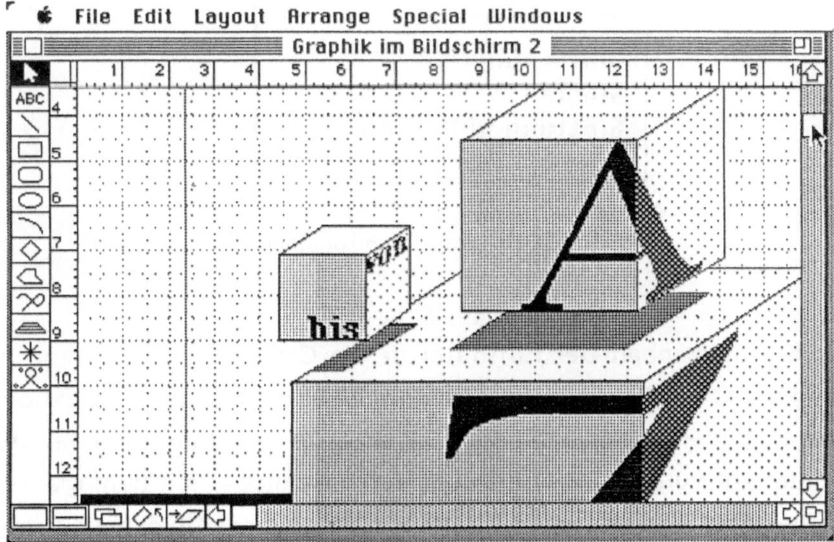

Ab. 28 Einmal gezeichnete Objekte können in unterschiedlichen Größenmaßstäben dargestellt werden

und durch Bewegung des Cursors in ihrer Größe definiert wird. Auf ein so erzeugtes Objekt können Editierfunktionen wie Kopieren, Duplizieren, Ausschneiden, Einsetzen, Vergrößern, Verkleinern, Rotieren und Spiegeln angewendet werden, Funktionen also, die sich im wesentlichen auf Existenz, Quantität, Größe und Position eines einmal erzeugten Objektes sowie auf seine Raumlage beziehen. (Siehe Abb. 28). Die Funktion Kopieren stellt in der Regel eine Kopie des Objektes in eine Hilfsdatei, die anschließend mit der Funktion Einsetzen in die gleiche oder eine andere Datei übertragen werden kann. Das Ausschneiden transponiert das Original in die Hilfsdatei. Die Funktion

Bearbeiten

Widerufen   ⌘Z

Ausschneiden   ⌘H
Kopieren   ⌘C
Einsetzen   ⌘V
Löschen

Duplizieren   ⌘D
Alles aktivieren   ⌘A

Umformen
Glätten
Glättung aufheben
Eckenradius ...

Abb. 29 "Editor" eines Graphikprogramms

Einsetzen fügt den Inhalt der Hilfsdatei in die Graphik ein, während mit Duplizieren direkt ein Duplikat im Bildschirm erzeugt wird. Diese Funktionen beziehen sich immer auf Objekte, die im Bildschirm als Gegenstand der Bearbeitung definiert wurden. Dies geschieht durch Anklicken mit dem Mauscursor, es ist ebenfalls Voraussetzung für das Entfernen eines Objektes durch die Funktion Löschen. Die Form der Objekte sowie die Größe läßt sich nachträglich durch die Funktionen Vergrößern und Strecken verändern. Diese Funktionen sind häufig allein mit dem Mauscursor auszuführen. Nach einmaligem Anklicken und Festhalten der Maustaste läßt sich ein Objekt

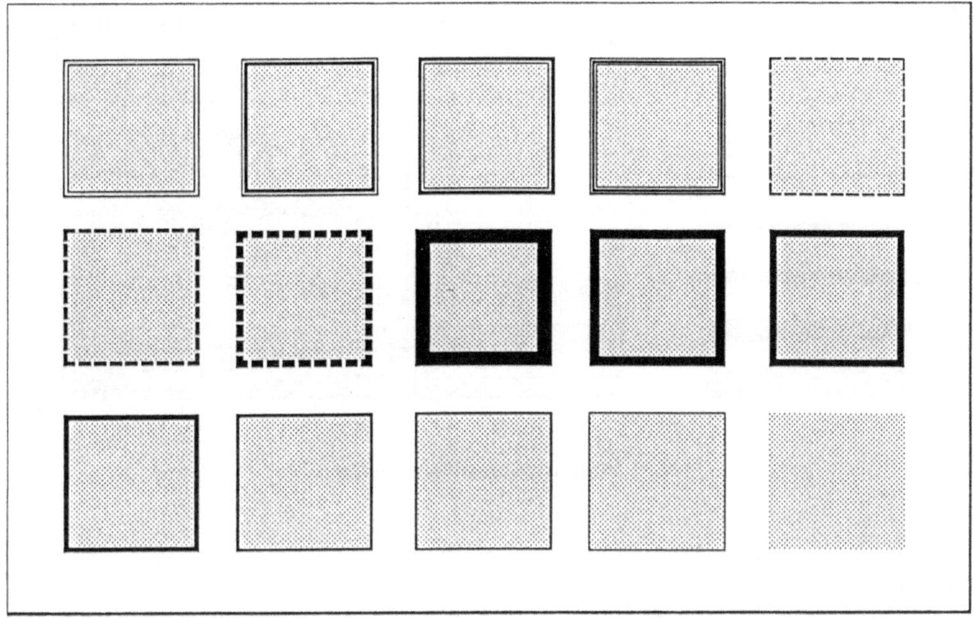

Ab. 30 Einmal gezeichnete Linien können eine unterschiedliche Form gegeben werden

vergrößern, eine Linie verlängern, der Flächeninhalt eines Rechteckes oder eines Kreises vergrößern etc. Wird die Maustaste nach zweimaligem Anklicken festgehalten, kann durch Bewegung der Maus die Form des Objektes verändert werden. Aus einem Rechteck kann so ein Quadrat werden. Bei einem Rechteck mit abgerundeten Ecken kann vielleicht der Radius der Eckrundung verändert werden.

Eigenschaften von Linien und Flächen

Eine andere Gruppe von Funktionen bezieht sich ebenfalls auf ein jeweils im Bildschirm definiertes Objekt und läßt sich vielleicht mit der Schriftauszeichnung eines Textverarbeitungsprogramms vergleichen. Zum einen lassen sich die Objektumrisse, zum anderen die Flächen gestalten. Die Objektumrisse lassen sich mit unterschiedlichen Linienarten versehen oder auch völlig unsichtbar machen. Letzteres kann zum Beispiel erforderlich werden, wenn ein Rechteck oder eine andere Figur nur als schraffierte oder gemusterte Fläche ohne eigene Umgrenzung dargestellt werden soll. Linien können in Form und Stärke verändert werden. So gibt es gestrichelte Linien, doppelte Linien, Doppellinien aus einer starken und einer schwachen Linie etc. Unter

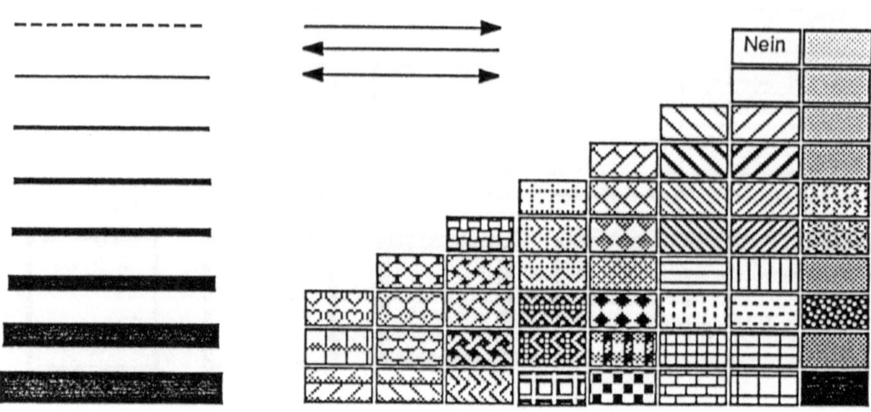

Abb. 31 Atributte von Linien und Flächen

Anwendung dieser Linienformen und der Grundform Rechteck lassen sich alle
möglichen Rahmen gestalten. Auch können Linien angewählt werden, die an
dem einen oder anderen Ende oder auch an beiden Enden mit Pfeilen versehen sind. An den Maßstäben einer typographischen Gestaltung gemessen,
lassen die Linienstärken allerdings sehr zu wünschen übrig. Zum einen stehen
nicht ausreichend Abstufungen zur Verfügung. Was aber schwerer wiegt ist,
daß die feinste Linie häufig noch zu dick ist. Wirkliche Haarlinien lassen sich
oft nicht ziehen. Für das Auffüllen von Flächen steht meist eine Vielzahl von
Mustern zur Verfügung. Es gibt Schraffuren, Gitter, Raster, Dachziegel und
andere Formen. Manche Programme erlauben es, darüber hinaus eigene
Muster zu kreieren und abzuspeichern. (Siehe Abb.31.)

Vordergrund und Hintergrund

Bei zweidimensionalem Zeichnen wird gern eine Technik angewendet, die
dem Bild einen räumlichen Eindruck verleiht. Dies geschieht durch Über-
lagerung von verschiedenen Bildbestandteilen. So entsteht der Eindruck
mehrerer voreinanderliegender Bildebenen. Zugleich bleibt der Bildaufbau
einfacher und klarer als bei einer perspektivischen Zeichnung. Diese Möglichkeit steht auch beim elektronischen Zeichnen in vielen Programmen zur

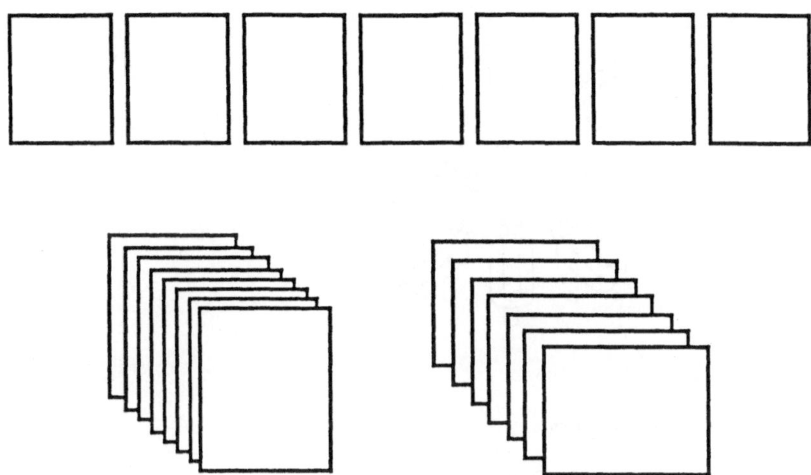

Abb. 32 Durch Abdecken von Flächen kann ein dreidimensionaler Eindruck erzeugt werden

Verfügung. Sie kann hier zur Erzeugung des gleichen Effekts eingesetzt werden. Das Überlagern oder Abdecken kann aber auch zur Variation der graphischen Grundformen eingesetzt werden. Durch teilweises Abdecken der Grundformen entstehen neue Formen. (Siehe Abb. 32.)

Spiegeln und Rotieren

Manche geometrische Objekte zeichnen sich durch ein gewisses Maß an Symmetrie aus. Die Darstellung von Symmetrien wird durch die Möglichkeit zur Spiegelung um horizontale, vertikale oder diagonale Achsen erleichtert. Die Rotation nimmt eine ähnliche Funktion war. Außerdem kann so die Raumlage einmal gezeichneter Objekte verändert werden. (Siehe Abb. 33.)

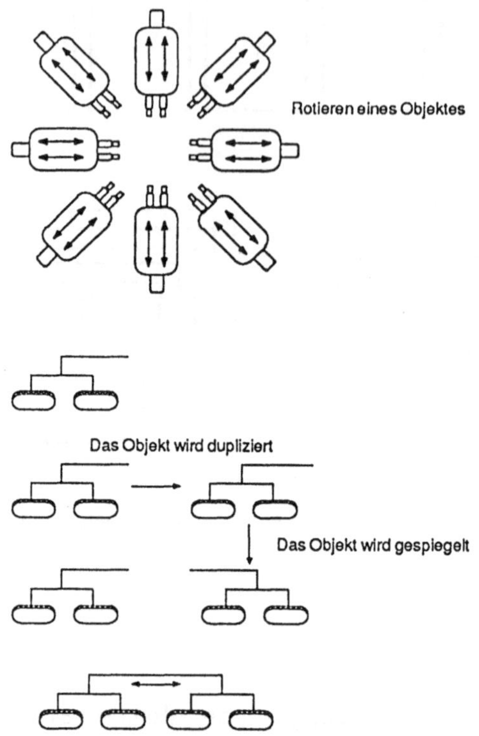

Abb. 33 Rotieren und Spiegeln erleichtern die graphische Arbeit

Vergrößern, Verkleinern und Zoomen bis auf Pixelebene

Die meisten Programme bieten unterschiedliche Möglichkeiten einer Vergrößerung oder Verkleinerung der gezeichneten Objekte. Die Maßstabs-
veränderung kann sich auf einzelne Objekte oder auf das ganze Dokumentenfenster beziehen. Die Vergrößerung kann bis auf Pixelebene herunter-
gehen, so daß es möglich wird, einzelne Bildelemente schwarz oder weiß zu
setzen und so Korrekturen in Bilddetails vorzunehmen. Jede Art der Vergrößerung dient der Erleichterung des genauen Zeichnens. Die Verkleinerung
bezieht sich in der Regel auf ein komplettes Dokumentenfenster und erlaubt
es, einen größeren Bildausschnitt zu wählen, z. B. um die Erscheinungsweise
einer ganzen Graphik sichtbar zu machen. (Siehe Abbildungen 34-a und 34-b.)

Bemaßung und Hilfsraster

Auch die Bemaßung dient der Genauigkeit des Zeichnens. Es können Lineale im Dokumentfenster sichtbar gemacht werden, die nach unterschiedlichen Maßsystemen verschieden fein unterteilt werden können. Beim Zeichnen wird die Position des Cursors oder Zeichenstiftes zuweilen in einem kleinen Fenster angezeigt. (Siehe Abb. 35). Darüber hinaus können Hilfsraster aktiviert werden, auf deren Linien der Cursor unter Umständen automatisch einrastet. Bei Programmen, die sich den Möglichkeiten der CAD-Programme annähern, können auch die Winkel angegeben werden, unter denen Linien aufeinander treffen sollen.

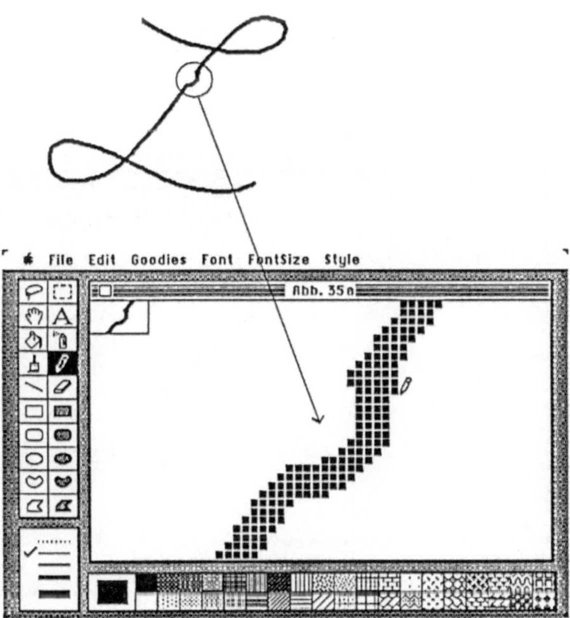

Abb. 34-a Die Bahn des Pinsels in einem Malprogramm: Jedes berührte Pixel wird schwarz. Die Darstellung kann zur Manipulation einzelner Pixels vergrößert werden.

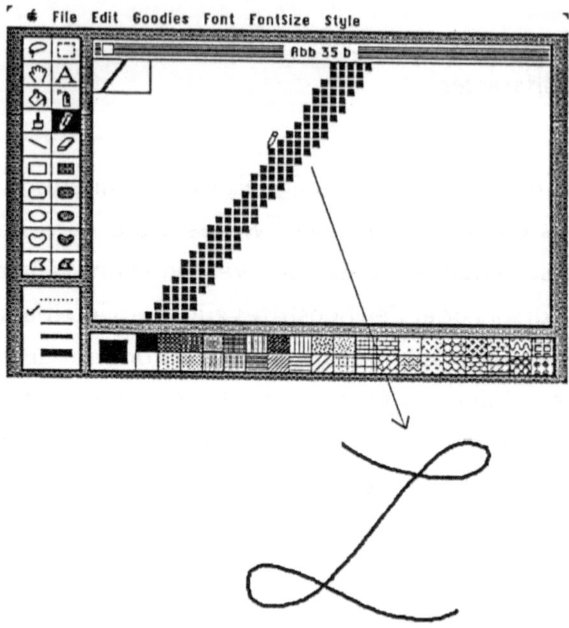

Abb. 34-b Die Bahn des Pinsels in einem Malprogramm: Jedes berührte Pixel wird schwarz.
Die Darstellung kann zur Manipulation einzelner Pixels vergrößert werden.

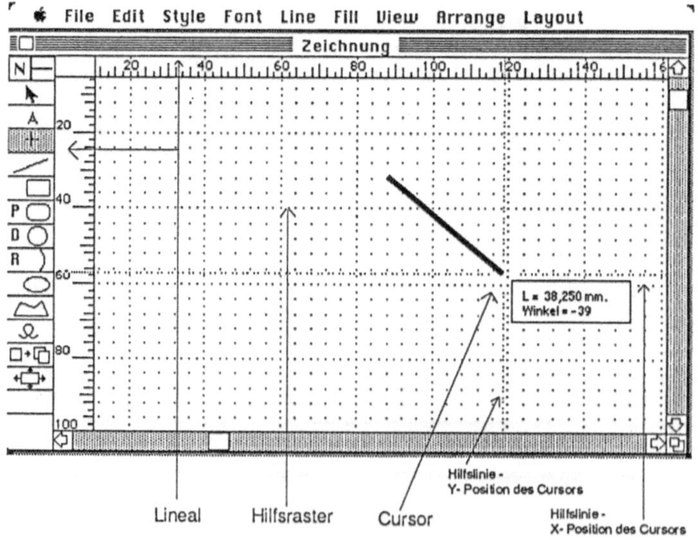

Abb. 35 Lineal, Hilfsraster und Winkelangaben in einem Zeichenprogramm

Vergleichskriterien für Graphikprogramme

Diese Tabelle führt die wesentlichen Eigenschaften von Graphikprogrammen auf. Sie können die Tabelle aus dem Buch kopieren. Für die Programme, deren Kauf Sie erwägen, sollten Sie eine solche Tabelle zu Vergleichszwecken ausfüllen. Sie können eintragen, ob und in welcher Ausprägung eine Eigenschaft vorhanden ist. In der äußersten rechten Spalte können Sie vermerken, ob die jeweilige Eigenschaft für Ihre geplante Anwendung von Bedeutung ist.

Eigenschaften von Graphikprogrammen	Vorhanden? ja/nein Parameter	Wichtig?
Name des Programms		
Betriebssystem		
Seitenbeschreibungssprache		
Graphiken können in folgende Text- und Layoutprogramme übernommen werden		
Graphische Grundformen		
Horizontale / Vertikale Linie		
Freie Gerade		
Freie Linie		
Kreisbogen		
Kurve		
Rechteck		
Polygon		
Kreis		
Ellipse		
Oval		

Rechteck mit runden Ecken		
Dreidimensionales Zeichnen		
Editierfunktionen		
Mehrere Objekte zu einem gruppieren		
Letzte Aktion zurücknehmen		
Editierfunktionen für definierte Objekte		
Duplizieren		
Kopieren		
Ausschneiden		
Einsetzen		
Vergrößern		
Dehnen		
Rotieren		
Spiegeln		
Nach vorn/hinten stellen		
Vordergrund tranparent oder abdeckend		
Attribute		
Anzahl Linienstärken		
Feinste Linie ausreichend fein		
Punktierte Linie		
Gestrichelte Linie		
Doppellinie		
Linie mit Pfeil		
Muster		
Raster		
Schraffuren		

Schattierung durch Sprühdose		
Sonstige Muster		
Können Muster selbst erzeugt werden?		
Vergrößern / Verkleinern		
Ausschnitt vergrößern		
Inhalt des Dokumentenfensters insgesamt vergrößern oder verkleinern		
Bemaßung		
Lineale		
Maßsysteme - Welche?		
Hilfsraster mit festen Positionsvorgaben		

Programme, die Seiten machen

Die Programme, von denen hier die Rede sein wird, dienen der Erstellung eines elektronischen Layouts für ein- oder mehrseitige Dokumente, bis hin zu ganzen Büchern. In einem Layout wird die Plazierung von Text- und Bildelementen, von Seitenkopf- und Seitenfuß sowie von Fußnoten innerhalb eines Seitenformats festgelegt. Dabei können in der Regel Layouts für rechte und linke Seiten unterschieden werden. Layoutsoftware dient in erster Linie der Erstellung solcher Plazierungsformate, es ist aber darüber hinaus auch möglich, in den marktüblichen Layoutprogrammen selbst Text zu erfassen und Graphiken zu erstellen. Dies dient hauptsächlich dazu, bei der elektronischen Seitenmontage noch kleine Korrekturen an Text und Graphik vornehmen zu können. In diesem Zusammenhang ist auch die Möglichkeit zu sehen, Graphiken in ihrer Größe ebenso wie in den Proportionen zu verändern, um ein Einpassen in ein vorgegebenes Layout zu ermöglichen. Das Leistungsspektrum von Layoutprogrammen für PCs ist sehr weit gestreut. Es gibt Programme, die lediglich innerhalb einer Seite vordefinierte Blöcke oder Spalten mit Text, Überschriften und Graphiken füllen können. Nach oben hin ist der Übergang zu professionellen Umbruchprogrammen für große Satzsysteme fließend. Es gibt Programme, die mehrere Seiten umbrechen können, mit denen ganze Bücher bearbeitet werden können und die dabei Fußnoten, lebende Kolumnentitel und unterschiedliche Paginierungsarten erzeugen. Umbruchprogramme, wie sie auf großen Satzsystemen zum Einsatz kommen, zeichnen sich dadurch aus, daß für alle auf einer Seite erscheinenden Elemente Textblöcke vordefiniert und Bedingungen für ihre Plazierung bei der Seiteneinteilung gesetzt werden. Darüber hinaus können Kolumnentitel, Fußnoten, Marginalien etc. verwaltet und automatisch Inhalts- und Stichwortverzeichnisse erzeugt werden.

Umbruch nach vorgegebenem Layout

Im Zuge des Umbruchs wird ein vorgegebene Layout mit Text und Bild gefüllt,
dabei werden Zeilen entsprechend der definierten Länge beendet, Spalten
und Seiten abgeschlossen und neue begonnen. Dieser Vorgang findet entweder unter optischer Kontrolle des Anwenders oder automatisch im Hintergrund des Umbruchsystems statt. Neuere Layoutsoftware für PCs unter graphischen Benutzeroberflächen bietet in der Regel die Möglichkeit der optischen Kontrolle und des Eingreifens durch den Anwender. Um ein optimales

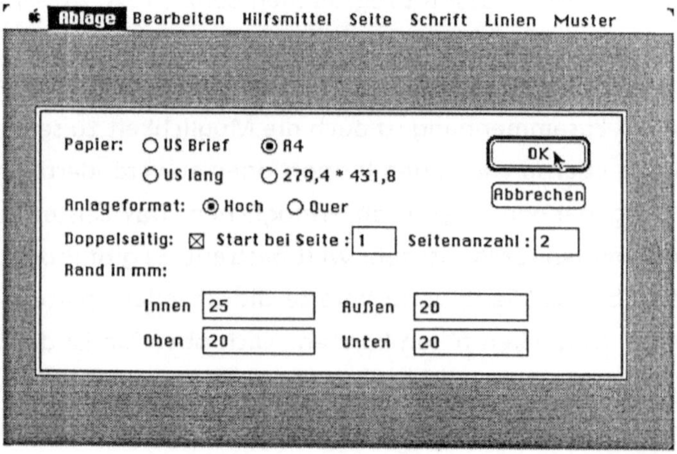

Abb. 36 Layoutdefinitionen

Arbeiten zu gewährleisten, sollten beide Betriebsarten zur Verfügung stehen.
Um ein längeres Werk zu umbrechen, sollte die Möglichkeit bestehen, die
Reihenfolge der einzelnen Bestandteile festzulegen, gewisse Angaben über
ihre Anordnungen in der Seite zu machen und in der Folge den Umbruch
ohne Benutzeraufsicht ablaufen zu lassen. Anschließend kann dann eine
visuelle Überprüfung und manuelle Korrektur der zustandegekommenen
Seiteneinteilung vorgenommen werden. Nur so ist ein effektives Arbeiten bei
umfangreichen Dokumenten möglich. Nicht alle PC-Layoutprogramme lassen

diese Arbeitsweise zu. Oft muß die Plazierung der aufeinanderfolgenden Textbestandteile manuell vorgenommen werden. Das Programm füllt dann die laufende Spalte ganz oder teilweise, je nachdem wie weit der Text reicht. Anschließend ist ein weiterer Bestandteil zu plazieren.

Zuordnung der Textbestandteile und Abbildungen zum Layout

Für die Zuordnung der Texte und Graphiken zu dem definierten Layout kommen zwei technische Verfahren zur Anwendung. In einem Fall wird für Layout und Umbruch eine Datei angelegt, die alle hierfür erforderlichen Informationen enthält. Texte und Graphiken sind nicht Bestandteil dieser Datei. Sie werden innerhalb dieser Datei lediglich zur Plazierung aufgerufen. Dies hat einen positiven Effekt: Wird das umbrochene Dokument zur optischen Kontrolle im Bildschirm dargestellt und werden Änderungen an Texten oder Graphiken durchgeführt, so gehen diese, sobald sie abgespeichert werden, in die nicht umbrochenen Originaldokumente ein. Das hat zur Folge, daß nun stets aktuelle Versionen der Originaldokumente vorliegen, gleichgültig, ob zur Korrektur diese Dokumente selbst oder die umbrochene Version herangezogen wurde. Ein weiterer Vorteil dieses Verfahrens ist, daß mit Layoutdateien gearbeitet wird, denen immer wieder andere Text- und Bildinhalte zugewiesen werden können, z. B. für aufeinanderfolgende Ausgaben einer kleinen Zeitschrift.

Bei dem anderen gängigen Verfahren wird so gearbeitet, daß die Bestandteile bei der Plazierung in das Layout dupliziert werden. Neben den Originaldateien existiert anschließend eine Datei, die das Layout und den umbrochenen Text beinhaltet. Werden nun Textänderungen vorgenommen, so gehen diese nur in die zweite Datei ein, müssen also in die Originaldateien manuell übernommen werden. Es kann natürlich vorteilhaft sein, die Originaldokumente, auch ohne von ihnen Kopien anzulegen, stets unverändert zu behalten. Logischer erscheint aber die Arbeitsweise mit einer Text- bzw. Graphikdatei und einer Layoutdatei, so daß bei Änderungen, gleichgültig, ob sie im umbrochenen oder nicht umbrochenen Dokument durchgeführt werden, immer auf die Text- bzw. Graphikdatei zugegriffen wird. Sollen Vorversionen aufgehoben werden, können gegebenenfalls vor einer Überarbeitung Kopien angefertigt werden.

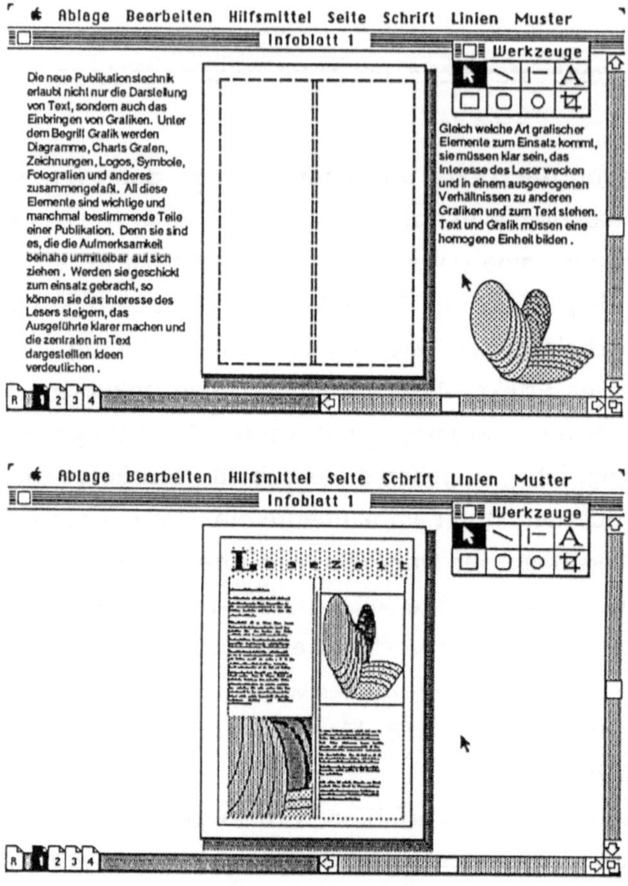

Abb. 37 Montage einer Seite am Bildschirm

Automatische Silbentrennung – wozu?

Entscheidend für den Umbruch ist die Frage, ob im Programm eine automatische Silbentrennung enthalten ist. Die wesentliche Leistung eines Layoutprogramms besteht darin, daß Text automatisch in vordefinierte Spalten hineinfließt, wobei ein Zeilenumbruch durchgeführt wird. Wird hierbei nur

Anfangen, selbst zu publizieren

Der Anfang ist eine weiße Seite. Der Text, Grafik und andere Elemente werden diesen Raum ausfüllen. Der erfolg der gestalterischen Arbeit liegt in einer guten Verteilung, Kombination und Anordung eines oder mehrerer dieser Elemnte.

Selbstverständlich gibt es keinen Kanon dessen Befolgung jederzeit ein ansprechendes Layout einer gedruckten Seite, einer Anzeige, eines Briefes gewährleisten würde. Dennoch ist es von Vorteil, einige Regeln zu befolgen, die so etwas wie einen Leitfaden zur gestaltung eines interessanten und vielleicht sogar originellen Layouts abgeeben. Eine solche Grundregel ist zum Beispiel die Ansicht, daß der weiße Raum nicht nur dazu ist, um mit schwarzen Zeichen und vielleicht auch Grafiken angefüllt zu werden . Er ist ein selbständiges Element in der Gestaltung. Er darf daher, obwohl er der Grund ist, auf dem Text und Grafiken plaziert werden, durch diese nicht zum Verschwinden gebracht werden. Denn für Balance, Klarheit und äesthetische Erscheinung eines gedruckten Werkes spielt er eine wichtige Rolle. An Kopf, Fuß und Seiten einer gedruckten Seite sollte genüger freier Raum vorhanden sein, der dem ganzen einen harmonischer Eindruck verleiht, und den Leser einlädt sich mit den angebotenen Gedanken und Informationen auseinanderzusetzen.

Anfangen, selbst zu publizieren

Der Anfang ist eine weiße Seite. Der Text, Grafik und andere Elemente werden diesen Raum ausfüllen. Der erfolg der gestalterischen Arbeit liegt in einer guten Verteilung, Kombination und Anordung eines oder mehrerer dieser Elemnte.

Selbstverständlich gibt es keinen Kanon dessen Befolgung jederzeit ein ansprechendes Layout einer gedruckten Seite, einer Anzeige, eines Briefes gewährleisten würde. Dennoch ist es von Vorteil, einige Regeln zu befolgen, die so etwas wie einen Leitfaden zur gestaltung eines interessanten und vielleicht sogar originellen Layouts abgeeben. Eine solche Grundregel ist zum Beispiel die Ansicht, daß der weiße Raum nicht nur dazu ist, um mit schwarzen Zeichen und vielleicht auch Grafiken angefüllt zu werden . Er ist ein selbständiges Element in der Gestaltung. Er darf daher, obwohl er der Grund ist, auf dem Text und Grafiken plaziert werden, durch diese nicht zum Verschwinden gebracht werden. Denn für Balance, Klarheit und äesthetische Erscheinung eines gedruckten Werkes spielt er eine wichtige Rolle. An Kopf, Fuß und Seiten einer gedruckten Seite sollte genüger freier Raum vorhanden sein, der dem ganzen einen harmonischer Eindruck verleiht, und den Leser einlädt sich mit den angebotenen Gedanken und Informationen aus einanderzusetzen.

Abb. 38 Auswirkung der Silbentrennung: Text links ohne Trennfugen, Text rechts nach automatischer Einfügung von Trennfugen mit Mac Black

mit ganzen, ungetrennten Wörtern gearbeitet, entsteht oft ein unschönes Bild. In manchen Spalten stehen die Wörter sehr eng, in anderen um so weiter auseinander. Je länger die Wörter sind, je weniger Wörter also auch Wortzwischenräume pro Zeile erscheinen, desto ungleichmäßiger fallen die Wortzwischenräume aus, da das Programm keine Möglichkeit hat, den Zeilenrest zu verteilen. Amerikanische Typographie wirkt dem traditionell dadurch entgegen, daß der Zeilenreste auch zwischen die Buchstaben eines Wortes verteilt wird. So geschieht es auch in manchen in USA entstandenen PC-Layout-Programmen. Dieses Verfahren führt natürlich zu einem sehr ungleichmäßigen Schriftbild, da die Buchstaben mal sehr locker, mal sehr gedrängt stehen. Zuweilen ist der Wortzwischenraum in einer Zeile kleiner als der Buchstabenabstand in den Wörtern einer anderen. Eine saubere Lösung des ganzen Problems bietet nur die Arbeit mit einem Silbentrennprogramm. Denn durch

Trennung der Wörter kann erreicht werden, daß auf jeder Zeile soviel Text steht, daß sich eine gleichmäßige Verteilung des Zeilenrestes in den Raum zwischen den Wörtern ergibt. Am einfachsten hat man es nun, wenn das Programm selbst die möglichen Trennstellen der Wörter erkennt und dort, wo ein Wort an das Zeilenende gerät, gegebenenfalls von ihnen Gebrauch macht. (Siehe Abb. 38.) Ist eine automatische Silbentrennung nicht vorgesehen, kann das Problem immer noch so gelöst werden, daß der Text bereits im Textverarbeitungsprogramm unter Verwendung der dort integrierten Silbentrennung auf Spaltenbreite gebracht wird. Dabei ist dann natürlich darauf zu achten, daß die Spaltenbreite im Textverarbeitungsprogramm und im Layoutprogramm exakt übereinstimmen. Ist auch dieses Verfahren nicht möglich, weil auch zum Textverarbeitungsprogramm keine Silbentrennung verfügbar ist, bleibt nur das manuelle Einfügen von Softhyphens in den Text, ein Verfahren, daß bei langen Texten wenig empfehlenswert ist.

Seiten - und Spaltenzahl

Ein wichtiges Qualitätskriterium eines Umbruchprogramms ergibt sich aus der Frage, wieviel   Seiten maximal erzeugt werden können und wie viele Spalten sich pro Seite anordnen lassen. Dabei braucht die Seitenzahl nicht die maximal mögliche Seitenzahl einer Publikation abzudecken. In der Regel ist ein längeres Werk in Kapitel aufgeteilt und es empfiehlt sich, für jedes Kapitel eine neue Datei anzulegen. Die Paginierung kann dennoch durchgehend erfolgen, da es zumeist möglich ist, die Anfangsseitennummer bei einem Umbruch festzulegen. Die Obergrenze wird dann nicht mehr durch die maximal mögliche Seitenzahl in einer Umbruchdatei, sondern durch die höchste, durch das Programm zu vergebende Seitennummer bestimmt. Auf diese Einzelheiten sollten Sie auf jeden Fall beim Kauf eines Layoutprogramms achten.

Standardlayouts und Abschnittslayouts

Da es in einem Buch oder einer Zeitschrift häufig vorkommt, daß einzelne Seiten ein vom Standard abweichendes Layout aufweisen, also beispielsweise einmal nicht dreispaltig sondern vielleicht einspaltig gestaltet sind, ist es sehr wichtig, auch für solche Abweichungen Layouts definieren zu können. Neben dem Standardlayout der ganzen Arbeit sollte man also auch Abschnittslayouts definieren können. Ein häufig auftretender Fall ist zum Beispiel die Anordnung einer Abbildung in der Mitte einer dreispaltigen Seite. (Siehe Abb. 39.) Ist das Bild nun breiter als die mittlere Textspalte, so wird das Standardlayout durchbrochen. Wie soll in diesem Fall der Text der beiden äußeren Spalten um die Abbildung herumfließen? Kann für eine solche Seite kein separates Layout erstellt werden, so muß manuell gearbeitet werden.

Wechsel der Spaltenaufteilung innerhalb der Seite

An dem zuletzt erwähnten Beispiel zeigt sich noch ein anderes Problem: Es ist nämlich gar keine Selbstverständlichkeit, daß ein Umbruchprogramm auf einer Seite unterschiedliche Breiten verarbeiten kann, zum Beispiel oben auf der Seite drei gleich breite Spalten, in der Mitte ein Bild, das über eine Spaltenbreite hinausgeht, rechts und links daneben jeweils eine schmale Spalte und unten wieder drei gleich breite Spalten. Die uns zur Verfügung stehende Version des PageMaker, des ersten Layoutprogramms, das in der Bundesrepublik verfügbar war, für den Macintosh, tut sich mit dieser Layoutgestaltung durchaus schwer. Der Text ist zunächst bis zur Oberkante des Bildes einzubringen, dann muß die vom Bild geschnittene Spaltenlinie manuell verschoben werden, so daß eine schmalere Textspalte entsteht. Nun ist der Text bis zur Unterkante des Bildes einzubringen, anschließend die Verschiebung der Spaltenlinie wieder aufzuheben und der restliche Text ab der Unterkante des Bildes bis zum Seitenfuß einzubringen; das Ganze einmal in der linken äußeren Spalte, einmal in der rechten. (Siehe Abb. 69-3 u. 69-5.)

Textblöcke auf einer Seite zusammenhalten

Zuweilen soll ein bestimmter Textabschnitt unter allen Umständen zusammen mit einer Illustration auf der gleichen Seite erscheinen oder ein Abschnitt soll komplett auf der gleichen Seite erscheinen und nicht in zwei Teilen auf zwei aufeinanderfolgenden Seiten, da der Gedankengang nicht durch einen Seitenwechsel gestört werden soll. In einem solchen Fall muß es möglich sein, das Abschnittslayout mit der Anweisung Zusammenhalten zu versehen.

Vertikalausschluß

Zuweilen läßt sich der Raum einer Seite in vertikaler Richtung nicht durch Text voll auffüllen. Vielleicht reicht der Text hierzu nicht aus, weil unten einige Zeilen mit dem zugehörigen Rest des Abschnitts komplett auf die nächste Seite gezogen werden. (Zusammenhalten) Nun könnte es hilfreich sein, wenn sich der verbleibende Platz gleichmäßig auf die Abschnittszwischenräume der ganzen Seite verteilen ließe. Für solche und ähnliche Fälle, in denen vertikaler Raum auf Zwischenräume der Seite verteilt werden soll, muß ein Layoutprogramm über die Möglichkeit zum sogenannten Vertikalausschluß verfügen. Beim Vertikalausschluß wird verbleibender Raum auf vorgegebene Positionen, sogenannte vertikale Keile so verteilt, daß eine vordefinierte Seitenhöhe in jedem Fall eingehalten werden kann. Es gibt auch die Möglichkeit, die Zwischenräume zwischen allen Zeilen zu vergrößern. Unter ästhetischen Gesichtspunkten ist dieses Verfahren aber nicht zu empfehlen.

Zeitungen und Zeitschriften

Bei Zeitschriften kommt es häufig vor, daß auf einer Seite mehrere Artikel beginnen, die nicht auf dieser Seite enden, sondern weiter hinten, vielleicht auf verschiedenen Seiten fortgesetzt, und eventuell auf wiederum anderen Seiten zum Abschluß gebracht werden. Manche Programme verfügen über eine Möglichkeit, solche Fortsetzungen automatisch zu verwalten. So werden Fortsetzungsvermerke gesetzt und bei nachträglichen Einfügungen wird der Text automatisch auf die Fortsetzungsseite weitergeschoben. Für die Erstellung kleinerer Zeitungen oder von Anzeigenseiten mit sehr unterschiedlichen Breiten können Programme sehr praktisch sein, die den Text nicht in Spalten, sondern in Blocks beliebiger Breite und Höhe einfließen lassen.

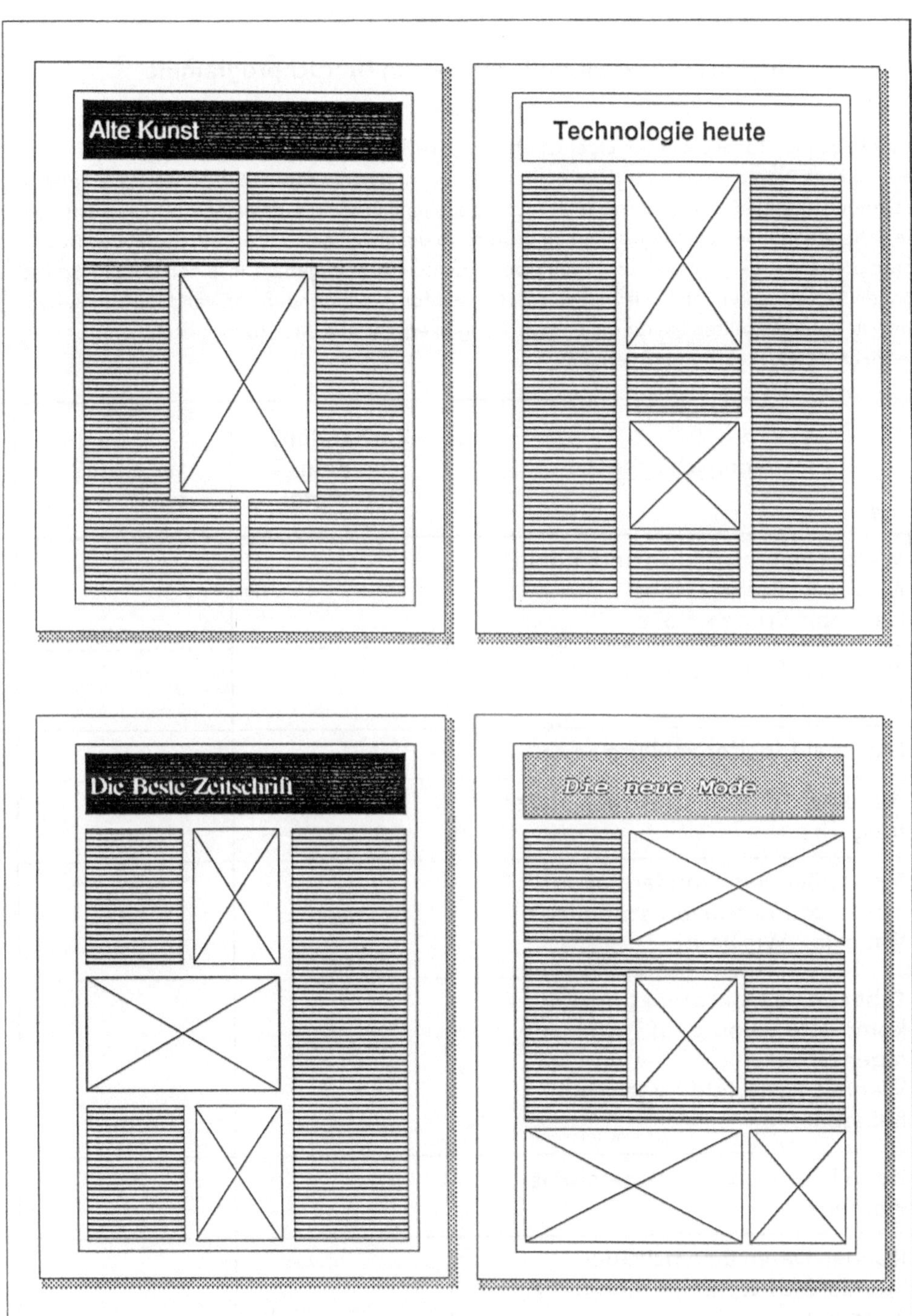

Abb. 39 Beispiele für Seitenlayouts

Vergleichskriterien für Layout - und Umruchprogramme

In der folgenden Tabelle werden Eigenschaften von Layoutprogrammen aufgelistet, die Sie beim Kauf solcher Programme zu Entscheidungskriterien machen sollten. Sie sollten die Tabelle kopieren und für jedes von Ihnen in Erwägung gezogene Produkt eine eigene Tabelle ausfüllen Die Tabelle gibt Ihnen die Möglichkeit zu prüfen, ob die jeweilige Eigenschaft vorhanden ist und Parameter über die genaue Ausprägung der Eigenschaft anzugeben. In einer dritten Spalte können Sie vermerken, ob die jeweilige Eigenschaft für Ihre besondere Anwendung von Bedeutung ist. Natürlich sollten Sie für die Entscheidung in erster Linie die Eigenschaften heranziehen, die Sie unmittelbar ausnutzen werden.

__Eigenschaften__	__Vorhanden?__ __ja/nein__ __Parameter__	__Wichtig?__
Welche Seitenformate sind möglich? Maximale Breite x Höhe Minimale Breite x Höhe		
Maximale Seitenzahl in einer Umbruchdatei?		
Maximale Spaltenzahl pro Seite?		
Auf einer Seite verschiedene Breiten möglich?		
Sind außer dem Standardlayout noch Abschnittslayouts möglich? Wenn ja – Wieviele?		
Gibt es eine Makrofunktion, um komplette Layouts auf Tasten zu legen? Wenn ja – wieviele Tasten sind belegbar?		
Kann Text und Graphik gemischt werden?		
Können Daten aus wichtiger Standardsoftware übernommen werden?		

Aus welchen Textverarbeitungs- programmen können Daten übernom- men werden?		
Aus welchen Graphikprogrammen können Daten übernommen werden?		
Aus welchen sonstigen Programmen, z. B. Geschäftsgrafiken, Tabellen etc. können Daten übernommen werden?		
Können vorhandene Formatierungen mit übernommen werden?		
Bei welchen Programmen ist das möglich?		
Ist das Einpassen von Graphik durch Dehnen oder Größenveränderung möglich?		
Kann Text / Graphik erfaßt / bearbeitet werden?		
Welche Graphikfunktionen stehen zur Verfügung?		
Welche Textbearbeitungsfunktionen stehen zur Verfügung?		
Wieviele Schriften stehen zur Verfügung? Welche?		

Können zusätzliche Schriften geladen werden?		
Ist der Zeilenabstand frei wählbar?		
Gibt es feste Einstellungen für den Zeilenabstand? Wenn ja, welche?		
Welche Maßsysteme stehen zur Verfügung?		
Können Tabulatoren gesetzt werden?		
Können Einzüge gesetzt werden?		
Gibt es einen Vertikalausschluß?		
Können Abschnitte zusammengehalten werden?		
Werden Schusterjungen und Hurenkinder automatisch vermieden?		

Entscheidung für einen Laserdrucker

Wir behandeln den Laserdrucker als die letzte der Komponenten, die Sie benötigen, um Dokumente selbst in annähernder Fotosatzqualiät gestalten zu können. Der Drucker ist das wichtigste Element Ihrer Ausrüstung und dient dem wichtigsten Schritt der Herstellung. Natürlich ist jede Kette letztendlich so stark wie ihr schwächstes Glied und so sind alle Elemente gleichermaßen wichtig. Der Laserdrucker ist es aber, der Ihre Dokumente produziert. Was der von Ihnen angeschaffte Laserdrucker nicht ausgeben kann, wird mit Ihrer Ausrüstung nicht herzustellen sein. Der Laserdrucker entscheidet so über die Qualität Ihrer Dokumente. Für diese Auffassung sprechen zwei wichtige Argumente: Einerseits ist es richtig, daß Sie mit aller vorgelagerten Soft- und Hardware den Laserdrucker so steuern, daß er das gewünschte Ergebnis produziert. Zum anderen ist der Laserdrucker das teuerste Element Ihrer Ausrüstung. Man wird vielleicht ein besseres Graphikprogramm zu einem späteren Zeitpunkt nachkaufen, wenn man mit dem Erstkauf nicht zufrieden ist. Der Laserdrucker aber verdient es schon aufgrund seines Preises das Herzstück der Ausrüstung zu werden, die um ihn herum aufgebaut wird.

Laserdrucker und andere Drucker

Der Laserdrucker ist meist nicht nur der teuerste Bestandteil ihrer Ausrüstung, Laserdrucker sind auch immer noch die teuersten unter den zur Auswahl stehenden Drucksystemen. Wenn Sie aber wirklich eine fotosatzähnliche Druckerausgabe wünschen, wenn Sie Text und Graphik in gleichermaßen guter Qualität ausgeben wollen, dann führt kein Weg an einem Laserdrucker vorbei. Natürlich ist für manches Dokument ein Schönschreibdrucker der Typenrad – oder Matrixdruckerklasse voll ausreichend. Und auf Computergraphik brauchen Sie auch ohne Laserdrucker nicht zu verzichten. Wenn Sie nur hin und wieder eine Illustration erstellen, genügt vielleicht ein kleiner preiswerter Plotter Ihren Anforderungen. Ein Einwand bleibt jedoch. Sie publizieren dann zwar auch Ihr Dokument auf dem Schreibtisch, aber eben auf Ihrem Schreibtisch und nicht auf dem elektronischen Desktop ihres PCs. Und das heißt, sie müssen einen Layoutentwurf anfertigen, die Textspalten ausdrucken, Seiten mit Schere und Klebstoff montieren, Graphiken einkleben und das Ganze muß in einem herkömmlichen Druckverfahren vervielfältigt werden. Im Vergleich dazu erlaubt Ihnen der Laserdrucker in Kombination mit der entsprechenen PC-Software die elektronische Montage und Ausgabe komplett montierter DIN A4-Seiten. Für die Herstellung kleiner Druckauflagen sind Tintenstrahldrucker eine beachtenswerte Alternative. Sie verfügen über ähnliche Leistungsmerkmale wie Laserdrucker und können darüberhinaus Farbdrucke ausgeben.

Über die Intelligenz eines Laserdruckers

Die hier vorgetragene Auffassung, der Laserdrucker sei das Herzstück der Ausrüstung, trifft in technischer und ökonomischer Hinsicht zumindest dort voll zu, wo der Laserdrucker über eigene Intelligenz verfügt, also nicht nur Aufzeichnungsgerät ist, sondern selbst den Seitenaufbau vornimmt. Es gibt eine andere Gruppe von Laserdruckern, die nicht über einen eigenen Controller zur Steuerung des Laserstrahls verfügt. In diesem Fall ist der Controller im Personal Computer untergebracht und Drucker und PC bilden eine feste Einheit. Die Firma ATARI bringt zur Zeit eine solche Lösung auf den Markt. Laserdrucker mit eigener Intelligenz, sei es auf Basis von PostScript, einer anderen Seitenbeschreibungssprache oder von Typenraddrucker-Emulationen, garantieren jedoch eine größere Offenheit des Systems gegenüber unterschiedlichen PC- Arbeitsplätzen. Die Intelligenz des Laserdruckers hängt nicht nur davon ab, ob er über einen eigenen Controller verfügt, sondern auch von der Art der Steuerung. Verfügt er über die Emulation herkömmlicher Druckertreiber, wie sie von Matrixdruckern oder Typenraddruckern bekannt sind, ist er in seinen Gestaltungsmöglichkeiten auf dieses Maß eingeschränkt. Als Vorteile bleiben höhere Geschwindigkeit und geringere Betriebslautstärke und im Vergleich zum Matrixdrucker das bessere Schriftbild. Den beschriebenen Geräten stehen die Laserdrucker mit einer Seitenbeschreibungssoftware gegenüber, die Befehle für nahezu jede Art zweidimensionaler Gestaltung enthält, und es erlaubt, Graphik in akzeptabler Geschwindigkeit auszugeben. Zur Ausgabe kompletter Seiten mit eventuell seitengroßen Graphiken sollte der Drucker übrigens über mindestens 1 Megabyte Speicherkapazität verfügen. Andernfalls kann es Ihnen passieren, daß Ihr Drucker nach einer halben Graphik kapituliert, weil der Rest in seinem Speicher keinen Platz mehr gefunden hat.

Welche Sprache spricht Ihr Laserdrucker?

Die überwiegende Anzahl der zur Zeit auf dem Markt befindlichen Laserdrucker verfügt über eine ganze Reihe von Druckeremulationen. Diese Emulationen versetzen den Laserdrucker in die Lage, sich gegenüber dem PC wie der emulierte Drucker zu verhalten. Druckeremulationen sind in der Regel für die wichtigsten auf dem Markt durchgesetzten Druckertypen vorhanden. Auch eine Emulation des HP-Laserjet ist in der Regel vorhanden, da dies der erste Laserdrucker war, der als Ausgabemedium für die PC-Welt auf den Markt kam und weite Verbreitung gefunden hat. Für die Ausgabe gestalteter Seiten mit Graphiken und echten Fotosatzschriften nützt Ihnen ein Laserdrucker mit Druckeremulationen für bekannte Typenrad-, oder Matrixdrucker wenig. Zwar können Sie evtl. auch mit einer Matrixdruckeremulation Graphik und verschiedene Schriftfonts ausdrucken. Desktop Publishing in aller Vielseitigkeit der Gestaltung ist nur mit einem Laserdrucker möglich, der über eine Seitenbeschreibungssprache verfügt, die den Aufbau und schnellen Ausdruck kompletter elektronisch montierter Seiten und nahezu beliebiger Modifikationen von Schriftzeichen und Graphik erlaubt.
Es sind eine ganze Reihe von Seitenbeschreibungssprachen im Gespräch. Diejenige, die sich für den hier besprochenen Bereich am weitesten durchgesetzt hat, ist die Sprache PostScript von Adobe, die Sprache des Apple Laser-Writer, des ersten Laserdruckers für Desktop Publishing-Anwendungen. Inzwischen sind eine ganze Reihe von ebenfalls PostScript-fähigen Laserdruckern verfügbar.
PostScript ist nicht die einzige Seitenbeschreibungssprache, wenngleich diese Sprache den großen Vorteil der Lizenznahme von echten Linotype-Fotosatzschriften durch den Hersteller Adobe auf seiner Seite hat. Die Firma Xerox

versucht ihre Sprache Interpress gegen PostScript als Standard durchzusetzen. Interpress wurde für die Kommunikation zwischen verschiedenen Arbeitsstationen und Druckern innerhalb der Xerox-Netzwerke entwickelt. Nachdem Xerox von der jetzigen Popularität des Desktop Publishing und dem Erfolg des Apple-Systems überrascht wurde, hat die Firma Xerox sich entschlossen, die Interpress-Spezifikationen zu veröffentlichen und so die Entwicklung von Software und Hardware unter Interpress zu ermöglichen. Xerox sah sich hierzu wohl genötigt, um den Absatz seiner eigenen Interpress-Drucker sicherzustellen, die zuvor nur von Xerox-Arbeitsstationen oder PCs innerhalb eines Xerox-Netzwerkes angesteuert werden konnten. Experten, die den amerikanischen Markt intensiv beobachten, rechnen nicht damit, daß Interpress sich als Standard gegen PostScript durchsetzen kann. Vielleicht wird diese Einschätzung aber wiederlegt, da mit dem Ventura Publisher nun ein gutes Layoutprogramm für MS-DOS-PCs auf den Markt gekommen ist, das neben PostScript-Druckern, dem Hewlett Packard Laserjet und anderen auch den Xerox Laserdrucker 6045 ansteuert.

Eine Entscheidung für Interpress muß daher nicht mehr unbedingt eine Entscheidung für das Xerox-Dokumentationssystem als Komplettlösung sein. Diese professionelle Lösung mit sehr komfortablen Arbeitsstationen ist zur Zeit für einen Arbeitsplatz mit Drucker etwa 10.000 Mark teurer als die von Apple angebotene Lösung. Beide bieten zwar keine Kompatibilität zur Welt der MS-DOS-Maschinen, wohl aber Zusatzkarten mit MS-DOS-Emulationen, die das Bearbeiten von MS-DOS-Dateien ermöglichen. Wer weitgehende Kompatibilität zu MS-DOS-Maschinen und ihren Programmen sicherstellen will, wird einen Laserdrucker wählen, der über Emulationen des Hewlett Packard LaserJet oder wichtiger Typenrad- und Matrixdruckerstandards verfügt. Das wird ihm die Möglichkeit bieten, zur Ansteuerung auch vorhandene MS-DOS-Standardsoftware einzusetzen, die stets Treiber für diese Drucker besitzt.

Nicht nur von Xerox werden Angriffe auf PostScript als Standard gestartet. Hewlett-Packard will eine Lösung mit der Seitenbeschreibungssprache DDL von Imagen anbieten. Diese Entscheidung soll dadurch beeinflußt sein, daß DDL – wie übrigens auch Interpress – jede Seite als in sich geschlossene Einheit behandelt. DDL kann dadurch im Unterschied zu PostScript beidseitiges Drucken sowie verschiedene Drucksequenzen der Seiten und damit annahernd eine Sorter-Funktion unterstützen. Das heißt es sind unterschiedliche Drucksequenzen möglich, z. B. die folgenden (wir geben die Seitennummern an): Bei einem Exemplar 1 2 3 oder 3 2 1, bei drei Exemplaren 1 1 1 2 2 2 3 3 3 oder 1 2 3 1 2 3 1 2 3.

Das Zusammenwirken von Personalcomputer, Drucker und Anwendungsprogrammen

Beim Vergleich von Druckern im Hinblick auf ihre Leistungsfähigkeit sind neben Kriterien wie Lebensdauer, Geräuschentwicklung, Kosten pro Seite etc. vor allem die zur Verfügung stehenden Druckerfunktionen und Seitenbeschreibungssprachen zu prüfen. Dabei sind alle bei der Beschreibung der Anwendungsprogramme erwähnten Gestaltungen heranzuziehen, denn diese müssen ja bei der Ausgabe darstellbar sein. Insbesondere Druckertreiber unterscheiden sich erheblich in ihren Formatierungsfunktionen. Man muß sich dabei stets vor Augen halten, daß das Vorhandensein einer Gestaltungsmöglichkeit in einem Anwendungsprogramm über die Ausgabemöglichkeit dieser Gestaltung noch gar nichts besagt.

Nehmen wir ein einfaches Beispiel: Daß ein Textverarbeitungsprogramm die Schrift im Schriftstil Fett darstellen kann, besagt lediglich, daß dort, wo im Text Fett angewählt wird, ein Code für Fett an den Drucker übertragen wird, bei einer WYSIWYG-Oberfläche darüber hinaus, daß dieser Schriftstil im Bildschirm sichtbar wird. Es ist damit aber keineswegs sichergestellt, daß der Drucker zum einen überhaupt den Schriftstil Fett darstellen kann, zum anderen, daß das Textverarbeitungsprogramm den Code an den Drucker schickt, der von diesem auch "verstanden "wird. Ersteres stellen Sie sicher durch genaue Beachtung der von einem Drucker darstellbaren Schriftmodifikationen, letzteres durch Beachtung der in ein Textverarbeitungsprogramm installierbaren Druckertreiber. Die Hersteller von Textverarbeitungsprogrammen bieten Druckertreiber für unterschiedliche Druckermodelle an, die für eine einwandfreie Kommunikation zwischen Textverarbeitungsprogramm und Drucker sorgen sollen.

Generell müssen Sie sich daran gewöhnen, Ihr System so zu betrachten, daß Ihr PC inclusive Anwendungsprogramm auf der einen und Ihr Drucker auf der anderen Seite zwei völlig autonome Bestandteile bilden. Dabei gehen vom Anwendungsprogramm Befehle an den Drucker aus, die dieser in Gestalt bestimmter Ausgaben zur Ausführung bringt. Das erzielbare Resultat hängt dabei immer von beiden Seiten ab – von den erteilbaren Befehlen (Gestaltungsmöglichkeiten des Programms und Druckertreibers) und von den ausführbaren Befehlen (Gestaltungsmodi, die bei einem Drucker aufgrund der eingebauten Intelligenz zur Verfügung stehen). Soweit zu den logischen Abläufen zwischen dem Anwendungsprogramm und der Intelligenz des Druckers. Darüberhinaus müssen weitere Voraussetzungen für die Kommunikation zwischen PC und Drucker gegeben sein. Das heißt, Ihr Personalcomputer und Ihr Drucker müssen über die gleiche Kommunikationsschnittstelle verfügen. Als Schnittstelle bezeichnet man den physikalischen Anschluß, also die Stecker-und Leitungsverbindung einschließlich der auf den einzelnen Leitungen vorhandenen Steuersignale, die bei jeder Datenübertragung unabhängig von ihrem konkreten Inhalt ausgetauscht werden. Am wenigsten Probleme gibt es hierbei mit dem sogenannten Centronics-Standard, einer Parallelschnittstelle, der Firma Centronics, die in vielen Druckern heute vorhanden ist. Problematisch ist hingegen die serielle V.24-Schnittstelle, ein weitverbreiteter Standard der Datenkommunikation, der sich aber durch starke Abweichungen von Gerät zu Gerät auszeichnet. Aus diesen Gründen empfiehlt es sich, falls Sie nicht ohnehin eine Komplettlösung vom gleichen Hersteller anschaffen, PC und Drucker beim gleichen Händler zu kaufen und sich von ihm zumindest detaillierte Hinweise zur Installation und eine Garantie der Kompatibilität geben zu lassen.

Allerdings gelten die geschilderten Schwierigkeiten insbesondere für die Arbeit mit Druckeremulationen auf Laserdruckern und den entsprechenden Druckertreibern in den Anwendungsprogrammen. Soweit Sie sich innerhalb von Seitenbeschreibungssprachen wie PostScript, Interpress oder DDL bewegen, bleiben Sie weitgehend davon verschont. Auf passende physikalische Verbindungen müssen Sie aber auch dann achten, zumindest wenn PC, Drucker und Verbindungskabel von verschiedenen Herstellern kommen.

Etwas Hintergrundwissen über PostScript und die anderen Seitenbeschreibungssprachen

Imagen hat 1981 die erste kommerziell verfügbare Sprache mit dem Namen ImPress auf den Markt gebracht. Parallel dazu wurde bei Xerox an Interpress gearbeitet. Mitarbeiter von Xerox gründeten schließlich ihre eigene Firma Adobe und brachten 1984, noch bevor die Entwicklungen bei Xerox abgeschlossen waren, PostScript heraus, die heute am weitesten verbreitete Sprache. Bei Xerox hatte man Angst vor dem eigenen Erfolg gehabt. Durch Veröffentlichung einer geräteunabhängigen Seitenbeschreibungssprache fürchtete Xerox, sich die japanische Konkurrenz in den eigenen Druckermarkt zu holen. Imagen entwickelte inzwischen eine fortgeschrittene Sprache, die als Sprache der zweiten Generation bezeichnet wird, DDL. Alle diese Entwicklungen haben eine gemeinsame Wurzel in der Sprache Press, die Xerox Mitte der 70er Jahre im Palo Alto Research Center entwickelte und einsetzte.

Seitenbeschreibungssprachen dienen der Kommunikation zwischen Computern und sogenannten Raster-Image-Prozessoren, die den Bildaufbau für die Ausgabe über Laserdrucker oder - belichter vornehmen. Die Aufzeichnungseinheiten überstreichen mit dem Laserstrahl das ganze Seitenformat in aufeinanderfolgenden horizontalen Linien (Scanlinien). Dabei wird das Papier oder Fotomaterial kontinuierlich vorgeschoben. Zur Steuerung des Laserstrahls werden nun binäre Informationen benötigt, die den Laserstrahl an bestimmten Positionen ein- oder ausschalten, so daß die Scanlinien das Material in bestimmten Bereichen schwärzen, in anderen nicht. Raster- Image-Prozessoren produzieren als Output diese binären Informationen zur Steuerung des Laserstrahls. Als Input erhalten Sie komplexe Datenstrukturen, die den Aufbau einer ganzen Druckseite beinhalten. Einer Seitenbeschreibungssprache kommt nun gewissermaßen die Aufgabe des Mediums zwischen dem Mikrocomputer des PC oder der Arbeitsstation und dem Raster-Image Prozessor zu. Sie enthält dementsprechend ein einheitliches Format zur Beschreibung graphischer Formen und Schriftzeichen.

Es kommt nun darauf an, daß eine Seitenbeschreibungssprache den vollen
Satz der Routinen zur Beschreibung von Graphik und Schriftzeichen abdeckt,
mit denen die Applikation auf dem PC arbeitet. Dadurch ist sie in der Lage,
das Graphikformat des PCs effektiv in ein Druckerformat umzusetzen und die
Dateigröße möglichst gering zu halten. Man spricht von der Mächtigkeit einer
Sprache. Diese hängt von mehren Faktoren ab. Man unterscheidet im allgemeinen die Programmierbarkeit, die Geräte - und Auflösungsunabhängigkeit
und die Art, wie Schriftzeichen repräsentiert werden. Mit Programmierbarkeit
bezeichnet man dabei die Fähigkeit der Sprache, Anwendungen aus unterschiedlichen graphischen Applikationen zu verarbeiten. Mit Geräteunab-
hängigkeit ist gemeint, daß die Sprache so allgemein angelegt ist, daß sie der
Kommunikation mit vielen verschiedenen Ausgabegeräten dienen kann oder
daß entsprechende Druckertreiber integriert werden können. Auflösungsunabhängigkeit meint dabei die Fähigkeit, Ausgabegeräte mit unterschiedlicher Bildauflösung zu steuern und darüberhinaus zwischen unterschiedlichen Auflösungen eines Arbeitsplatzbildschirms und des Druckers zu
vermitteln. Schriftzeichen können auf zwei Arten, entweder in ASCII oder in
einem binären Format repräsentiert werden. Interpress benutzt die schnel-
lere, aber komplexe binäre Darstellung, PostScript die ASCII-Repräsentation,
die leichter zu entschlüsseln ist. Ein wichtiger weiterer Unterschied zwischen
verschiedenen Sprachen besteht darin, wie Schriftzeichen aufgebaut werden.
PostScript geht von Vektorinformationen über die Gestalt der Schriftzeichen
aus. Aus diesen leitet es alle Schriftgrößen ab. Das hat zur Folge, daß die
Schriftzeichen in allen Schriftgrößen völlig gleiche Gestalt aufweisen. Andere
Sprachen arbeiten mit Bitmusterschriften. Hier wird die Zeichengestalt als
Pixelmuster beschrieben. Einerseits muß dadurch für jede Schriftgröße die
komplette Beschreibung aller Schriftzeichen neu gegeben werden, was viel
Speicherplatz verbraucht. Andererseits gestattet dieses Verfahren leichte
Modifikationen der Schriftzeichengestalt von Schriftgröße zu Schriftgröße.
Letzteres ist ein Verfahren, das im Schriftsatz vor Einführung des elek-
tronischen Satzes weit verbreitet war. Es wird dabei die ästhetisch optimale
Ausgestaltung jedes Zeichens für eine gegebene Schriftgröße angestrebt.

Von Scanlinie, Dots und Pixeln – die Auflösung kann noch gesteigert werden

Eine gute Sprache unterstützt beliebige Auflösungen des Druckbildes. Gängig bei Druckern, von denen die meisten auf einer Canon-Hardware basieren, sind 300 Punkte pro Zoll. Agfa bietet einen Drucker mit 400 Punkten pro Zoll an, der mit einer LED-Belichtungstechnik arbeitet. Professionelle Fotosatzbelichter bieten Auflösungen von mehr als 1000 Punkten, wobei zwischen verschiedenen Auflösungsstufen für hohe Qualität oder Korrekturabzüge umgeschaltet werden kann. In der Fachwelt geht man davon aus, daß ab einer Laserdruckauflösung von 600 Punkten der Fotosatz in Schwierigkeiten gerät, da die dann noch bestehenden ästhetischen Unterschiede den Kostenvorteil nicht mehr aufwiegen. Wichtig zu wissen ist, daß eine hohe Druckerauflösung nur dann hilfreich ist, wenn auch die Auflösung der Bildschirmdarstellung entsprechend hoch ist. Schon jetzt kann man nicht mehr alle Feinheiten, z. B. bei Linienanschlüssen, die der LaserWriter sichtbar macht, auf dem Bildschirm des Macintosh sehen.

Lebensdauer und Kosten pro Seite

Für die Kostenkalkulation sind zwei Kennziffern von entscheidender Bedeutung. Die Anzahl der Seiten, die mit einer Bildtrommel und Tonercartridge hergestellt werden können, sowie die Gesamtlebensdauer des Gerätes, gemessen in der Anzahl erstellter Seiten. Das empfindlichste Verschleißteil eines Laserdruckers oder Kopierers, die Bildtrommel, wird bei den meisten Laserdruckern gemeinsam mit der Tonercartridge ausgetauscht. Hier gehen die Kosten eines solchen Wechsels in den Seitenpreis ein.

Verfügbare Schriftfonts

Laserdrucker unterscheiden sich erheblich in Art und Anzahl der verfügbaren Fonts. Manche verfügen lediglich über ein oder zwei verschiedene Schriftschnitte in unterschiedlichen Größen und vielleicht Stilen (wie Kursiv, Outline, Fett, Unterstreichen) andere verfügen über eine größere Anzahl von echten Fotosatzschriften, die noch weiter ausgebaut wird. Bei manchen Druckern können zusätzliche Schriften über Cartridges nachgeladen werden, die als Hardware-Ergänzung in einen vorgesehenen Steckplatz des Druckers eingefügt werden müssen. Andere Drucker erlauben es, Schriften von der Diskette zu laden. Ein wichtiger Unterschied dabei ist, ob die Schriften als Pixelmuster gespeichert sind oder ob die einzelnen Zeichen auf Vektorbasis dargestellt werden. Die Schriften, die aus Pixel- oder Bitmustern bestehen, können nicht vergrößert werden, da dann die Pixelstruktur sichtbar würde. Vektorfonts erlauben es, unterschiedliche Schriftgrößen aus dem gleichen Font darzustellen. Während man bei den Pixelschriften praktisch für jede Schrift einen neuen Zeichensatz braucht. Die Maschine mit den meisten vefügbaren, echten Fotosatzschriften auf Vektorbasis ist immer noch der LaserWriter. (Siehe Abb.40.)

Ausgabe mit Fotosatzbelichtern

Einem Output von Resultaten des DeskTop Publishing auf Fotosatzbelichtern steht prinzipiell nichts im Wege. Und es ist sicher eine positive Entwicklung, wenn eine freie Wahl des Ausgabemediums vom Matrixdrucker bis zum Fotosatzbelichter ermöglicht wird, so daß auf demselben Arbeitsplatz Dokumente für unterschiedlichste Qualitätsansprüche vorbereitet werden können. Im Detail ist die entscheidende Frage die, ob das verwendete Text- oder Satzprogramm über entsprechende Ausgabetreiber für Fotosatzbelichter verfügt. Noch vor der "Erfindung" des Desktop Publishing gab es eine Vielzahl von Satzprogrammen unter MS-DOS und sogar für die Apple II-Produktserie, die über die Möglichkeit zur Ansteuerung von Satzbelichtern verfügen. Vor allem im englischen und amerikanischen Markt waren diese Produkte immer sehr populär, sicher auch wegen des Exports kostengünstiger Lösungen in den afrikanischen, arabischen und asiatischen Markt. Die Verbindung von neuartigen, leicht zu bedienenden Programmen mit WYSIWYG-Benutzeroberflächen und Satzbelichtern läßt z. Zt noch zu wünschen übrig. Solche Lösungen werden um die Seitenbeschreibungssprache PostScript nicht herum-

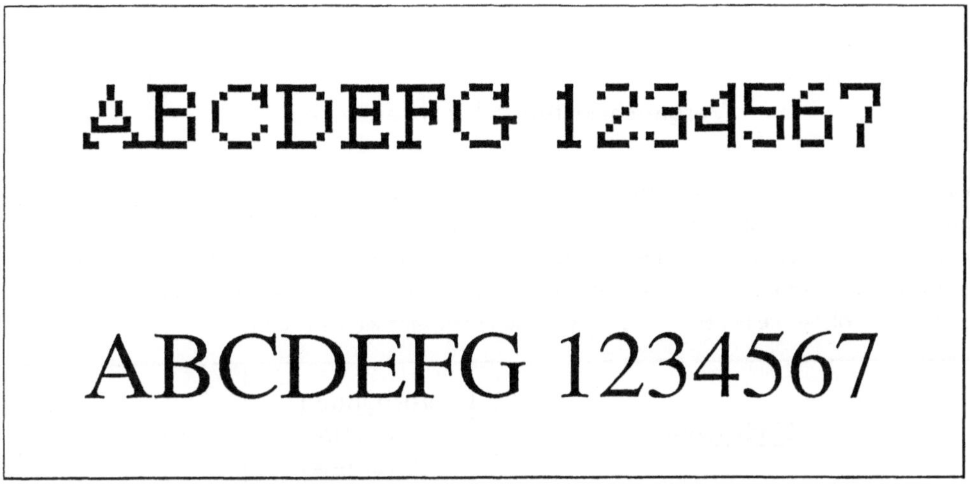

ABCDEFG 1234567

ABCDEFG 1234567

Abb. 40 Pixelschrift (oben) und Vektorschrift (unten)
Um mit Pixelschriften ein gutes Ergebnis zu erzielen, müssen für jede Schriftgröße
separate Schriftdaten vorhanden sein.

kommen. Die erste Komplettlösung dieser Art, die bekannt wurde, kam durch die Kooperation von Adobe, Linotype und Apple zustande. Auf dem Apple Macintosh erstellte Dokumente können entweder direkt auf dem LaserWriter oder aufbereitet durch das PostScript RIP von Linotype auf Linotype Laserbelichtern in Fotosatzqualität ausgegeben werden. Die Aufbereitung von Dokumenten im PostScript RIP von Linotype ist jedoch nach eigenem Bekunden des Linotype Produktmarketings eine zeitraubende und mühselige Angelegenheit, vor allem, wenn es sich um umfangreichere Dokumente handelt. Inzwischen wird von der Firma Monotype die Anbindung eines professionellen Desktop-Publishing-Programms an Monotype Laserbelichter angeboten. Es handelt sich um das Programm Textline der Firma CCS, Hamburg. Das Programm setzt sich aus Satzwerkstatt, Graphikwerkstatt und Layoutwerkstatt zusammen. Die Ausgabe kann über Laserdrucker oder über Laserbelichter von Linotype oder Monotype erfolgen. CCS und Monotype arbeiten auf Basis eines Kooperationsvertrages eng zusammen.

Vergleichskriterien für Laserdrucker

Diese Tabelle soll es Ihnen erleichtern, den Überblick über die wichtigen Eigenschaften von
Laserdruckern zu behalten. Sie können, mit ihrer Hilfe einen Vergleich der Funktionen vornehmen, in denen sich Laserdrucker unterscheiden In einer Vielzahl von Funktionen stimmen die
auf dem Markt verfügbaren Drucker überein Daher listen wir hier nicht alle Eigenschaften auf,
sondern nur solche, die bei einer Kaufentscheidung relevant werden können.

Eigenschaft	**Vorhanden?** **ja/nein** **Parameter**	**Wichtig?**
Produktname		
Hersteller		
Seitenbeschreibungs- **sprachen und** **Druckeremulationen**		
Speicherkapazität		
für Text- und Graphikdaten		
für Schriften		
Zur Verfügung stehende **Schriften** (Anzahl?)		
Davon im Preis enthalten (Anzahl?) (Welche?)		
Schriften vom PC ladbar (Anzahl?) (Welche?)		
Schriften per Cartridge ladbar (Anzahl?) (Welche?)		
Davon original Fotosatz- schriften (Anzahl?) (Welche?)		

Geschwindigkeit (Seiten pro Minute?)		
Schnittstellen (Anzahl)		
Serielle (Anzahl?)		
Andere (Welche? Anzahl?)		
Schnittstelle steckerkompatibel mit PC-Schnittstelle? ja/nein? Welche?		
Lebensdauer in Anzahl der Seiten		
Gerät		
Tonercartridge		
Bildtrommel		
Tonercartridge und Bildtrommel sind Einheit?		
Kosten für Wechsel dieser Einheit?		

Sonst: Kosten für Wechsel
           des Toners
           Kosten für Wechsel
           der Bildtrommel		

Kosten pro Seite?		
Anschaffungspreis?		

Textverarbeitung und / oder Typographie?

Für die typographische Gestaltung von Texten auf Personalcomputern gibt es viele unterschiedliche Programme unter dem Betriebssystem MS-DOS, die auch über die Möglichkeit zur Ansteuerung von Fotosatzbelichtern verfügen. Diese Programme bieten Satzeditoren und Formatierer, die es erlauben, die gewohnten Gestaltungsmöglichkeiten des Schriftsatzes und seiner Weiterentwicklung durch die Kathodenstrahlbelichtungstechnik von einem Personalcomputer aus anzusteuern. Vor allem die Programme unter befehlsorientierten Betriebssysteme ohne graphische Benutzeroberflächen sind schon seit einigen Jahren sehr zahlreich vertreten. So hat beinahe jeder Anbieter von Fotosatzanlagen auch ein solches Programm in seinem Angebot.

Der Übergang von der Textverarbeitung zum Satz ist fließend geworden und so haben wir schon in unseren Ausführungen über die Textverarbeitung stets auch die Typographie angesprochen. Dem Bereich der typographischen Möglichkeiten sind vor allem zuzurechnen: Die Ansteuerung unterschiedlicher Schriftarten und -größen, das Vorhandensein entsprechender Dicktentabelle *(Tabellen mit Breitenmaßen der einzelnen Typen)*, das Unterschneiden und Sperren einzelner Zeichenkombinationen sowie das Anlegen von Tabellen zur Automatisierung dieses Vorganges, die Anwahl mehrerer Laufweitentabellen für die gleiche Schrift, Expand und Condense *(das Schmal- oder Breitstellen der Zeichen einer Schrift)*, Negativsatz, Anwahl von Sonderzeichen über Spezialtastaturen oder besondere Codes. Über einen komfortablen Tabellensatz wurde schon gesprochen.

Es ist eine zunehmende Tendenz zu verzeichnen, daß sich die Hersteller von Textverarbeitungsprogrammen mehr und mehr auf die vielfältigen Gestaltungsmöglichkeiten eines Textes mit Laserdruckern einstellen. Nicht nur die Grenze zwischen der Typographie wie sie in professionellen Setzereien praktiziert wird und derjenigen, die jederman auf dem PC zur Verfügung steht, wird verwischt, mehr noch die Grenze innerhalb der PC-Software zwischen Textverarbeitungssoftware auf der einen und Seitenlayout- und Umbruchsoftware auf der anderen Seite. Einerseits verfügen sehr gut ausgestattete

Textverarbeitungsprogramme über die Möglichkeit des Mehrspaltensatzes
und weitgehende typographische Auszeichnungen, andererseits schließen
Umbruchprogramme auch Auszeichnungs- und Formatierungsmöglichkeiten
ein, die vor dem eigentlichen Seitenlayout und Umbruch anzusiedeln sind. Die
Grenze läßt sich vielleicht so beschreiben: Ein interaktiver, auf dem Bildschirm
kontrollierbarer Spaltenumbruch gehört in den Bereich der Layout- und
Umbruchsoftware. Ebenso fallen die Variation des Buchstabenabstandes zur
ästhetischen Gestaltung eines Textes, das automatische Erzeugen von Leer-
räumen in horizontaler oder vertikaler Richtung, das Auffüllen von Zeilen
durch Auspunktieren und ähnliche Anwendungen aus dem Bereich der Textverarbeitung heraus und werden oft von Layoutprogrammen übernommen.
Darüber hinaus gibt es spezielle Software für typographische Gestaltung vor
dem Umbruch. Was innerhalb dieser Grenzen durch die Textverarbeitung
miterledigt wird oder dem Layout vorbehalten bleibt, läßt sich nicht eindeutig
festlegen. Viele der typographischen Möglichkeiten, die die neuen Umbruch-
und Layoutprogramme bieten, haben mit Umbruch und Layout wenig zu tun,
da es sich um zeilen- oder absatzbezogene Textgestaltungen handelt, die im
Augenblick des Umbruchs nach vorgegebenem Layout bereits vorliegen
sollten.
Die Tendenz geht dahin, daß Textverarbeitungsprogramme mehr und mehr die
nötigen Treiber zur Ansteuerung der Laserdrucker integrieren. So kommen
Textverarbeitungsprogramme zustande, die unterschiedliche Schriftarten, -
stile und -größen anwählen können und auf dem Bildschirm darstellen. Daneben haben sich Satzprogramme für spezielle Anwendungen wie wissenschaftlichen Formelsatz, Notensatz etc. etabliert. Was die Umbruch- und Layoutsoftware angeht, so ist sie entweder typographisch vielseitig oder eignet sich
für die Bearbeitung größerer Werke. Programme die sowohl die Gestaltung
unregelmäßiger Layouts als auch den automatischen Umbruch umfangreicher
Werke ermöglichen findet man kaum. Mit den Programmen für automatischen Werksatzumbruch oder auch mit Zeitschriftenumbruchprogrammen,
die man im Verlagsbereich längst anwendet, wo Eingriffe nur noch zu
Korrektur- und Kontrollzwecken stattfinden, kann sich die Desktop Publishing
Software noch nicht messen. Was im Bereich der Textverarbeitung und der
neuen Layoutsoftware aber immerhin möglich ist, wird mit diesem Buch
veranschaulich. Es wurde komplett mit einem Textverarbeitungsprogramm

und im Laserdruckverfahren produziert. Wünschen würde man sich für die nähere Zukunft eine stärkere Strukturierung in Textverarbeitungssoftware, typographische Gestaltungsprogramme und Layout-/Umbruch Software. Diese Programme müßten dann allesamt miteinander kompatibel sein und vielleicht unter einer gemeinsamen Oberfläche arbeiten. Faszinierende Beiträge leisten die Programme MacBlack und MacLaser von Schwarz Computer Satz in Stuttgart, Programme aus der Softwareküche eines Schriftsetzers, der die Bereicherungen seines Metiers durch die vielseitigen Möglichkeiten von PostScript erkannt hat. MacLaser bietet der neuen Typographie Möglichkeiten der Schriftvariation und Rasterbelichtung, wie sie professionelle Satzsysteme für mehrere zehntausend Mark teilweise nur eingeschränkt oder gar nicht bieten. Natürlich dürfen hier an den Bedienungskomfort keine gehobenen Ansprüche gestellt werden. Aber daß solche Gestaltungen überhaupt möglich sind, kann als große Bereicherung angesehen werden. Mac Black dient der automatischen Silbentrennung von Texten in Microsoft-Word-Dateien. Es werden Dateien produziert, die an allen in Frage kommenden Positionen mit Word-Softhyphens versehen sind, so daß bei der Weiterverarbeitung mit Word, die Wörter am Zeilenende automatisch getrennt werden können. Bei langen Texten ist das eine beachtliche Arbeitserleichterung. Programme mit solchen Sonderfunktionen nehmen an Wert mit einer guten Integration in die anderen Verarbeitungsschritte zu. Desktop Publishing Software ist im Hinblick auf die Integration der einzelnen Verarbeitungschritte (Texterfassung, Silbentrennung, Graphik, Typographie, Layout, Umbruch) noch sehr verbesserungsbedürftig. Vor allen wenn die einzelnen Arbeiten mit verschiedenen Programmen erledigt werden müssen, treten beim Übergang von einer Arbeitsphase zur nächsten oft Probleme auf.

TEIL 3 - ANWENDUNGEN

Typographische Grundelemente einsetzen

Zeilenbreite und Mehrspaltigkeit

Zeilenbreite und Mehrspaltigkeit sind Faktoren, die die Lesbarkeit eines Textes erheblich beeinflussen. In Zeitschriften, Zeitungen und Flugblättern pflegt man kleinere Zeilenbreiten zum Einsatz zu bringen als in Büchern oder bei Dokumenten des sogenannten Inhouse-Publishing, bei Dokumenten also, die innerhalb einer Firma zirkulieren sollen. Die von Zeitungen und Zeitschriften gewohnte starke Strukturierung über mehrere Spalten sowie die sich daraus ergebenden kurzen Zeilen erleichtern das Lesen. Zeitungen und Zeitschriften kommen so dem schnellen Lesen entgegen. Bei Büchern unterstellt man, daß der Leser Muße und Konzentration mitbringt. Man findet daher seltener eine Spaltenaufteilung und statt dessen relativ lange Zeilen, die einen ruhigen gleichförmigen Ausdruck ergeben. Anders bei technischen Büchern: Hier findet man oft stark strukturierte Seiten, die durch Spalten und Rahmen in viele getrennte Text- und Bildblöcke aufgeteilt sind. Jeder dieser Sinnblöcke – Text und Bild – kam auch für sich zur Kenntnis genommen werden. Da der Inhalt meist sehr komplex und von sehr hohem Informationsgehalt ist, bietet sich diese Gestaltung an, um das Lesen nicht zu sehr zu erschweren. Allgemein gilt, daß kürzere Zeilen leichter zu lesen sind.

Schriftgröße und Leading (Zeilenabstand)

Durch die Wahl unterschiedlicher Schriftgrößen für Kapitelüberschriften, Titel, Untertitel und den eigentlichen Textkörper ergibt sich eine Strukturierung des Textes und eine Gewichtung der einzelnen Überschriften. Der Grundtext wird in 8 bis 12 Punkt Schriftgröße gesetzt. Didot-Punkt oder im anglo-amerikanischen Raum Pica-Point sind die typographischen Maße für die Schriftgröße, die sich auch nach weitgehender Einführung metrischer Maße noch behaupten. (1 Punkt = 0,376 mm, 1 Point = 0,351 mm oder 0,935 Didot-Punkte). Die Schriftgröße wird in der Regel von der Unterlänge zur Oberlänge, also vom Fußpunkt des g oder y zum Kopfpunkt des b oder A gemessen. Auf die Schriftgröße muß der Zeilenabstand abgestimmt werden. In der Regel wählt man einen Zeilenabstand von gleicher Größe wie die Schrift oder 1 bis 2 Punkt größer. Dadurch wird vermieden, daß Unter- und Oberlängen einander schneiden, was bei manchen Schriften passieren kann, wenn kein vergrößerter Zeilenabstand gewählt wird. Durch Variation des Zeilenabstandes kann aber auch der Gesamteindruck eines Textes stark verändert werden. Bei größerem Zeilenabstand wirkt der Text insgesamt lockerer, leichter und freundlicher und ist dadurch schließlich auch leichter zu lesen. Ein ähnlicher Effekt läßt sich durch generelle Vergrößerung der Laufweite einer Schrift erreichen. Bei einer Vergrößerung der Laufweite nehmen alle Zeichenabstände zu. Auch eine Vergrößerung des Wortzwischenraumes kann verwendet werden.

Da der Zeilenvorschub durch die Schriftgröße bedingt ist, sollten Schriftgröße und Zeilenvorschub stets im gleichen Maßsystem definiert werden. Es gibt aber starke Argumente für die Angabe des Zeilenvorschubes im metrischen System. Da sich für die Eingabe von horizontalen und vertikalen Positionen (Satz- oder Zeilenbreite, Einzüge, Tabulatorstops, Tabellenspaltenbreiten, Position von Spalten und Linien, Y-Position einer Zeile) die Orientierung in einem metrisch definierten Koordinatensystem am ehesten anbietet, ist es in Übereinstimmung damit vorteilhaft, auch den Zeilenabstand so anzugeben. Durch Aufaddieren der Zeilenabstände läßt sich dann nämlich leicht die vertikale Position (die Position in y-Richtung) für jede Zeile bestimmen. Voll ausgeschöpft werden kann dieser Vorteil bei solchen Systemen, die die Angabe von Satzpositionen in Form von x/y-Koordinaten erlauben. Hier steht die Entscheidung an, ob nicht generell zu einer metrischen Bemaßung auch der Schriftgröße übergegangen werden sollte.

In Computerzeitschriften - weniger im Bereich der Home- mehr in dem der professionellen Personalcomputer findet man in letzer Zeit haufiger das Stichwort DeskTop Publishing vor. Von Laserdruck und der Druckerei auf dem Schreibtisch ist da vielversprechend die Rede. In Frankfurt fand im Sommer letzten Jahres unter dem Titel " Laser Print 86 - 1. Kongreß über DeskTop Publishing mit Fachausstellung " ein bundesweites Treffen von Fachleuten statt, das der Auseinandersetzung mit der neuen Publikationstechnik galt.

Was ist " DeskTop Publishing "? Und was geht es denjenigen an, der mit der Text- und Dokumentenerstellung im Buro befaßt ist. Die technische Grundlage bilden neuartige Laserdrucker, die auf Basis des Xerografieverfahrens von Canon und Xerox entwickelt wurden. Sie machen es in Kombination mit speziellen " Page-Makeup-Languages " möglich, Texte auf Bürocomputern typografisch zu gestalten, mit Grafiken zu bereichern und in Auflagen bis zu 2000 Stück kostengünstig und beinahe in Fotosatzqualität direkt auf dem Laserdrucker auszugeben.

Die bislang am weitesten verbreitete Anlage dieses Typs   ist der Apple Macintosh und Macintosh Plus in Verbindung mit dem LaserWriter und Programmen wie MS Word, MacWrite, MacPaint, MacDraw, etc. Der Preis einer solchen Anlage liegt unter 20.000,-DM und damit weit unterhalb der Preisgrenze auch kompakter Fotosatzanlage. Auch in Verbindung mit dem weit verbreiteten Personalcomputer IBM-PC läßt sich eine solche Konfiguration zusammenstellen. Und die Firma Xerox bietet inzwischen einen ihrer Netzwerkarbeitsplätze mit grafischer Desktop-Bedieneroberfläche - den Dokumenter - in einer Einzelplatz-Lösung als Assistent an. Aufgrund von Preis und Qualität stellen solche Anlage in bestimmten Anwendungsbereichen durchaus eine Konkurrenz für professionelle Fotosatzsysteme dar. Ein eindeutiger Vorteil ist auch, daß hier die Ausgabe des Satzes direkt mit dem Druck von Kleinauflagen kombiniert wird.

In Computerzeitschriften - weniger im Bereich der Home- mehr in dem der professionellen Personalcomputer findet

man in letzer Zeit häufiger das Stichwort DeskTop Publishing vor. Von Laserdruck und der Druckerei auf dem

Schreibtisch ist da vielversprechend die Rede. In Frankfurt fand im Sommer letzten Jahres unter dem Titel " Laser

Print 86 - 1. Kongreß über DeskTop Publishing mit Fachausstellung " ein bundesweites Treffen von Fachleuten statt,

das der Auseinandersetzung mit der neuen Publikationstechnik galt.

Was ist " DeskTop Publishing "? Und was geht es denjenigen an, der mit der Text- und Dokumentenerstellung im Büro

befaßt ist. Die technische Grundlage bilden neuartige Laserdrucker, die auf Basis des Xerografieverfahrens von

Canon und Xerox entwickelt wurden. Sie machen es in Kombination mit speziellen " Page-Makeup-Languages "

möglich, Texte auf Bürocomputern typografisch zu gestalten, mit Grafiken zu bereichern und in Auflagen bis zu 2000

Stück kostengünstig und beinahe in Fotosatzqualität direkt auf dem Laserdrucker auszugeben.

Die bislang am weitesten verbreitete Anlage dieses Typs   ist der Apple Macintosh und Macintosh Plus in Verbindung

mit dem LaserWriter und Programmen wie MS Word, MacWrite, MacPaint, MacDraw, etc. Der Preis einer solchen

Anlage liegt unter 20.000,-DM und damit weit unterhalb der Preisgrenze auch kompakter Fotosatzanlage. Auch in

Verbindung mit dem weit verbreiteten Personalcomputer IBM-PC läßt sich eine solche Konfiguration

zusammenstellen. Und die Firma Xerox bietet inzwischen einen ihrer Netzwerkarbeitsplätze mit grafischer Desktop-

Bedieneroberfläche - den Dokumenter - in einer Einzelplatz-Lösung als Assistent an. Aufgrund von Preis und Qualität

stellen solche Anlage in bestimmten Anwendungsbereichen durchaus eine Konkurrenz für professionelle

Fotosatzsysteme dar. Ein eindeutiger Vorteil ist auch, daß hier die Ausgabe des Satzes direkt mit dem Druck von

Kleinauflagen kombiniert wird.

Abb. 41 Auch bei gleicher Schriftgröße und Schriftart kann durch Veränderung des Zeilenabstandes ein unterschiedlicher Gesamteindruck entstehen

Aber die Kinder hatten alles gehört, was die Mutter gesagt
hatte. Gretel fing an, gar sehr zu weinen; Hänsel sagte sie
sollte still sein und tröstete sie. Dann stand er leise auf und
ging hinaus vor die Tür. Es war Mondenschein, und die weißen
Kiesel glänzten vor dem Haus. Der Knabe las sie sorgfältig auf
und füllte sein Rocktäschlein damit, soviel er nur hineinbringen
konnte. Darauf ging er wieder zu seinem Schwesterchen ins
Bett und schlief ein.

Des Morgens früh, ehe die Sonne aufgegangen war, kamen der
Vater und die Mutter und weckten die Kinder auf, die mit in
den großen Wald sollten. Sie gaben jedem ein Stück Brot. Die
nahm das Schwesterlein unter das Schürzchen, denn das
Brüderchen hatte die Tasche voll von den Kieselsteinen.

Als ich nun über diese Unsicherheit der mathematischen Überlieferung lange nachgedacht hatte,
gab ich mir die Mühe, die Bücher aller Philosophen, deren ich habhaft werden konnte,von neuem
zu lesen, um nachzusuchen, ob ich irgend einer einmal der Ansicht gewesen wäre, daß andere
Bewegungen der Weltkörper existierten. Da fand ich denn zuerst bei Cicero, daß Nicetus geglaubt
habe, die Erde bewege sich. Nachher fand ich auch bei Plutarch, daß einige andere ebenfalls dieser
Meinung gewesen seien. Hiervon also Veranlassung nehmend, fing auch ich an, über die
Beweglichkeit der Erde nachzudenken, so that ich's doch, weil ich wußte, daß schon anderen vor
mir die Freiheit vergönnt gewesen war, beliebige Kreisbewegungen zur Ableitung der
Erscheinungen der Gestirne anzunehmen. Ich war der Meinung, daß es auch mir wohl erlaubt
wäre, zu versuchen, ob unter Voraussetzung irgend einer Bewegung der Erde, zuverlässigere
Ableitungen für die Kreisbewegung der Himmelsbahnen gefunden werden könnten als bisher.

Abb. 42 Die Schriftgröße beeinflußt die Lesbarkeit — man wählt sie daher in Abhängigkeit
von Adressat und Inhalt: Oben ein Ausschnitt aus "Hänsel und Gretel",
unten ein Ausschnitt aus Kopernikus: "Über die Bewegung der Weltkörper"

Schriftgrößentabelle

Punktgröße	Bezeichnung	Umrechnung in mm		mm - Schriftgröße für rein metrische Arbeitsweise
		1P = 0,376 *	1P = 0,375 *	
2	Viertelpetit	0,752	0,75	0,75
3	Viertelcicero	1,128	1,125	1,25
4	Halbpetit	1,504	1,50	1,50
5	Perl	1,880	1,875	1,75 / 2,00
6	Nonpareille	2,256	2,25	2,25
7	Kolonel	2,632	2,625	2,75
8	Petit	3,009	3,00	3,00
9	Borgis	3,385	3,375	3,25 / 3,5
10	Korpus	3,761	3,75	3,75
11	Rheinländer	4,137	4,125	4,00
12	Cicero	4,513	4,5	4,50
14	Mittel	5,265	5,25	5,00 / 5,50
16	Tertia	6,017	6,0	6,0
18	1 1/2 Cicero	6,769	6,75	7,0
20	Text	7,521	7,5	8,0
24	Doppelcicero	9,026	9,00	9,0
28	Doppelmittel	10,530	10,5	10,0
32	Doppeltertia	12,034	12,0	12,0
36	3 Cicero (Kanon)	13,538	13,5	14,0
42	Große Kanon	15,795	15,75	16,0
48	4 Cicero	18,051	18,0	18,0
72	6 Cicero	27,077	27,0	27,5

* genauer Umrechnungsfaktor nach DIN 16 507 ist: 1Punkt = 0,376065 mm

ABCDEFGHIJKLMNOPQRSTUVWXYZÄÖÜabcdefghijklmnopqrstuvwxyzABCDEFGHIJKLMNOPQRSTUVWXYZÄÖÜabcdefghijklmnopqr

ABCDEFGHIJKLMNOPQRSTUVWXYZÄÖÜabcdefghijklmnopqrstuvwxyzABCDEFGHIJKLMNOPQRSTU

ABCDEFGHIJKLMNOPQRSTUVWXYZÄOUabcdefghijklmnopqrstuvwxyzABCDEF

ABCDEFGHIJKLMNOPQRSTUVWXYZÄÄÖÜabcdefghijklmnopqrstu

ABCDEFGHIJKLMNOPQRSTUVWXYZÄÖÜabcdefghijklmn

ABCDEFGHIJKLMNOPQRSTUVWXYZÄÖÜab

ABCDEFGHIJKLMNOPQRSTUVW

ABCDEFGHIJKLMNOPQRS

ABCDEFGHIJKLMNOP

Abb. 42* Modern in 6, 8, 10, 12, 14, 18, 24, 30, 36 Punkt

Schriftfamilien und Schriftstile

Die Anzahl der Schriftarten ist nahezu unüberschaubar. Aber viele der neuen
Schnitte greifen immer wieder auf klassische Schriften zurück. (*Als Schnitt bezeichnet man die charakteristische Gestalt eines Zeichensatzes. Innerhalb
einer Schrift können durchaus unterschiedliche Schnitte existieren, z. B. Helvetica normal und Helvetica kursiv.*). Schrift und Typographie sind der Mode
unterworfen, wie alles, was der Präsentation dient. Häufig muß etwas Neues
her, weil man sich das Alte einfach sattgesehen hat oder weil es mit der Zeit
altmodisch wirkt. Manche Schriften werden entworfen, nur um einem Produkt, einem Markennamen einen unverwechselbaren, individuellen Ausdruck
zu verschaffen. So geschah es zum Beispiel mit einer bekannten Zigaretten-
marke, die sich durch die schmal gestellten Lettern einer serifenbetonten
Schrift modern und klassisch-traditionell zugleich präsentiert. Man braucht
also die vielen heute bekannten Schriftschnitte nicht alle zu kennen. Und
doch bleibt das Schriftenbuch eines Herstellers ein hochinteressantes Objekt.
Für jeden Zweck, für jede Gelegenheit, für jeden Inhalt findet man die passende Schrift und die Phantasie hat freies Spiel, mit jedem Schnitt eine besondere Aussage zu verbinden. Die beiden heute am häufigsten benutzen Schriften sind Times und Helvetica.
In jeder von beiden stellt sich uns eine der großen Gruppen vor, in die sich die
heute gängigen Antiqua-Schriften aufteilen. Die Helvetica ist eine serifenlose
Antiqua oder Groteskschrift, die Times fällt in die Gruppe der Barock– oder
Renaissance-Antiqua-Schnitte. Wo nicht Times und Helvetica selbst, begegnen
uns oft ähnliche Schnitte, die nicht selten mehr oder weniger gelungene
Plagiate beider Schriften sind. Jeder der großen Hersteller von Satzsystemen
muß einen solchen Schnitt in seinem Schriftenkatalog aufweisen können. Wo
man nicht in Lizenz fertigen will oder kann, bietet man einen ähnlichen
Schnitt unter anderem Namen an. (Siehe Abb. 44.)
Schriftschnitte mit Serifen wirken klassischer und sind leichter zu lesen, da die
Serifen an den Zeichenfüßen eine virtuelle Führungslinie für das Auge bieten.
Die Serifenschriften bilden die überwiegende Zahl aller Schriften und werden
bevorzugt im Buchdruck eingesetzt, wo ein wenig strukturierter Text mit rela-

tiv langen Zeilen gesetzt wird. Die serifenlosen Schnitte wirken klarer und sachlicher. Sie finden sich häufig in Anzeigen und eignen sich für technische Schriften und andere Dokumente rein sachlicher Art.

Abb. 43 Man unterscheidet gotische und Antiquaschriften. Die Antiquaschriften bilden die zwei Gruppen Serif und SansSerif.

Als Schriftfamilie bezeichnet man die Gruppe aller Variationen einer Schrift, die sich durch unterschiedliche Strichstärke und ähnliche Merkmale unterscheiden. So umfaßt die Schriftfamilie Neue Helvetica die Stile ultraleicht, fein, leicht, normal, kräftig, halbfett, dreiviertelfett, fett und outline. (Siehe Abb. 45). Jeder dieser Stile mit Ausnahme der Helvetica Outline ist darüber hinaus kursiv, breit und schmal verfügbar. Klar tritt hier zutage, daß es auch Vorteile bietet, eine der bekannten Schriften zu verwenden. Eine Vielzahl von Auszeichnungen ist innerhalb der gleichen Schriftfamilie möglich, und trotzdem wird stets der gleiche Schriftcharakter beibehalten.
Die Auswahl der Schrift hängt von vielen Faktoren ab, darunter technische und ästhetische. Bei Druck auf ein saugfähiges Papier kann eine sehr leichte Schrift nahezu unsichtbar werden, während sie auf einem stark geglätteten Papier brilliant aussehen kann. Auch wenn in eine Rasterfläche oder in einen farbigen Untergrund gesetzt wird, ist eine Schrift mit stärkeren Linien derjenigen mit feineren Linien vorzuziehen. Für ein technisches Dokument, eine Gebrauchsanweisung, einen Ersatzteilkatalog oder ähnliches wird man einen serifenlosen, in jedem Fall aber einen schlichten Schnitt bevorzugen. Für eine Novelle oder ein Gedicht wird oft ein klassischer oder auch ein sehr individueller moderner Schnitt verwendet. Für persönliche Drucksachen wie Visiten-

karten, Briefbögen oder Grußkarten werden gern Schreibschriften genommen. Vor allem wird man gut daran tun, den Grundsatz zu beherzigen, daß

Normal

Fett

Konturschrift

<u>Unterstreichen</u>

Schattiert

Abb. 44 In Desktop Publishing-Programmen findet man in der Regel: Normal, Fett, Konturschrift, Unterstreichen, Schattiert

bei des Schriftauszeichnung und die Verwendung unterschiedlicher Schriftschnitte Zurückhaltung geboten ist. Mehr als zwei Schriften auf einer Seite anzuwenden, ist in der Regel nicht zu empfehlen. Es würde ein unausgeglichener Gesamteindruck entstehen. Linien und Schmuckelemente sind Bestandteile einer guten Typographie. (Siehe Abb. 63 ff.).

25·ultra light·ultraleicht·ultra-maigre
abcdefghijklmnopqrstuvwxyzßäåæöøœüç
ABCDEFGHIJKLMNOPQRSTUVWXYZ&ÄÅÆÖØŒÜÇ
1234567890%(.,:;-!¡?¿–§$£ƒ¢)·['""„‹›«»]†/*/

35·thin·fein·extra-maigre
abcdefghijklmnopqrstuvwxyzßäåæöøœüç
ABCDEFGHIJKLMNOPQRSTUVWXYZ&ÄÅÆÖØŒÜÇ
1234567890%(.,:;-!¡?¿–§$£ƒ¢)·['""„‹›«»]†/*/

45·light·leicht·maigre
abcdefghijklmnopqrstuvwxyzßäåæöøœüç
ABCDEFGHIJKLMNOPQRSTUVWXYZ&ÄÅÆÖØŒÜÇ
1234567890%(.,:;-!¡?¿–§$£ƒ¢)·['""„‹›«»]†/*/

55·roman·normal·romain
abcdefghijklmnopqrstuvwxyzßäåæöøœüç
ABCDEFGHIJKLMNOPQRSTUVWXYZ&ÄÅÆÖØŒÜÇ
1234567890%(.,:;-!¡?¿–§$£ƒ¢)·['""„‹›«»]†/*/

65·medium·kräftig·quart-gras
abcdefghijklmnopqrstuvwxyzßäåæöøœüç
ABCDEFGHIJKLMNOPQRSTUVWXYZ&ÄÅÆÖØŒÜÇ
1234567890%(.,:;-!¡?¿–§$£ƒ¢)·['""„‹›«»]†/*/

75·bold·halbfett·demi-gras
abcdefghijklmnopqrstuvwxyzßäåæöøœüç
ABCDEFGHIJKLMNOPQRSTUVWXYZ&ÄÅÆÖØŒÜÇ
1234567890%(.,:;-!¡?¿–§$£ƒ¢)·['""„‹›«»]†/*/

85·heavy·dreiviertelfett·trois quart-gras
abcdefghijklmnopqrstuvwxyzßäåæöøœüç
ABCDEFGHIJKLMNOPQRSTUVWXYZ&ÄÅÆÖØŒÜÇ
1234567890%(.,:;-!¡?¿–§$£ƒ¢)·['""„‹›«»]†/*/

95·black·fett·gras
abcdefghijklmnopqrstuvwxyzßäåæöøœüç
ABCDEFGHIJKLMNOPQRSTUVWXYZ&ÄÅÆÖØŒÜÇ
1234567890%(.,:;-!¡?¿–§$£ƒ¢)·['""„‹›«»]†/*/

75·bold outline·halbfett outline·demi-gras détouré
abcdefghijklmnopqrstuvwxyzßäåæöøœüç
ABCDEFGHIJKLMNOPQRSTUVWXYZ&ÄÅÆÖØŒÜÇ
1234567890%(.,:;-!¡?¿–§)·['""„‹›«»]†/*/

Abb. 45 Die Helvetica ist eine der Schriften mit dem größten Angebot
unterschiedlicher Schnitte

Laufweiten und Unterschneidungen

Der Abstand der Zeichen zueinander ist durch die relative Dickte jedes Zeichens festgelegt. Sie räumt jedem Zeichen je nach Schriftgrad den durch seine Breite im Verhältnis zu anderen Zeichen bedingten relativen Platzbedarf innerhalb der Zeile zu. Diese generelle Festlegung des Raumes, den ein Zeichen in der Zeile einnimmt, kann z. B. durch eine Änderung der Laufweite modifiziert werden. Bei einer größeren Laufweite wird die Schrift insgesamt leichter erscheinen, da alle Zeichenabstände sich proportional vergrößern.

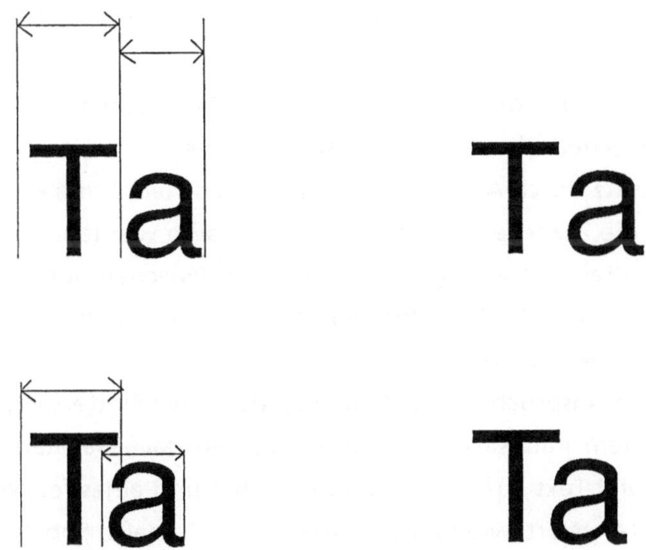

Abb. 46 Ästhetischer Schriftsatz erfordert die Unterschneidung kritischer Buchstabenkombinationen

Eine andere Modifikation der Dickte, die aus ästhetischen Gründen vorgenommen wird, ist das Unterschneiden oder Sperren. Vor allem das Unterschneiden wird gerne bei bestimmten Zeichenkombinationen zum Einsatz gebracht, nämlich dort, wo sich aufgrund der Zeichengestalt ein scheinbar besonders großer weißer Raum zwischen den Zeichen ergibt. Beispielsweise erscheint nach dem Versalbuchstaben T ein großer Abstand zu den folgenden Gemeinbuchstaben. Daher unterschneidet man hier, nimmt also von der Dickte des T etwas weg, so daß das nachfolgende Zeichen näher an den

schmalen Fuß des T heranrückt. Professionelle Satzsysteme erlauben die Auf-
stellung von Tabellen für die automatische Unterschneidung solch kritischer
Zeichenpaare.

Ausschlußarten

Als Ausschluß bezeichnet man die Justierung des Textes innerhalb der Zeile. Er
kann linksbündig, rechtsbündig oder zentriert stehen oder durch Variation
des Wortzwischenraumes innerhalb gewisser Ober- und Untergrenzen gleichmäßig auf die Zeile verteilt werden und dadurch links und rechts bündig
stehen. Letzteres ist der Blocksatz. Er kann auch durch Veränderung des
Raumes zwischen den Zeichen erreicht werden (amerikanische Typographie).
Dabei ergibt sich jedoch leicht ein ungleichmäßiges Schriftbild. Häufig kommt
es vor, daß in einer Zeile die Zwischenräume der Buchstaben innerhalb eines
Wortes größer werden als die Wortzwischenräume in der nächsten Zeile.
Doch auch Blocksatz durch Austreiben der Wortzwischenräume kann schlecht
aussehen, wenn die Zwischenräume zu ungleichmäßig werden. Vor allem bei
schmalen Textspalten mit wenigen Wörtern und Zwischenräumen pro Zeile
passiert dies schnell. Abhilfe kann hier nur das Trennen der Wörter am Zeilenende schaffen. (Siehe Abb. 47.)
Der typographisch anspruchsvollste Satz ist jedoch der Flattersatz, der allerdings nicht mit dem Rauhsatz verwechselt werden darf. Bei Rauhsatz wird
jede Zeile mit soviel Text aufgefüllt, wie bei Einhaltung eines fest vorgegebenen Wertes für den Wortzwischenraum in diese Zeile paßt. Sobald die Grenzen überschritten werden, wird das letzte Wort der Zeile auf die nächste Zeile
gestellt. Dadurch ergibt sich ein gleichmäßiges Schriftbild aufgrund gleich-
mäßiger Wortzwischenräume, allerdings mit unregelmäßigem Zeilenab-
schluß. Das letztere vermeidet der Flattersatz. Auch er zeichnet sich durch
ungleich lange Zeilen aus, ist jedoch um einen regelmäßigen Wechsel von
kurzen und langen Zeilen bemüht, so daß sich insgesamt ein harmonischer
Eindruck ergibt. So verbindet er eine ästhetische Gestaltung des Zeilenab-
schlusses mit gleichmäßigem Schriftbild durch gleich große Wortzwischenräume. Es können unterschiedlich viele kurze mit unterschiedlich vielen
langen Zeilen in regelmäßigem Wechsel stehen.

Der Anfang ist eine weiße Seite. Text,
Grafik und andere Elemente werden
diesen Raum ausfüllen. Der Erfolg der
gestalterischen Arbeit liegt in einer guten
Verteilung, Kombination und Anordnung
eines oder mehrerer dieser Elemente
Der Anfang ist eine weiße Seite. Text,
Grafik und andere Elemente werden
diesen Raum ausfüllen. Der Erfolg der
gestalterischen Arbeit liegt in einer guten
Verteilung, Kombination und Anordnung
eines oder mehrerer dieser Elemente.
Der Anfang ist eine weiße Seite. Text,
Grafik und andere Elemente werden
diesen Raum ausfüllen. Der Erfolg der
gestalterischen Arbeit liegt in einer guten
Verteilung, Kombination und Anordnung
eines oder mehrerer dieser Elemente.

Der Anfang ist eine weiße Seite. Text,
Grafik und andere Elemente werden
diesen Raum ausfüllen. Der Erfolg der
gestalterischen Arbeit liegt in einer guten
Verteilung, Kombination und Anordnung
eines oder mehrerer dieser Elemente.
Der Anfang ist eine weiße Seite. Text,
Grafik und andere Elemente werden
diesen Raum ausfüllen. Der Erfolg der
gestalterischen Arbeit liegt in einer guten
Verteilung, Kombination und Anordnung
eines oder mehrerer dieser Elemente.

Der Anfang ist eine weiße Seite. Text,
Grafik und andere Elemente werden
diesen Raum ausfüllen. Der Erfolg der
gestalterischen Arbeit liegt in einer guten
Verteilung, Kombination und Anordnung
eines oder mehrerer dieser Elemente
Der Anfang ist eine weiße Seite. Text,
Grafik und andere Elemente werden
diesen Raum ausfüllen. Der Erfolg der
gestalterischen Arbeit liegt in einer guten
Verteilung, Kombination und Anordnung
eines oder mehrerer dieser Elemente.
Der Anfang ist eine weiße Seite. Text,
Grafik und andere Elemente werden
diesen Raum ausfüllen. Der Erfolg der
gestalterischen Arbeit liegt in einer guten
Verteilung, Kombination und Anordnung
eines oder mehrerer dieser Elemente.

Der Anfang ist eine weiße Seite. Text,
Grafik und andere Elemente werden
diesen Raum ausfüllen. Der Erfolg der
gestalterischen Arbeit liegt in einer guten
Verteilung, Kombination und Anordnung
eines oder mehrerer dieser Elemente
Der Anfang ist eine weiße Seite. Text,
Grafik und andere Elemente werden
diesen Raum ausfüllen. Der Erfolg der
gestalterischen Arbeit liegt in einer guten
Verteilung, Kombination und Anordnung
eines oder mehrerer dieser Elemente.
Der Anfang ist eine weiße Seite. Text,
Grafik und andere Elemente werden
diesen Raum ausfüllen. Der Erfolg der
gestalterischen Arbeit liegt in einer guten
Verteilung, Kombination und Anordnung
eines oder mehrerer dieser Elemente.

Der Anfang ist eine weiße Seite. Text Grafik und andere Elemente werden diesen
Raum ausfüllen. Der Erfolg der gestalterischen Arbeit liegt
in einer guten Verteilung, Kombination und Anordnung eines oder mehrerer
dieser Elemente.
Der Anfang ist eine weiße Seite. Text Grafik und andere Elemente werden diesen
Raum ausfüllen. Der Erfolg der gestalterischen Arbeit liegt
in einer guten Verteilung, Kombination und Anordnung eines oder mehrerer
dieser Elemente.
Der Anfang ist eine weiße Seite. Text Grafik und andere Elemente werden diesen
Raum ausfüllen. Der Erfolg der gestalterischen Arbeit liegt
in einer guten Verteilung, Kombination und Anordnung eines oder mehrerer
dieser Elemente.

Abb. 47 Die Ausschlußarten

Fakten und Ideen visualisieren

Ganz gleich, worüber Sie reden, ob es sich um ein kaufmännisches, technisches, politisches oder feuilletonistisches Thema handelt, immer kann eine Abbildung Ihnen helfen, Ihre Aussage klarer zu machen, wobei jeder Themenbereich die ihm gemäße Form der Illustration kennt. Natürlich werden Sie der Erstellung eines Dokumentes zunächst eine Planungsphase vorschalten, in der Sie festlegen, welche zentralen Aussagen und welche Abbildungen in Ihrer Arbeit in jedem Fall enthalten sein sollen. Jedoch werden Sie bei der Eingabe des Textes Bildideen haben, die Sie problemlos am gleichen Arbeitsplatz realisieren oder zumindest skizzieren möchten. Oder umgekehrt, werden beim Erstellen von Abbildungen Ideen entstehen, die zu einer Erweiterung oder Verbesserung des Textteiles führen. Gerade in dieser Arbeitsphase, zeigt sich ein entscheidender Vorteil des Desktop Publishing. Und zwar durch die Möglichkeit, Text und Bild mit dem gleichen Arbeitsmedium – dem Personalcomputer – in einem Arbeitsgang zu erstellen. Das Desktop Publishing erlaubt es daher, schon während der Komposition von Text und Abbildungen visuell und textlich zugleich zu arbeiten. So gehen Text und Bild schon in der Entstehungsphase eines Dokumentes Hand in Hand und unterstützen sich als Medien wechselseitig. Vor allem für technische, wissenschaftliche und kaufmännische Dokumentationen empfiehlt sich diese Arbeitsweise. Aber es spricht nichts dagegen auch in anderen Bereichen diese Methode anzuwenden. Im Folgenden zeigen wir einige Anwendungen aus unterschiedlichen Einsatzbereichen, die Anregungen liefern und Sie mit wesentlichen Grundelementen der Illustrationstechnik vertraut machen.

Quantitative Parameter und ihr Verhältnis zueinander

Quantitative Verhältnisse mehrerer Parameter stellt man mit Torten- oder Balkendiagrammen dar. Sind Größen von mehr als einer Bedingung abhängig, empfiehlt sich vor allem das dreidimensionale Balkendiagramm, das eine dritte Darstellungsdimension zur Verfügung stellt. Solche Diagramme können für einfache statistische Darstellungen in ganz verschiedenen Anwendungsbereichen dienen.

Als Beispiel für die Anwendung von Balkendiagrammen zeigen wir die Darstellung des Anteils der Wirtschaftsbereiche an der Beschäftigtenzahl. Es handelt sich bei diesem Merkmal um eine zeitabhängige Variable. Das Balkendiagramm bietet sich hier an, da es durch das Nebeneinanderstellen mehrerer Balken zu jeweils verschiedenen Zeitpunkten die Darstellung aller drei Variablen erlaubt: Wirtschaftsbereich, Anteil an der Zahl der Beschäftigten und Jahreszahl.

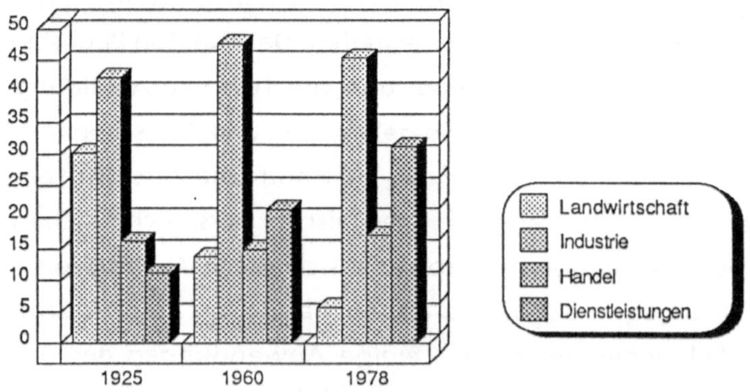

Wirtschaftsbereiche und ihr Anteil an der Zahl der Beschäftigten

Abb. 48 Balkendiagramm, zweidimensional, erstellt mit GEM-Software

Noch deutlicher wird die Darstellung der unterschiedlichen Anteile verschiedener Wirschaftsbereiche zum gleichen Zeitpunkt bei Wahl des dreidimensionalen Balkendiagramms, da hier die Balken für gleiche Zeitpunkte hintereinander gestellt werden.

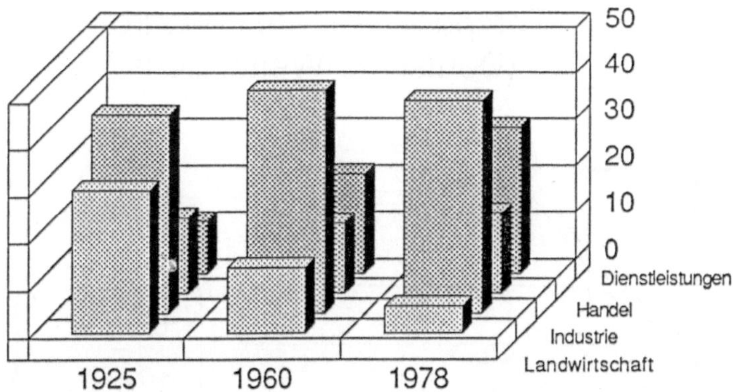

Abb. 49 Balkendiagramm, dreidimensional, erstellt mit GEM-Software

Der gleiche Sachverhalt läßt sich auch in einem Liniendiagramm darstellen, wobei für jeden Wirtschaftsbereich eine unterschiedlich gemusterte, gefärbte oder mit Fixpunkten versehene Linie gewählt werden kann. Bei dieser Darstellung liegt der Schwerpunkt der Aussage aber auf der zeitlichen Entwicklung, die ja hier auch in ihrer Kontinuität duch die durchgezogene Linie zum Ausdruck gebracht wird.

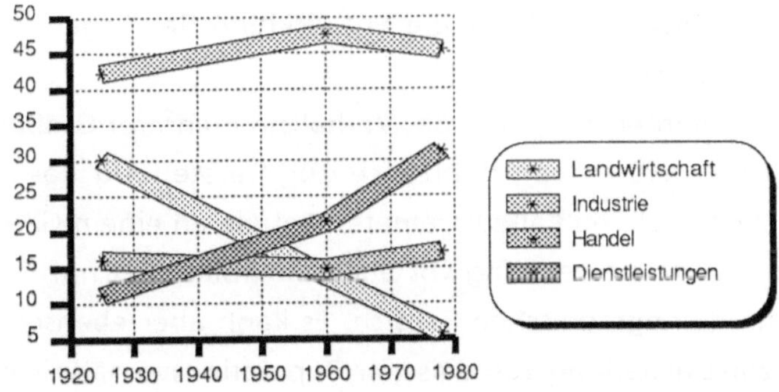

Abb. 50 Anteil der Wirtschaftsbereiche als Liniendiagramm, erstellt mit GEM-Software

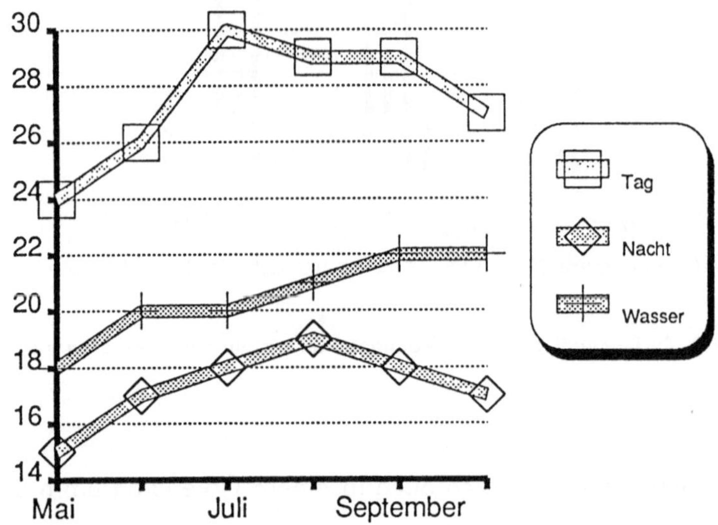

Abb. 51 Temperaturen in Jahresverlauf – Anwendungsfall für ein Liniendiagramm, erstellt mit GEM-Software

Ein Liniendiagramm wird man daher wählen, wenn man die Entwicklung eines Parameters in der Zeit und als abhängig von anderen zeitbedingten Faktoren darstellen möchte. Als weiteres Beispiel für die Anwendung eines Liniendiagramms zeigen wir daher die Entwicklung der Tages-, Nacht- und Wassertemperaturen auf Lanzarote.

Soll für einen bestimmten Zeitpunkt das Verhältnis mehrerer Größen zueinander dargestellt werden, so empfiehlt sich zur Darstellung das Tortendiagramm, gesetzt den Fall, daß alle Parameter Anteile an einem Ganzen repräsentieren. Es hat seine Anwendung vor allem im volkswirtschaftlichen, kaufmännischen und demographischen Bereich. Es kann aber ebensogut auch in der Ökologie zur Darstellung zoologischer Populationsverhältnisse oder von Vegetationsverhältnissen angewendet werden. Als Beispiel zeigen wir noch-

mals den Anteil der Wirtschaftsbereiche, hier in der Darstellung als Tortendiagramm.

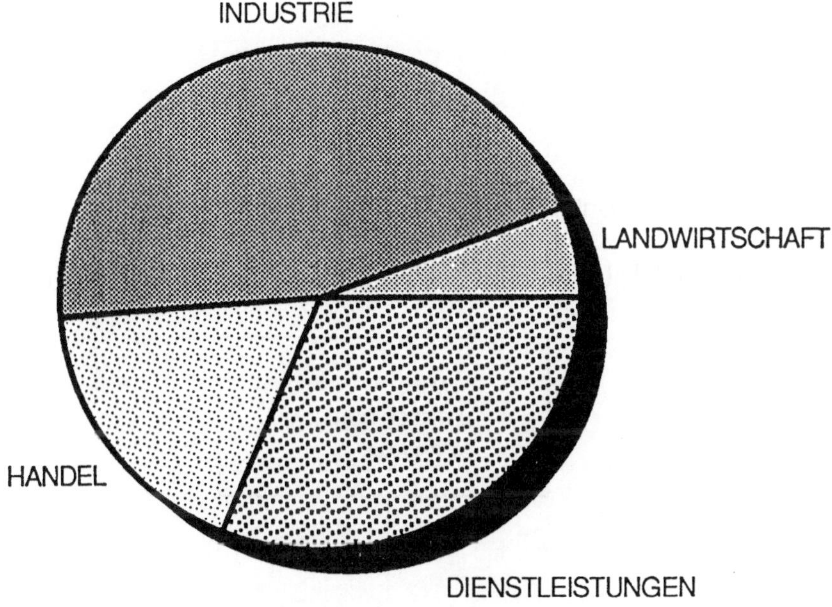

Abb. 52 Anteil des Wirtschaftsbereiche für ein Kalenderjahr als Tortendiagramm,
erstellt mit GEM-Software

Hierarchien und Strukturen

Hierarchien und Strukturen lassen sich in ihrem grundsätzlichen Aufbau durch
Organigramme oder Struktogramme anschaulicher machen als durch lang-
wierige Beschreibungen. Der textlichen Darstellung bleibt es hier vorbehalten, Detailbeziehungen und Nuancierungen zu erfassen, die sich durch die Li-
nienstruktur des Struktogramms nicht darstellen lassen. Organigramme und
Struktogramme kommen in der Mikroökonomie und Organisationslehre
ebenso zum Einsatz wie in der Politikwissenschaft. Im kaufmännischen Be-

reich haben sie weite Verbreitung gefunden. Da Organigramme meist zur Darstellung von Hierarchien in Staat und Wirtschaft Verwendung finden, verbindet man das Organigramm oder Organisationschart meist mit der Vorstellung einer hierarchischen Entscheidungsstruktur. Hierarchische Beziehungen können aber auch logischer Art sein und auch zu ihrer Darstellung eignet sich das Organigramm. Als Beispiel zeigen wir einen Ausschnitt aus der Systematik der Fauna.

Das Tierreich

Unterrreich: Einzeller oder Urtiere (Protozoa)

STAMM: URTIERE (PROTOZOA) 20.000 Arten

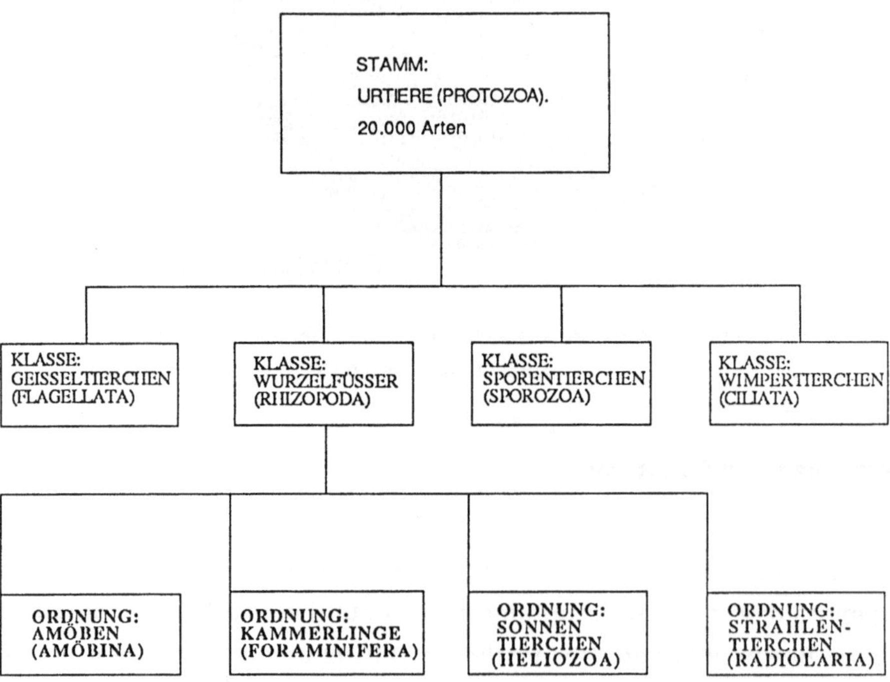

Abb. 53 Beispiel für ein Organigramm, erstellt mit GEM-Software

Dient das Organigramm der Darstellung einer Struktur so kommt analog dazu das Ablaufdiagramm zur Anwendung, wo es um die Darstellung von, vielleicht zeitlich wechselnden, aber häufig wiederholten Prozessen geht.

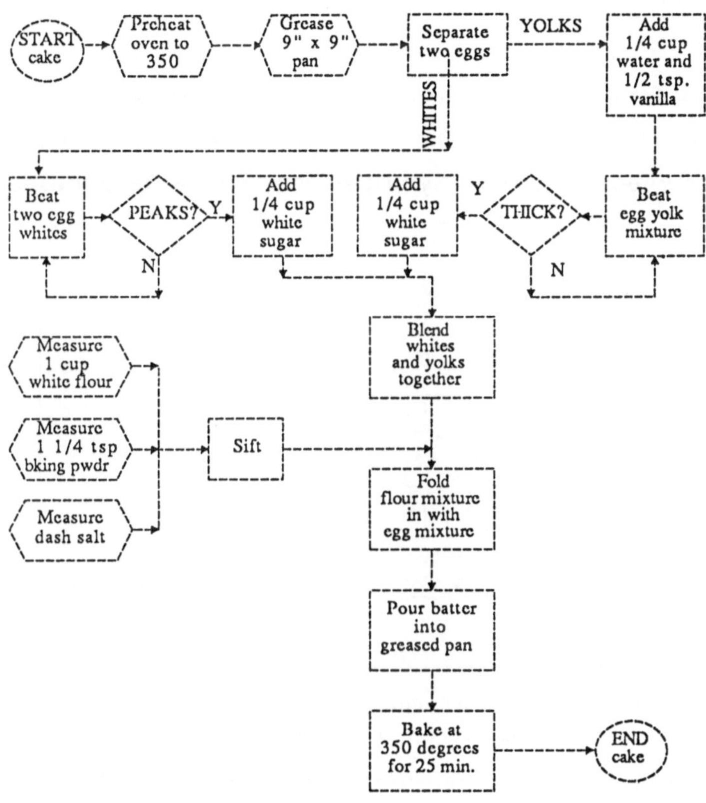

Abb. 54 Beispiel für ein Flußdiagramm, erstellt mit GEM-Software

Auch der Datenflußplan und der Programmablaufplan sind Beispiele für das Ablauf- oder Flußdiagramm. In der Programmiertechnik kommen sie zur Anwendung, um Programmabläufe übersichtlich darzustellen. (Siehe Abb. 56.) Der zeitliche Ablauf von Projekten kann mit Projektplanungsprogrammen verwaltet werden. Solche Programme geben nach Eingabe der erforderlichen Parameter Projektpläne mit Kennzeichnung der Meilensteine und des kritischen Pfades aus. Der kritische Pfad veranschaulicht die Interdependenz (wechselseitige Abhängigkeit) einzelner Projektphasen und ihren Einfluß auf den Endtermin des Projektes. Unser Projektplan ist allerdings wie die meisten

übrigen Graphiken dieses Abschnitts mit einem Zeichenprogramm unter GEM
erstellt worden.

Logische Verknüpfungen und Schaltungen

Programme für das Desktop Publishing legen das Erstellen von Symbolbiblio-
theken nahe. Solche Bibliotheken können das Zeichnen erheblich erleichtern.
Da immer wiederkehrende Symbole oder Elemente abgespeichert und

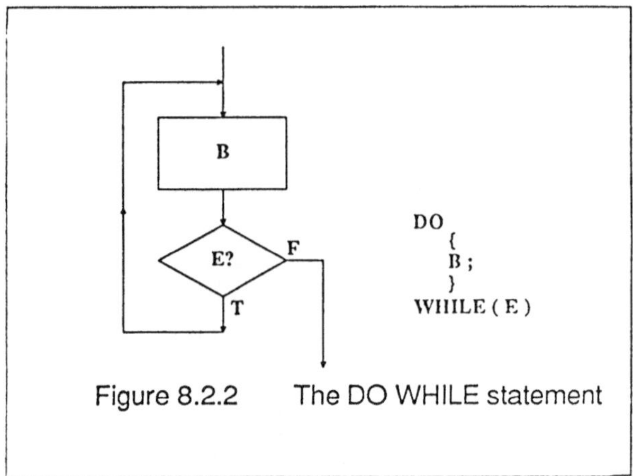

Figure 8.2.2   The DO WHILE statement

Abb. 55 Ausschnitt aus einem Programmablauf (While-Anweisung) – Beispiel für ein
Ablaufdiagram, erstellt mit GEM-Software

anschließend nur noch aufgerufen und eingesetzt werden. Häufig bringen
Programme schon solche Bibliotheken mit. Da Programme in der Welt der
Programmierer, Informatiker und Elektroniker entstehen, gehören die logischen, elektronischen und elektrischen Symbole zu der ersten, die zur Verfügung stehen. Wir zeigen hier einige Beispiele, die mit solchen Bausteinen erzeugt wurden. (Siehe Abbildungen 57 und 59.)

Geographische Darstellung

Ökonomische, klimatische, biologische, demographische und andere Merkmale unterliegen räumlichen Schwankungen Wissenschaftlich beschäftigt
sich die Geographie mit der Beschreibung und Analyse qualitativer und quan-

titativer regionaler Unterschiede. Da die geographische Betrachtungsweise aber in allen Lebensbereichen und insbesondere im kaufmännischen Bereich eine große Rolle spielt, stehen für Personalcomputer auch Programme zur Verfügung, die Karten für statistische Zwecke erzeugen. (Siehe Abb. 58.)

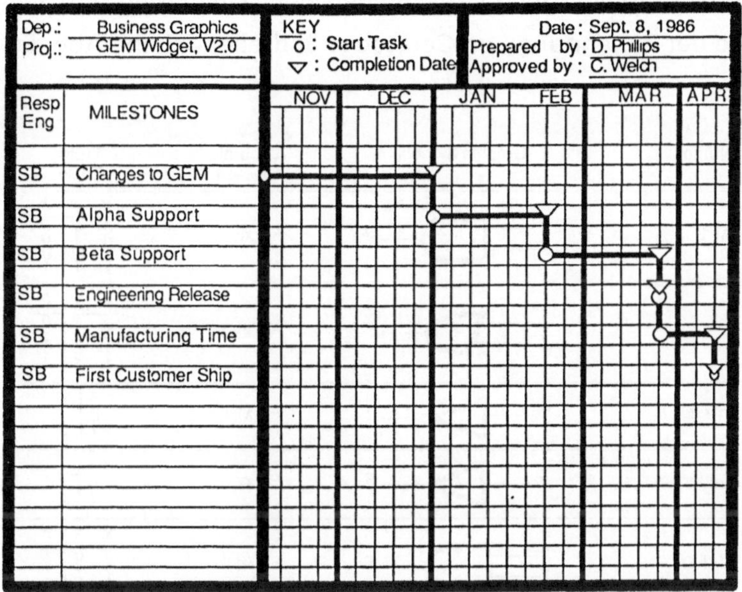

Abb. 56 Beispiel für einen Projektplan, erstellt mit GEM-Software

Die technische Zeichnung

Sie bildet einen unabdingbaren Bestandteil von Konstruktionsplänen aber auch von Anwendungsbeschreibungen fertiger technischer Produkte. Alles, was als Vorstellung nicht Gemeingut ist muß durch eine exakte Zeichnung vermittelt werden. Die technische Zeichnung dient neben der Darstellung von Bemaßungen auch der Benennung von bestimmten Bauelementen. Sie stellt deren Formen eindeutig dar. In der Beschriftung werden den Bauelementen Namen zugeordnet, auf die dann im Text Bezug genommen werden kann. Die Konstruktionszeichnung muß exakt und völlig maßtabsgerecht sein. Häufig kommen Zeichnungen im Maßstab 1:1 zum Einsatz. Zeichnungen im Bereich der Anwendungsdokumentation müssen die Größenverhältnisse lediglich für das Auge korrekt wiedergeben. Sie dienen der Darstellung von Funktionsabläufen und der Benennung von Gerätebestandteilen. (Siehe Abb. 60.)

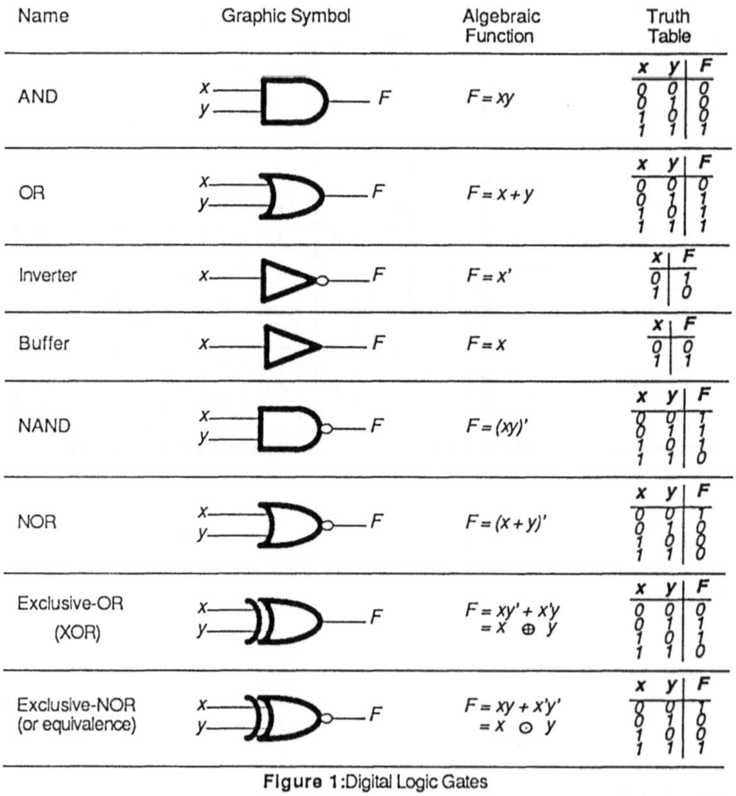

Name	Graphic Symbol	Algebraic Function	Truth Table
AND		$F = xy$	$x\ y\ \vert\ F$ 0 0 | 0 0 1 | 0 1 0 | 0 1 1 | 1
OR		$F = x + y$	$x\ y\ \vert\ F$ 0 0 | 0 0 1 | 1 1 0 | 1 1 1 | 1
Inverter		$F = x'$	$x\ \vert\ F$ 0 | 1 1 | 0
Buffer		$F = x$	$x\ \vert\ F$ 0 | 0 1 | 1
NAND		$F = (xy)'$	$x\ y\ \vert\ F$ 0 0 | 1 0 1 | 1 1 0 | 1 1 1 | 0
NOR		$F = (x + y)'$	$x\ y\ \vert\ F$ 0 0 | 1 0 1 | 0 1 0 | 0 1 1 | 0
Exclusive-OR (XOR)		$F = xy' + x'y$ $= x \oplus y$	$x\ y\ \vert\ F$ 0 0 | 0 0 1 | 1 1 0 | 1 1 1 | 0
Exclusive-NOR (or equivalence)		$F = xy + x'y'$ $= x \odot y$	$x\ y\ \vert\ F$ 0 0 | 1 0 1 | 0 1 0 | 0 1 1 | 1

Figure 1: Digital Logic Gates

Abb. 57 Beispiel für eine Symbolbibliothek – Symbole der Schaltalgebra, erstellt mit GEM-Software

Eine besonders wichtige Funktion der Zeichnung in diesem Bereich ist es, Informationen, die im Produktionsablauf benötigt werden, schnell und übersichtlich zur Verfügung zu stellen. Denn aus Abbildungen sind Informationen in der Regel schneller zu entnehmen als durch das Lesen von Textbeschreibungen. Abbildungen dienen in diesem Zusammenhang auch der Strukturierung und Indizierung innerhalb von Texten. Der Abbildung kommt Piktogrammfunktion zu, d.h. beim Durchblättern macht Sie den Leser darauf aufmerksam, wo er welche Information innerhalb des Textes erwarten kann.

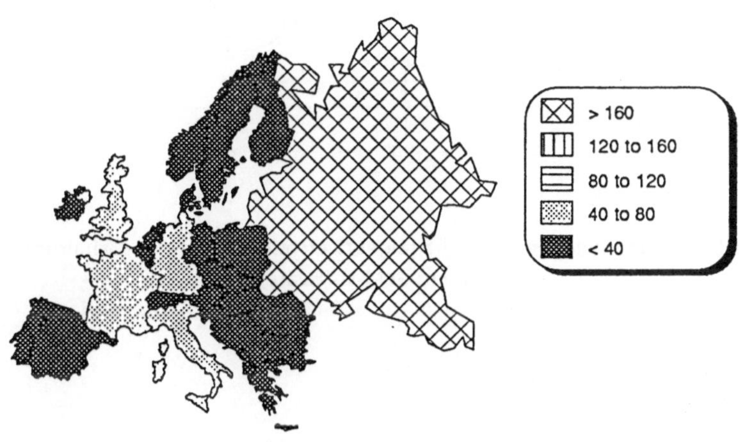

Abb. 58 Beispiel für die Statistische Kartographie, erstellt mit GEM-Software

Belletristische Illustration und Graphikdesign

Wir möchten hier zumindest erwähnen, daß wir auch für den Illustrator belletristischer Texte in den neuen Text- und Graphikprogrammen ein hervorragendes Arbeitsmittel sehen. In diesem Buch wurde bereits an verschiedenen Stellen das freie Zeichnen und Illustrieren mit Graphik- und Malprogrammen vorgeführt. Zwischen computergestütztem Publizieren (*CAP = Abkürzung für engl. Computer Aided Publishing*) und der Computer Art (*Kunst mit dem*

TYPE SN54L73 DUAL J-K FLIP-FLOP WITH CLEAR

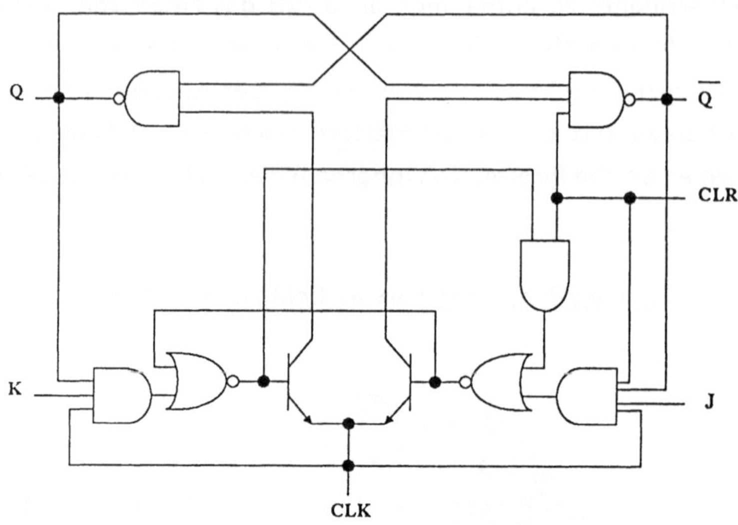

Abb. 59 Mit den Symbolen der Schaltalgebra erstellte Skizze einer Schaltung,
erstellt mit GEM-Software

Computer) sind vielseitige und für beide Seiten nützliche Wechselbezie-
hungen vorstellbar. Seitdem Personalcomputer und in diesem Bereich vor allem der Apple Macintosh und der Commodore Amiga die Möglichkeiten des

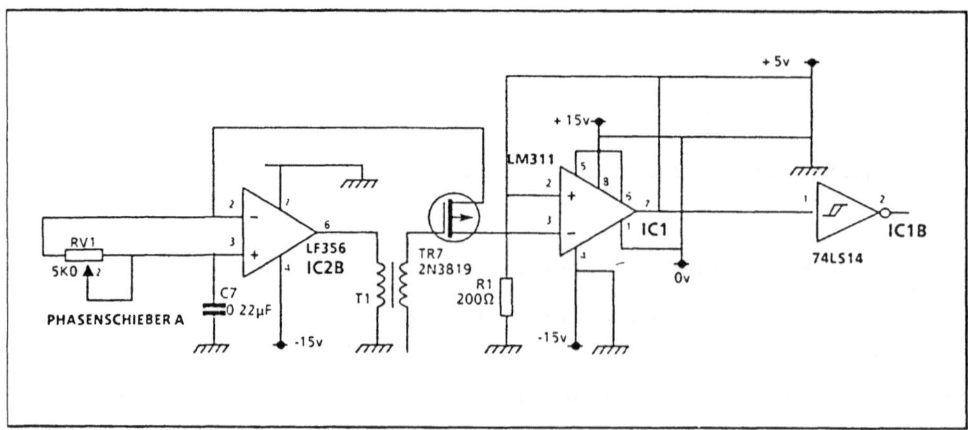

Abb. 60 Schaltplan, erstellt mit Rank Xerox Viewpoint

Computers im Bereich die Graphikerstellung und Bildverarbeitung weiteren
Kreisen bekannt gemacht haben wird die Gemeinde der "Computerkünstler"
immer größer. Schon hört man von den ersten Graphik-Designern, die ihren
Kunden Entwürfe auf dem Bildschirm zeigen oder als Laserausdruck vorlegen.
Dieser Anwenderkreis schätzt vor allem, daß er mit den neuen Arbeitsmitteln
flexibler auf Kundenwünsche reagieren kann.

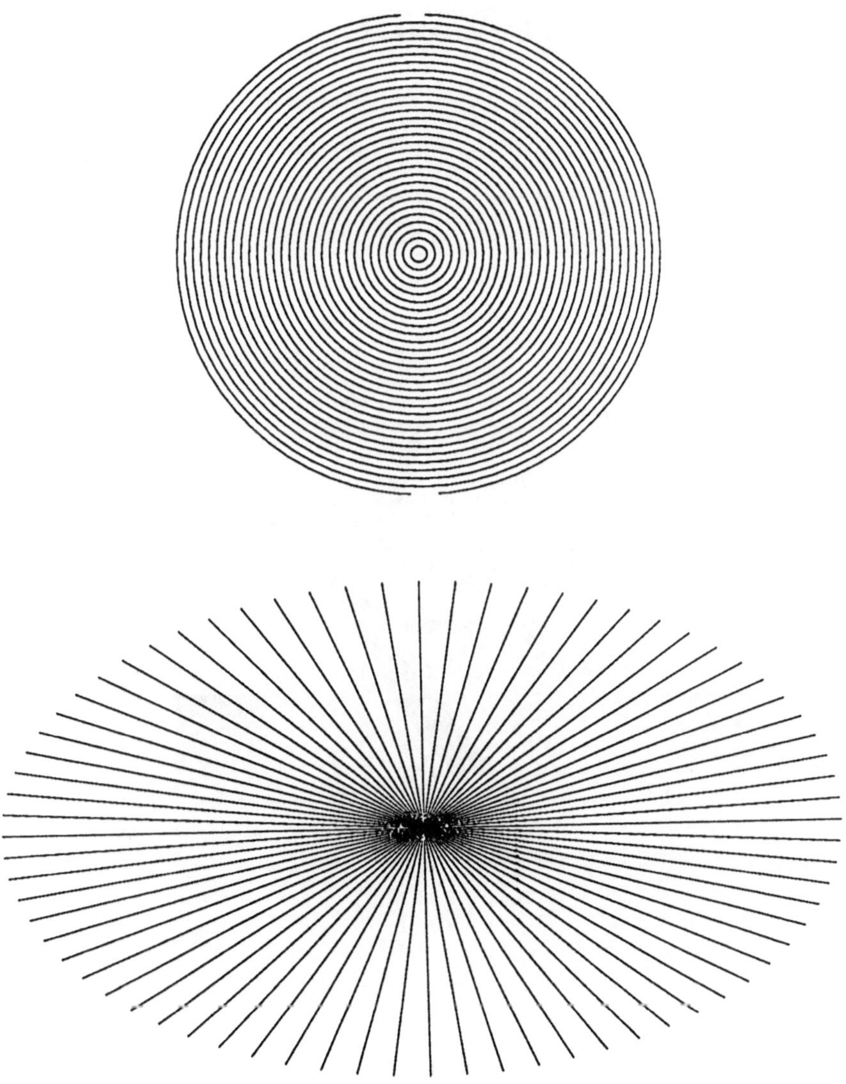

Abb. 61 Einige Gestaltungsmöglichkeiten des Programms Cricket Draw

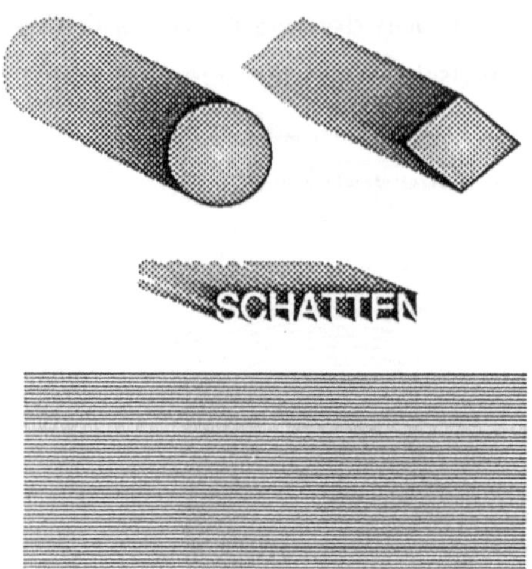

Abb. 62 Gestaltungsmöglichkeiten des Programms Cricket Draw

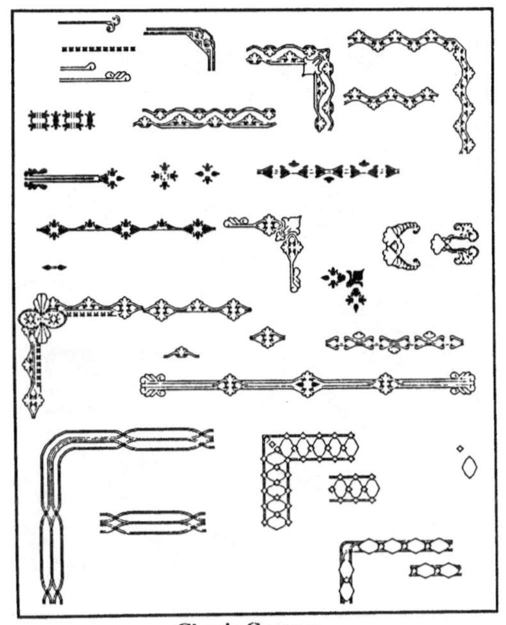

Classic Corners

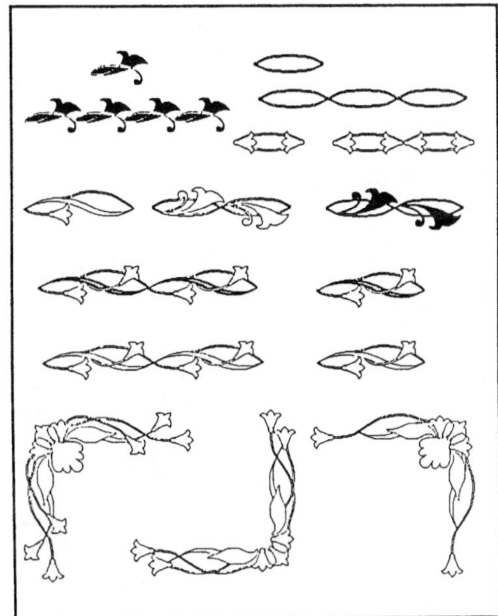

Classic Borders

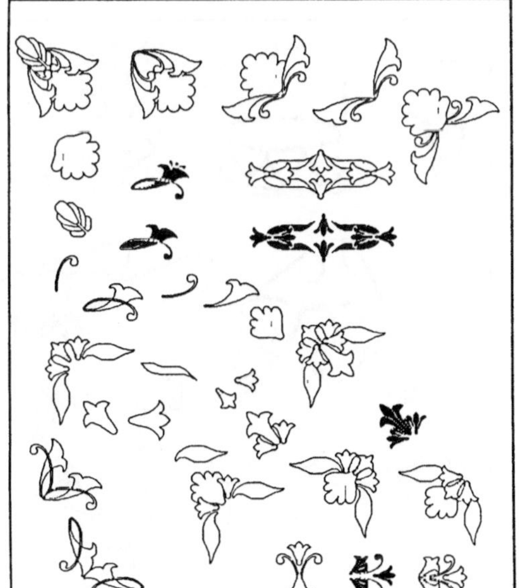

Corners

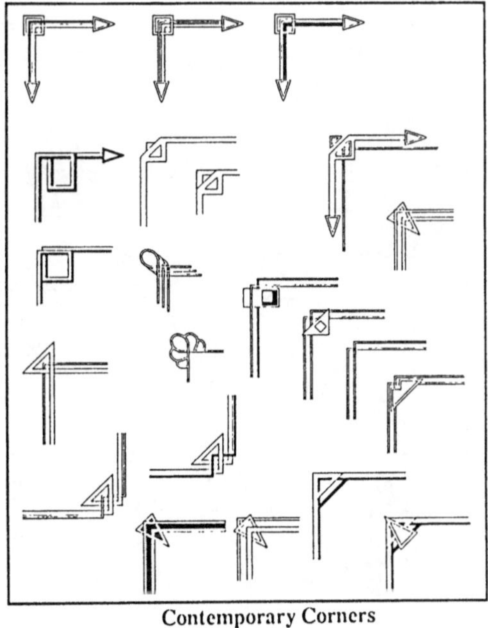

Contemporary Corners

Abb. 63 Schmuckelemente aus Paste-Ease zum "Ausschneiden" und "Einsetzen"

Christmas

Valentines

Easter

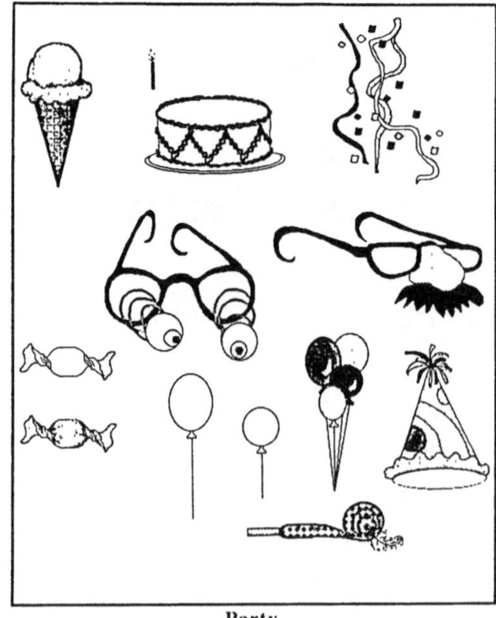

Party

Abb. 64 Schmuckelemente aus Paste-Ease zum "Ausschneiden" und "Einsetzen"

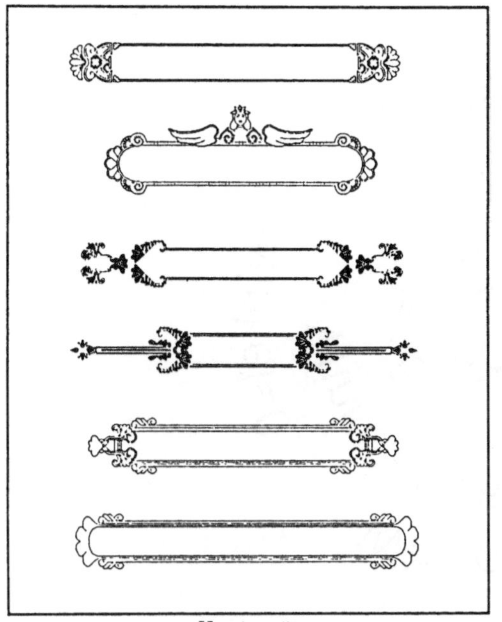

Headers #1

Headers #2

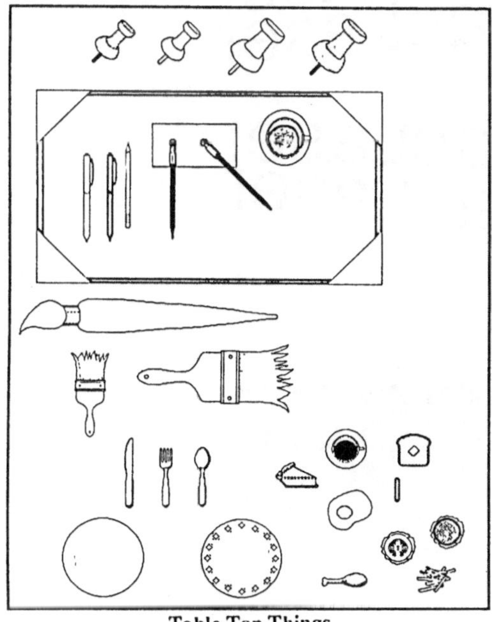

Table Top Things

Stuff

Abb. 65 Schmuckelemente aus Paste-Ease zum "Ausschneiden" und "Einsetzen"

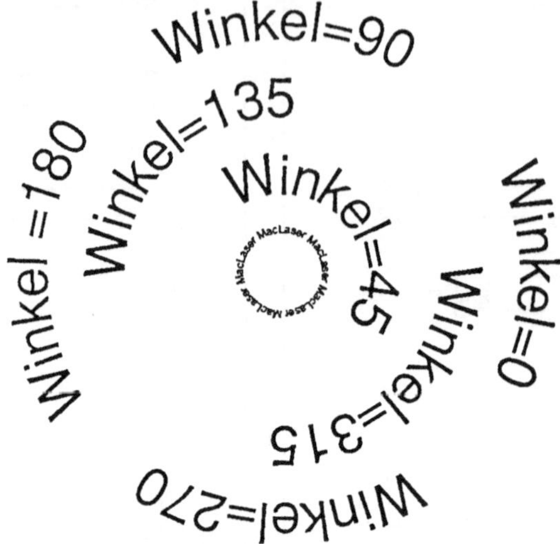

Abb. 66 Elektronische Schriftmodifikationen erstellt mit MacLaser
und einem PostScript-Drucker (LaserWriter)

Abb. 67 Elektronische Schriftmodifikationen erstellt mit MacLaser
und einem PostScript-Drucker (LaserWriter)

Abb. 68 Elektronische Schriftmodifikationen erstellt mit MacLaser und einem PostScript-Drucker (LaserWriter)

Vom Layout zur fertigen Seite

Vorüberlegungen

Das erste, worüber Sie sich Klarheit verschaffen werden, wenn Sie ein Dokument für die Veröffentlichung oder die Verbreitung vorbereiten, sind die wesentlichen Inhalte, die Sie mitzuteilen haben und Ihre Zielgruppe. Das heißt, Sie werden sich Klarheit über Ihr Thema, über seine grobe innere Struktur und über die Personen verschaffen, die Sie ansprechen möchten. Wer sind diese Leute, und welche Bedürfnisse, Gewohnheiten und Motive haben sie. Von diesen grundlegenden Überlegungen hängen alle weiteren Schritte sowohl der Redaktion als auch der Gestaltung ihres Textes ab.

Entwurf eines Layouts

Als nächsten Schritt werden Sie an den Entwurf der visuellen Struktur Ihres Dokumentes, Ihres Infos oder Ihrer Zeitschrift gehen. Hierfür spielen die Ergebnisse Ihrer grundlegenden Überlegungen eine große Rolle. In welche inhaltlichen Hauptbestandteile muß sich die Veröffentlichung auch äußerlich gliedern? Wie werden Sie Ihr Publikum erreichen: durch eine betont seriöse Gestaltung, durch avantgardistische Aufmachung, durch einen verspielten Touch? Wenn Sie beispielsweise eine Zeitschrift oder ein monatliches Info veröffentlichen wollen, so werden Sie zunächst wissen müssen, welche Themen Sie regelmäßig aufgreifen, das heißt, welche festen Rubriken Sie einrichten werden, wieviel Platz Sie für die Berücksichtigung aktueller Entwicklungen reservieren müssen etc. An welches Publikum Sie sich wenden, ist für die inhaltliche Ausrichtung ebenso wichtig wie für die äußere Gestaltung. Wenn diese Fragen beantwortet sind, werden Sie einen Layoutentwurf erstellen oder sogleich an die Gestaltung eines Layouts in einem elektronischen Umbruchprogramm herangehen. Wir zeigen Ihnen als Beispiel ein Info zum Thema dieses Buches, das vielleicht der Inhaber eines Computerladens oder eines Druckladens auslegen mag. (*Als Druckladen bezeichnen wir ein Geschäft, das vorbereitete Dateien zu Laserdruck oder Fotosatz weiterverarbeitet. In USA sind Kleindruckereien, amerik. printshops, die sich darauf spezialisiert haben schon sehr verbreitet.).* Die Kunden eines solchen Geschäftes werden potentielle Anwender des Desktop Publishing sein. Dementsprechend soll das Info sie mit den Möglichkeiten, die diese Technik bietet, konfrontieren. So wählt der Autor unseres Info-Blattes einen ausgefallenen Titel, der das Augenmerk gleich auf ungewöhnliche Gestaltungsmöglichkeiten lenkt. Vielleicht wird er ihn aus einem handschriftlichen Schriftzug, einer Schattenschrift oder einer Outline gestalten oder er wird ihn mit einer Rasterfläche unterlegen. Für diesen Schriftzug wird ein großer Raum vorgesehen, der ihm Gewicht verleiht. Das Layout für den Textbereich soll zweispaltig sein. In der Mitte soll eine Abbildung stehen, die beide Spalten schneidet. So kann gezeigt werden, welche graphischen Möglichkeiten sich bieten und wie man Text um eine Abbildung herumfließen lassen kann. Im übrigen wird die Gestaltung des Textbereiches im Unterschied zum Titel sehr sachlich gehalten, da wir auch zeigen wollen, daß der Do-It-Yourself-Publizist von seinen vielfältigen Möglichkeiten zurückhaltend und gezielt Gebrauch machen sollte.

Erstellen von Text und Graphik

Den nächsten Schritt bildet nun die redaktionelle Arbeit, das Schreiben des Textes und das Zeichnen der entsprechenden Illustrationen. Im vorliegenden Beispiel wurde der Text in MS-Word erfaßt. In den erfaßten Text wurden mit dem Programm Mac Black automatisch Softhyphens eingefügt, so daß später beim Einfließen in die Layoutspalten eine automatische Silbentrennung stattfinden konnte. Die Abbildungen wurden mit Mac Draw erstellt und verkleinert.

Die Seiten montieren

Nachdem die Textredaktion und das Erstellen von Illustrationen abgeschlossen sind, werden die fertigen Text und Bildelemente aufgrund des zuvor erstellten Layouts zu fertigen Seiten montiert. In unserem Fall geschah dies mit

PageMaker auf dem Macintosh. PageMaker wiederholt auf jeder Seite die auf den Layoutseiten definierten Elemente und Strukturen. Die Elemente der rechten Layoutseite werden nur auf den rechten Seiten wiederholt, die Elemente der linken Layoutseite nur auf den linken Seiten. Die erste Seite unseres Flugblattes wurde als rechte Seite, die zweite Seite als linke Seite angelegt. Elemente, die nur auf einzelnen Seiten erscheinen sollen, sind an der entsprechenden Stelle einzufügen. Durch das Plazieren von Texten und Graphikelementen werden die Seiten komplettiert. Die Bildsequenzen auf den nächsten Seiten zeigen Ihnen die verschiedenen Entstehungsphasen unseres Beispielflugblattes.

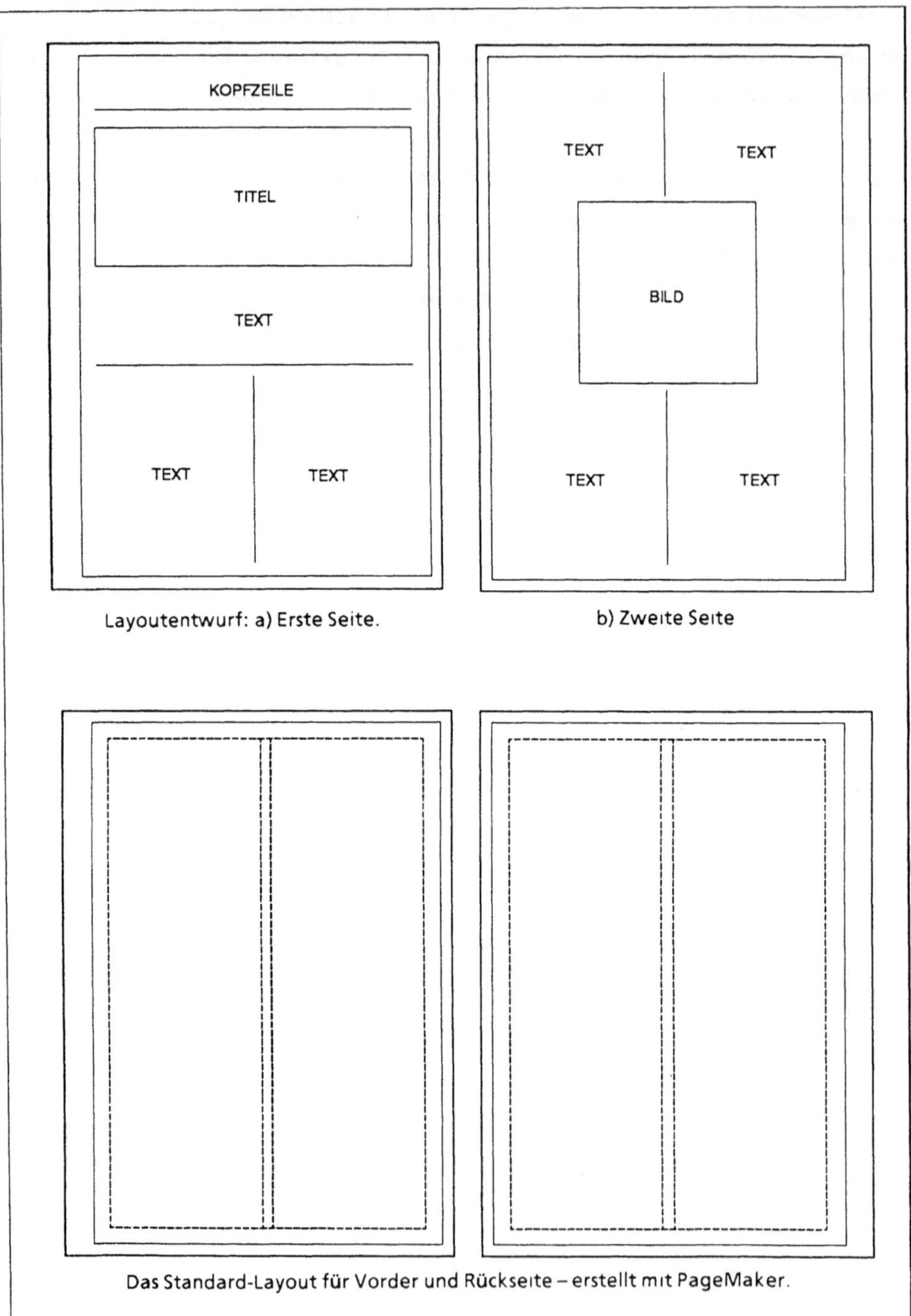

Layoutentwurf: a) Erste Seite.   b) Zweite Seite

Das Standard-Layout für Vorder und Rückseite – erstellt mit PageMaker.

Abb. 69-1 Produktion einer Flugschrift

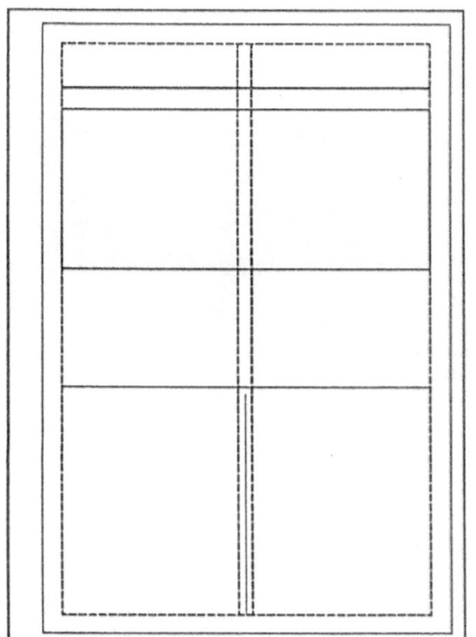

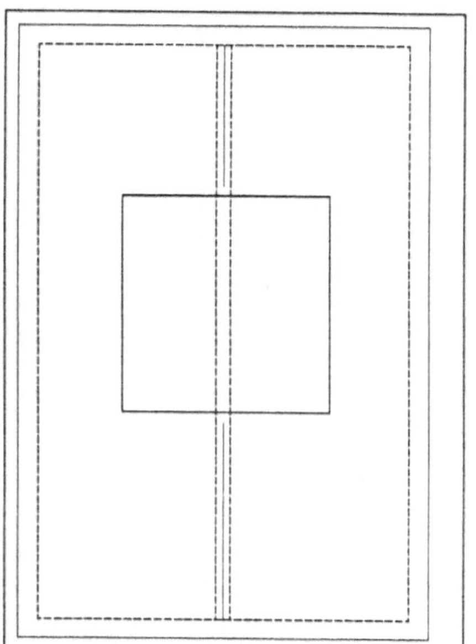

Zunächst werden graphische Elemente zur Seitenaufteilung plaziert.

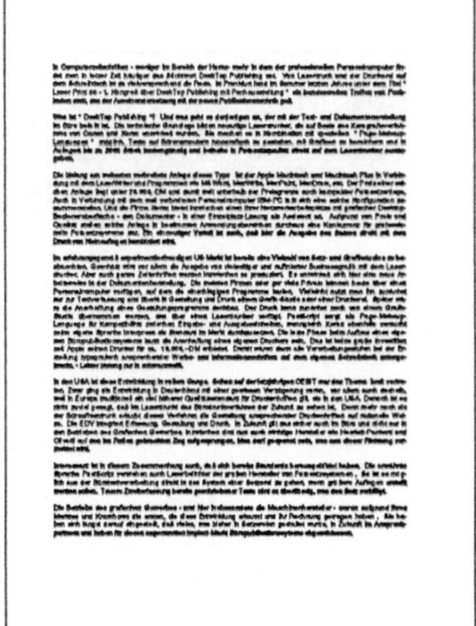

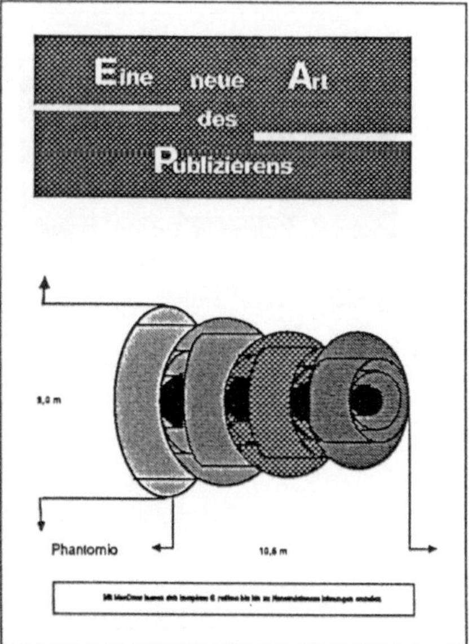

Der Text wurde mit einem Textverarbeitungsprogramm vorbereitet.

Graphiken wurden mit entsprechenden Programmen erstellt.

Abb. 69-2 Produktion einer Flugschrift

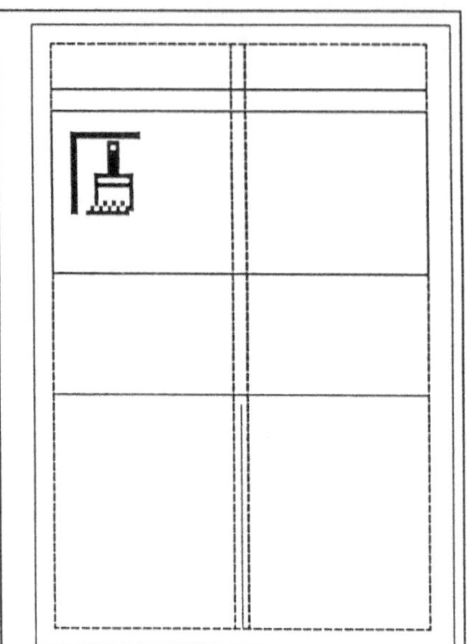

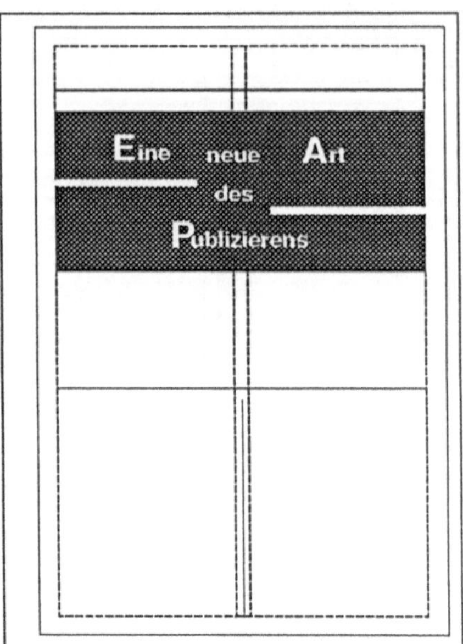

Mit dem Pinselsymbol wird eine Zeichnung plaziert.

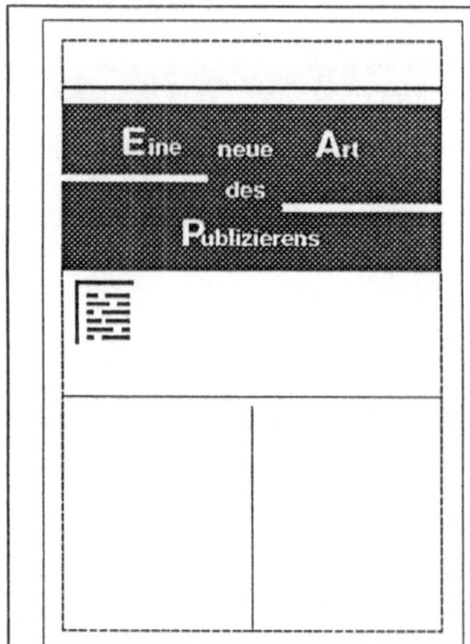

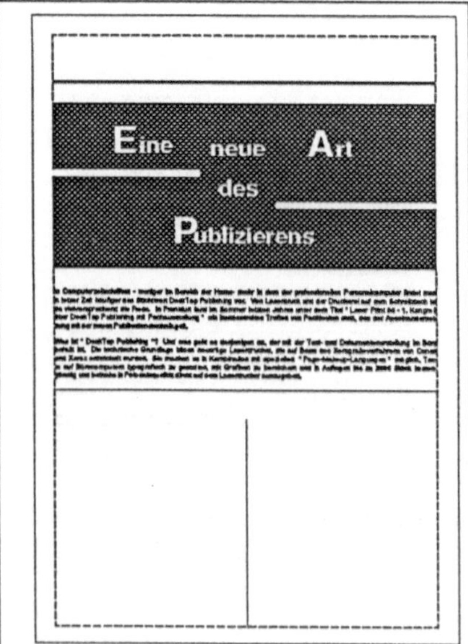

Mit dem Textsymbol wird Text plaziert. Zur Plazierung des einspaltigen Textes muß unter Spaltenmarkierung im Hilfsmittelmenü vorübergehend auf einspaltig umgeschaltet werden. Anschließend wird die Spalte mit dem Text gefüllt.

Abb. 69-3 Produktion einer Flugschrift

Die Spaltenmarkierung wurde im Hilfsmittelmenü wieder auf zweispaltig ge-
schaltet. Der weitere Text läuft
zweispaltig.

Mit dem Einsetzen der Kopfzeile wird
die erste Seite fertiggestellt.

Ausdruck der ersten Seite.

Abb. 69-4 Produktion einer Flugschrift

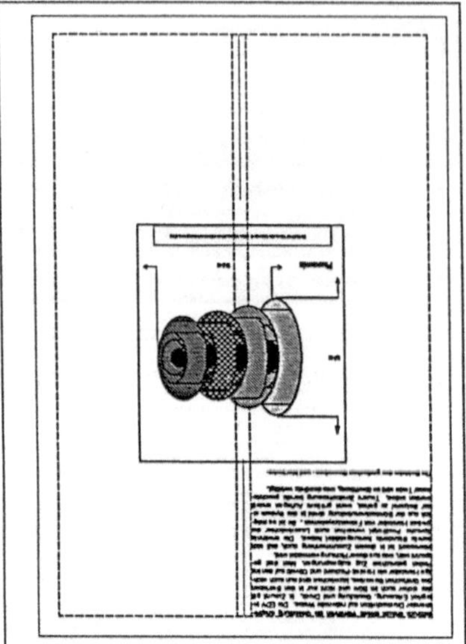

Auf der zweiten Seite wird zunächst
die Graphik, dann der Text bis zur
Oberkante der Graphik plaziert.

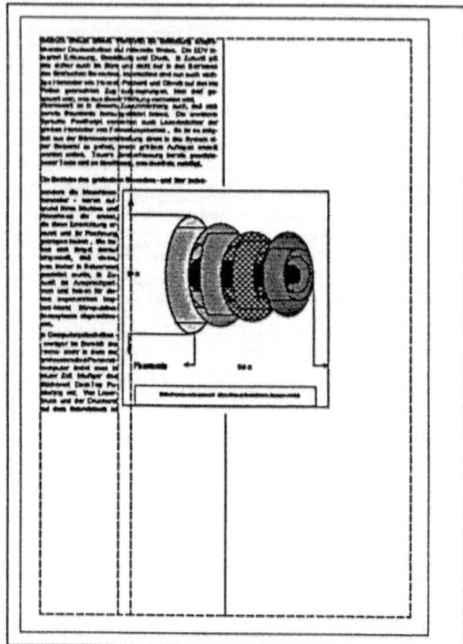

Die Spaltenlinie wird nach links verschoben, um eine schmale Textspalte links neben der Abbildung zu erzeugen. Der Text wird plaziert.

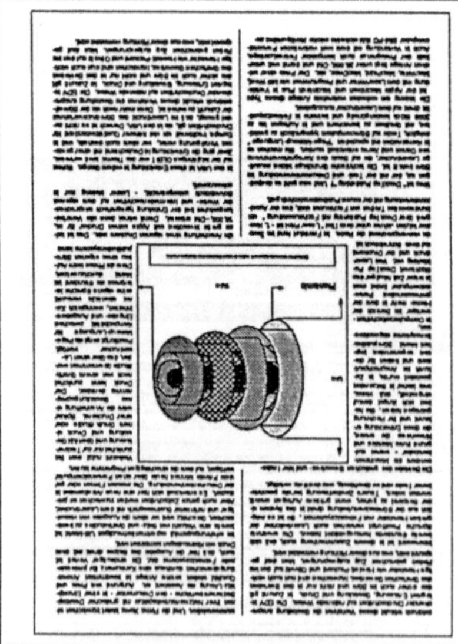

Auf die gleiche Weise wie beschrieben
wurde der restliche Text plaziert.

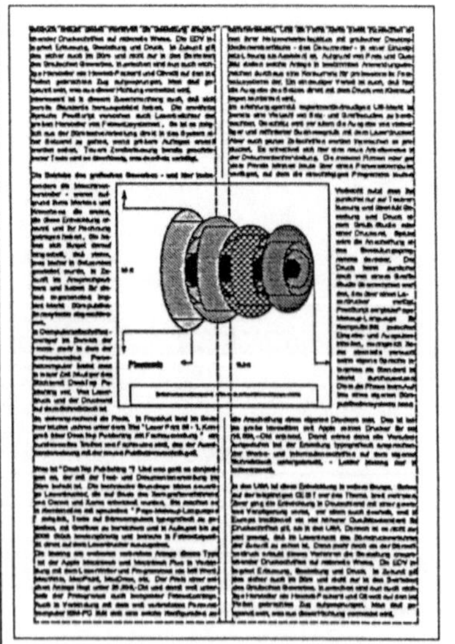

Ausdruck der zweiten Seite.

Abb. 69-5 Produktion einer Flugschrift

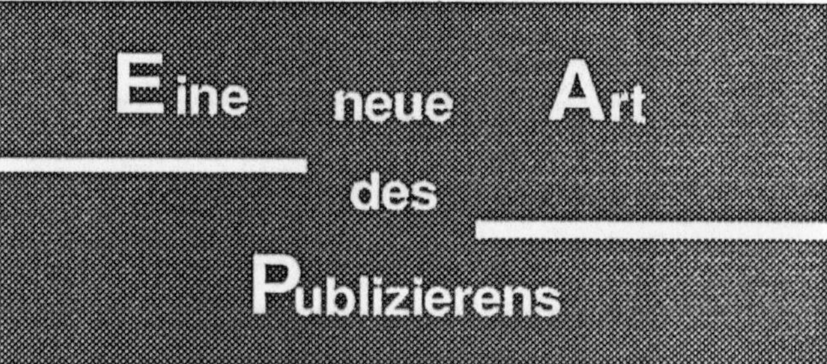

DESKTOP

1

In Computerzeitschriften - weniger im Bereich der Home- mehr in dem der professionellen Personalcomputer findet man in letzer Zeit häufiger das Stichwort DeskTop Publishing vor. Von Laserdruck und der Druckerei auf dem Schreibtisch ist da vielversprechend die Rede. In Frankfurt fand im Sommer letzten Jahres unter dem Titel " Laser Print 86 - 1. Kongreß über DeskTop Publishing mit Fachausstellung " ein bundesweites Treffen von Fachleuten statt, das der Auseinandersetzung mit der neuen Publikationstechnik galt.

Was ist " DeskTop Publishing "? Und was geht es denjenigen an, der mit der Text- und Dokumentenerstellung im Büro befaßt ist. Die technische Grundlage bilden neuartige Laserdrucker, die auf Basis des Xerografieverfahrens von Canon und Xerox entwickelt wurden. Sie machen es in Kombination mit speziellen " Page-Makeup-Languages " möglich, Texte auf Bürocomputern typografisch zu gestalten, mit Grafiken zu bereichern und in Auflagen bis zu 2000 Stück kostengünstig und beinahe in Fotosatzqualität direkt auf dem Laserdrucker auszugeben.

Die bislang am weitesten verbreitete Anlage dieses Typs ist der Apple Macintosh und Macintosh Plus in Verbindung mit dem LaserWriter und Programmen wie MS Word, MacWrite, MacPaint, MacDraw, etc. Der Preis einer solchen Anlage liegt unter 20.000,-DM und damit weit unterhalb der Preisgrenze auch kompakter Fotosatzanlage. Auch in Verbindung mit dem weit verbreiteten Personalcomputer IBM-PC läßt sich eine solche Konfiguration zusammenstellen. Und die Firma Xerox bietet inzwischen einen ihrer Netzwerkarbeitsplätze mit grafischer Desktop-Bedieneroberfläche - den Dokumenter - in einer Einzelplatz-Lösung als Assistent an. Aufgrund von Preis und Qualität stellen solche Anlage in bestimmten Anwendungsbereichen durchaus eine Konkurrenz für professionelle Fotosatzsysteme dar. Ein eindeutiger Vorteil ist auch, daß hier die Ausgabe des Satzes direkt mit dem Druck von Kleinauflagen kombiniert wird.

Im erfahrungsgemäß experimentierfreudigen US-Markt ist bereits eine Vielzahl von Satz- und Grafikstudios zu beobachten. Geschätz wird vor allem die Ausgabe von vielseitiger und raffinierter Businessgrafik mit dem Laserdrucker. Aber auch ganze Zeitschriften werden inzwischen so produziert. Es entwickelt sich hier eine neue Arbeitsweise in der Dokumentenherstellung. Die meisten Firmen oder gar viele Private können heute über einen Personalcomputer verfügen, auf dem die einschlägigen Programme laufen. Vielleicht nutzt man ihn zunächst nur zur Textverfassung und überläßt Gestaltung und Druck einem Grafik-Studio oder einer Druckerei. Später wäre die Anschaffung eines Gestaltungsprogramms denkbar. Der Druck kann zunächst noch von einem Grafik-Studio übernommen werden, das über einen Laserdrucker verfügt. PostScript sorgt als Page-Makeup-Language für Kompatibilität zwischen Eingabe- und Ausgabeeinheiten, wenngleich Xerox ebenfalls versucht seine eigene Sprache Interpress als Standard im Markt durchzusetzen. Die lezte Phase beim Aufbau eines eigenen Büropublikationsystems kann die Anschaffung eines eigenen Druckers sein. Das ist keine große Investition seit Apple seinen Drucker für ca. 10.000,--DM anbietet. Damit wären dann alle Verarbeitungsstufen bei der Erstellung typografisch ansprechender Werbe- und Informationsschriften auf dem eigenen Schreibtisch untergebracht. - Leider bislang nur in schwarzweiß.

In den USA ist diese Entwicklung in vollem Gange. Schon auf der letzjährigen CEBIT war das Thema breit vertreten. Zwar ging die Entwicklung in Deutschland mit einer gewissen Verzögerung voran, vor allem auch deshalb, weil in Europa traditionell ein viel höherer Qualitätsstandard für Druckschriften gilt, als in den USA. Denoch ist es nicht zuviel gesagt, daß im Laserdruckt das Bürodruckverfahren der Zukunft zu sehen ist. Denn mehr noch als der Bürooff

Abb. 69-6 Vorderseite der fertigen Flugschrift um 50% verkleinert

seldruck erlaubt dieses Verfahren die Gestaltung ansprechender Druckschriften auf rationelle Weise. Die EDV integriert Erfassung, Gestaltung und Druck. In Zukunft gilt das sicher auch im Büro und nicht nur in den Betrieben des Grafischen Gewerbes. Inzwischen sind nun auch wichtige Hersteller wie Hewlett-Packard und Olivetti auf den ins Rollen gebrachten Zug aufgesprungen. Man darf gespannt sein, was aus dieser Richtung vermeldet wird.

Interessant ist in diesem Zusammenhang auch, daß sich bereits Standards herausgebildet haben. Die erwähnte Sprache PostScript verstehen auch Laserbelichter der großen Hersteller von Fotosatzsystemen. So ist es möglich aus der Bürotextverarbeitung direkt in das System einer Setzerei zu gehen, wenn größere Auflagen erstellt werden sollen. Teuere Zweiterfassung bereits geschriebener Texte wird so überflüssig, was den Satz verbilligt.

Die Betriebe des grafischen Gewerbes - und hier insbesondere die Maschinenhersteller - waren aufgrund ihres Marktes und Knowhows die ersten, die diese Entwicklung erkannt und ihr Rechnung getragen haben. Sie haben sich längst darauf eingestellt, daß vieles, was bisher in Setzereien gestaltet wurde, in Zukunft im Ansprechpartnern und haben für diesen sogenannten Implant-Markt Büropublikationssysteme abgeschlossen.

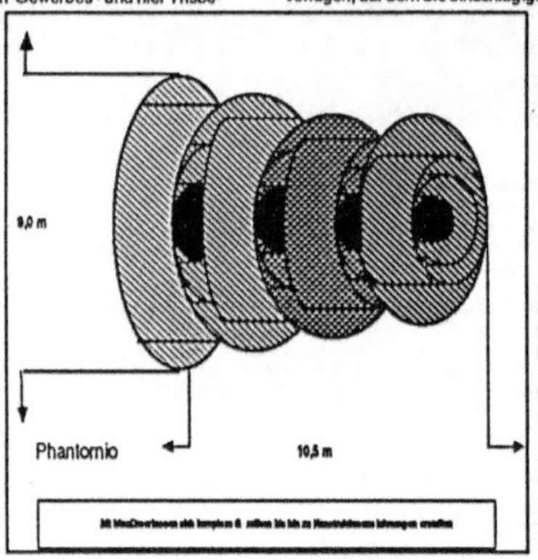

In Computerzeitschriften - weniger im Bereich der Home- mehr in dem der professionellen Personalcomputer findet man in letzter Zeit häufiger das Stichwort DeskTop Publishing vor. Von Laserdruck und der Druckerei auf dem Schreibtisch ist da vielversprechend die Rede. In Frankfurt fand im Sommer letzten Jahres unter dem Titel " Laser Print 86 - 1. Kongreß über DeskTop Publishing mit Fachausstellung " ein bundesweites Treffen von Fachleuten statt, das der Auseinandersetzung mit der neuen Publikationstechnik galt.

Was ist " DeskTop Publishing "? Und was geht es denjenigen an, der mit der Text- und Dokumentenerstellung im Büro befaßt ist. Die technische Grundlage bilden neuartige Laserdrucker, die auf Basis des Xerografieverfahrens von Canon und Xerox entwickelt wurden. Sie machen es in Kombination mit speziellen "Page-Makeup-Language " möglich, Texte auf Bürocomputern typografisch zu gestalten, mit Grafiken zu bereichern und in Auflagen bis zu 2000 Stück kostengünstig und beinahe in Fotosatzqualität direkt auf dem Laserdrucker auszugeben.

Die bislang am weitesten verbreitete Anlage dieses Typs ist der Apple Macintosh und Macintosh Plus in Verbindung mit dem LaserWriter und Programmen wie MS Word, MacWrite, MacPaint, MacDraw, etc. Der Preis einer solchen Anlage liegt unter 20.000,-DM und damit weit unterhalb der Preisgrenze auch kompakter Fotosatzanlage. Auch in Verbindung mit dem weit verbreiteten Personalcomputer IBM-PC läßt sich eine solche Konfiguration zusammenstellen. Und die Firma Xerox bietet inzwischen einen ihrer Netzwerkarbeitsplätze mit grafischer Desktop-Bedieneroberfläche - den Dokumenter - in einer Einzelplatz-Lösung als Assistent an. Aufgrund von Preis und Qualität stellen solche Anlage in bestimmten Anwendungsbereichen durchaus eine Konkurrenz für professionelle Fotosatzsysteme dar. Ein eindeutiger Vorteil ist auch, daß hier die Ausgabe des Satzes direkt mit dem Druck von Kleinauflagen kombiniert wird.

Im erfahrungsgemäß experimentierfreudigen US-Markt ist bereits eine Vielzahl von Satz- und Grafikstudios zu beobachten. Geschätzt wird vor allem die Ausgabe von vielseitiger und raffinierter Businessgrafik mit dem Laserdrucker. Aber auch ganze Zeitschriften werden inzwischen so produziert. Es entwickelt sich hier eine neue Arbeitsweise in der Dokumentenherstellung. Die meisten Firmen oder gar viele Private können heute über einen Personalcomputer verfügen, auf dem die einschlägigen Programme laufen.

Vielleicht nutzt man ihn zunächst nur zur Textverfassung und überläßt Gestaltung und Druck einem Grafik-Studio oder einer Druckerei. Später wäre die Anschaffung eines Gestaltungsprogramms denkbar. Der Druck kann zunächst noch von einem Grafik-Studio übernommen werden, das über einen Laserdrucker verfügt. PostScript sorgt als Page-Makeup-Language für Kompatibilität zwischen Eingabe- und Ausgabeeinheiten, wenngleich Xerox ebenfalls versucht seine eigene Sprache Interpress als Standard im Markt durchzusetzen. Die letzte Phase beim Aufbau eines eigenen Büropublikationsystems kann die Anschaffung eines eigenen Druckers sein. Das ist keine große Investition seit Apple seinen Drucker für ca. 10.000,-DM anbietet. Damit wären dann alle Verarbeitungsstufen bei der Erstellung typografisch ansprechender Werbe- und Informationsschriften auf dem eigenen Schreibtisch untergebracht. - Leider bislang nur in schwarzweiß.

In den USA ist diese Entwicklung in vollem Gange. Schon auf der letzjährigen CEBIT war das Thema breit vertreten. Zwar ging die Entwicklung in Deutschland mit einer gewissen Verzögerung voran, vor allem auch deshalb, weil in Europa traditionell ein viel höherer Qualitätsstandard für Druckschriften gilt, als in den USA. Dennoch ist es nicht zuviel gesagt, daß im Laserdruck das Bürodruckverfahren der Zukunft zu sehen ist. Denn mehr noch als der Büroffsetdruck erlaubt dieses Verfahren die Gestaltung ansprechender Druckschriften auf rationelle Weise. Die EDV integriert Erfassung, Gestaltung und Druck. In Zukunft gilt das sicher auch im Büro und nicht nur in den Betrieben des Grafischen Gewerbes. Inzwischen sind nun auch wichtige Hersteller wie Hewlett-Packard und Olivetti auf den ins Rollen gebrachten Zug aufgesprungen. Man darf gespannt sein, was aus dieser Richtung vermeldet wird.

Abb. 69-7 Rückseite der fertigen Flugschrift um 50% verkleinert

Desktop Publishing und die technisch-wissenschaftliche Dokumentation

Das Erstellen wissenschaftlicher und technischer Dokumente wie Forschungsberichte und Fachbücher wird eines der bevorzugten Anwendungsgebiete des Desktop Publishing sein. Mit allen Komponenten – Text, Graphik, gescannten Bildvorlagen und Layout – wird es in diesem Bereich zum Einsatz kommen. Die technische Zeichnung wurde im vorliegenden Teil bereits angesprochen. Für die Darstellung von Datenwerten kann Software zum Einsatz kommen, mit der Diagramme und Tabellen produziert werden können. Auf

	Mk1	Mk2
10	20	18
12	21	17
14	24	15
16	22	19
18	23	18
20	29	20
22	24	24
24	17	25
26	15	22
28	10	10

Abb. 70 Datentabelle zum Diagramm in Abb 71, erstellt mit dem Softwarepaket Viewpoint auf der Arbeitstation 6085

die verschiedenen Arten zur graphischen Darstellung von Datenmaterial in Diagrammen wurde weiter vorn bereits eingegangen. Vorteilhaft ist es, wenn mit den Programmen zur Erstellung von Diagrammen auch Berechnungen durchgeführt werden können. Zur Anfertigung technischer Zeichnungen stehen im Bereich der MS-DOS-PCs eine Vielzahl professioneller CAD- und Zeichenprogramme zur Verfügung. Auch für den Macintosh ist das Software-angebot in diesem Bereich gut. Die Integration in die Software für den Publikationsbereich ist hier besonders problemlos, da das Macintosh Betriebssystem den Austausch von Daten zwischen verschiedenen Programmen wesentlich begünstig und alle Programme entsprechend geschrieben sind. In beiden Bereichen, sowohl in der PC-Welt als auch in der Macintosh-Welt steht auch Software für die Erstellung von Diagrammen zur Verfügung. Bei wissenschaftlich-technischen Spezialdiagrammen dürfte die MS-DOS-Welt immer noch einen Vorsprung haben. Die Viewpoint Software der Arbeitsstation 6085 von Xerox stellt ein integriertes Softwarepaket dar, das die Bereiche Texterfassung- und Formatierung, geometrisch exaktes und freies Zeichnen sowie Seitenumbruch abdeckt. Es umfaßt komfortable Funktionen für den Aufbau von Tabellen und Diagrammen. Von daher ist es für die technische und wissenschaftliche Dokumentation sehr gut geeignet.

In den Bereichen Wissenschaft und Technik stellen Formeln ein wesentliches Element dar. Ein großer Teil der wissenschaftlichen und technischen Aussagen kann nur mit der Formel exakt dargestellt werden. Wo ein wissenschaflicher Beweis, eine technische Berechnung oder das Ergebnis einer chemischen Analyse dokumentiert werden soll, muß es möglich sein Formeln und Gleichungen zur Darstellung zu bringen.

Im Formelsatz haben wir im wesentlichen mathematische Gleichungen, Sätze der Aussagenlogik und chemische Strukturformeln zu unterscheiden. Der Formelsatz stellt besondere Anforderungen an ein Satzsystem. Als erste Voraussetzung muß der entsprechende Zeichensatz zum Aufbau der Formeln vorhanden sein. Für mathematische Texte benötigt man einen mathematischen und logischen Zeichensatz, darüberhinaus wird hier das griechische Alphabet benötigt. Zum Aufbau chemischer Strukturformeln benötigt man einen chemischen Zeichensatz, aus dem sich die Strukturformeln zusammensetzen lassen. Nicht alle Systeme genügen dieser ersten Anforderung. In der MS-DOS-Welt kommt es auf das spezielle Anwendungsprogramm an. Beispielsweise

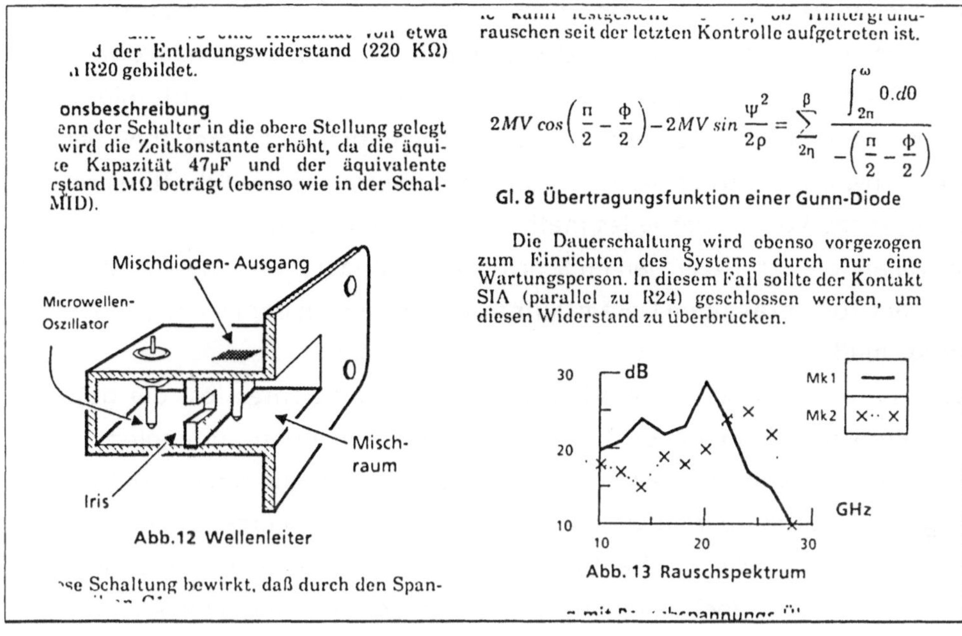

$$2MV\cos\left(\frac{\pi}{2}-\frac{\phi}{2}\right)-2MV\sin\frac{\psi^2}{2\rho}=\sum_{2\eta}^{\beta}\frac{\int_{2n}^{\omega}0.d0}{-\left(\frac{\pi}{2}-\frac{\phi}{2}\right)}$$

Abb. 71 Auszug aus einer technischen Dokumentation, erstellt mit dem Softwarepaket
Viewpoint auf der Arbeitsstation 6085 von Rank Xerox

bietet die Firma Midas eine Publikationssoftware an, die auch den Anforderungen des wissenschaftlichen Satzes genügen will. Das Programm Scientex Publisher verfügt über einen mathematischen, logischen und griechischen Zeichensatz. Zeichen zum Aufbau chemischer Formeln sind noch nicht implementiert. Chemische Formeln können aber mit dem älteren und bekannten wissenschaftlichen Textverarbeitungsprogramm Scientex der gleichen Firma erstellt werden. Eine Ausgabe über Laserdrucker ist auch hier möglich. Allerdings steht eine geringere Schriftenanzahl zur Verfügung. Der Apple Macintosh bietet bereits in der Grundausstattung einen Zeichensatz für die Darstellung mathematischer Formeln. Vorbildlich ist in diesem Bereich die Xerox Arbeitsstation. Mit der Technik der virtuellen Tastaturen bietet sie die Möglichkeit, Zeichensätze für nahezu jeden Bedarf zu verwalten und schnell zu aktivieren. Hier stehen auch Zeichensätze mit mathematischen und logischen Zeichen zur Verfügung.

Damit ein System zur Darstellung mathematischer und chemischer Formeln geeignet ist, muß eine weitere wesentliche Bedingung erfüllt sein. Mathematische und chemische Formeln verfügen im Vergleich zu jeder anderen Form des Textsatzes über eine weitaus kompliziertere Struktur. Sie bauen sich aus einer Vielzahl von Zeichen unterschiedlicher Größe und Positionierung auf. Geht man einmal davon aus, das jedes Zeichen innerhalb einer Formel mit seinem Zeichenfuß wie andere Schriftzeichen auch auf einer Schriftlinie steht, so zählt man innerhalb einer normalen mathematischen Formel ohne besonderen Schwierigkeitsgrad leicht 20 und mehr verschiedene Schriftlinienpositionen. Hinzu kommt das jedes mathematische und chemische Zeichen nicht nur wie andere Schriftzeichen im Schriftgrad verändert werden muß, sondern in seiner Größe exakt dem Gesamtaufbau der Formel, in der es steht angepaßt werden muß.

Das wissenschaftliche Textverarbeitungsprogramm Scientex löst die geschilderte Problematik so: Jedes Zeichen wird aus einzelnen Linienelementen aufgebaut, so kann beispielsweise ein Wurzelzeichen aus einzelnen Elementen genau so groß über einem darunterstehenden Bruch erzeugt werden wie es benötigt wird. Scientex baut die Formeln innerhalb eines Formelrahmens auf und arbeitet dabei zeilenorientiert. Der geringstmögliche Abstand in vertikaler Richtung beträgt 1/3 Zeile. Da innerhalb jeder Zeile noch einmal hoch- oder tiefgestellt werden kann, beträgt der kleinste zu erreichende Abstand in der Vertikalen 1/6 Zeile. Zur Eingabe von Zeichenelementen können innerhalb des Formelrahmens im Unterschied zur normalen Textverarbeitung mit dem Cursor in beliebiger Reihenfolge beliege Positionen angesteuert werden. Diese Funktion erlaubt es im Überschreibmodus Formeln in beliebiger Reihenfolge aufzubauen, ohne das einmal gesetzte Elemente ihre Position verändern. Außerdem steht ein Einfügemodus zur Verfügung. So ergibt sich eine äußerst komfortable Arbeitsweise, die sich stark an den handschriftlichen Formelaufbau anlehnt. Einziger wesentlicher Unterschied ist der Aufbau der Zeichen aus Elementen, abgesehen natürlich von den positiven Möglichkeiten der elektronischen Textverarbeitung, z. B. das Geschriebene beliebig zu verändern und zu erweitern. Das Programm hebt sich im Bedienungskomfort vom Formelsatz mit befehlsorientierten Satzsystemen erheblich ab. Auf dem Bildschirm wird alles genauso sichtbar, wie es im Ausdruck erscheint. Jede beliebige Schreibposition wird mit dem Cursor angesteuert.

Alles kann in der Größe gesetzt werden, in der es benötigt wird. Eine chemische Strukturformel, eines Benzolringes beispielsweise, wird in ihrer Größe verändert indem die Striche aus unterschiedlich vielen Elementen

aufgebaut werden. Daneben können die Zeichen für die chemischen
Elemente aus unterschiedlichen Schriftgraden gesetz werden. (Siehe Abb.73).
Die Publikationssoftware Scientex Publisher baut mathematische Zeichen
nicht aus Elementen auf, sondern behandelt sie wie normale Textzeichen.
Scientex Publisher erlaubt eine Positionierung in Abständen von 1/10 Punkt
und den Aufbau von Text- und Befehlsmakros. An jeder beliebigen Stelle
innerhalb der Zeile können Zeichen in beliebiger Höhe positioniert werden.
Durch einen Zähler wird der Abstand von der Schriftlinie angezeigt.

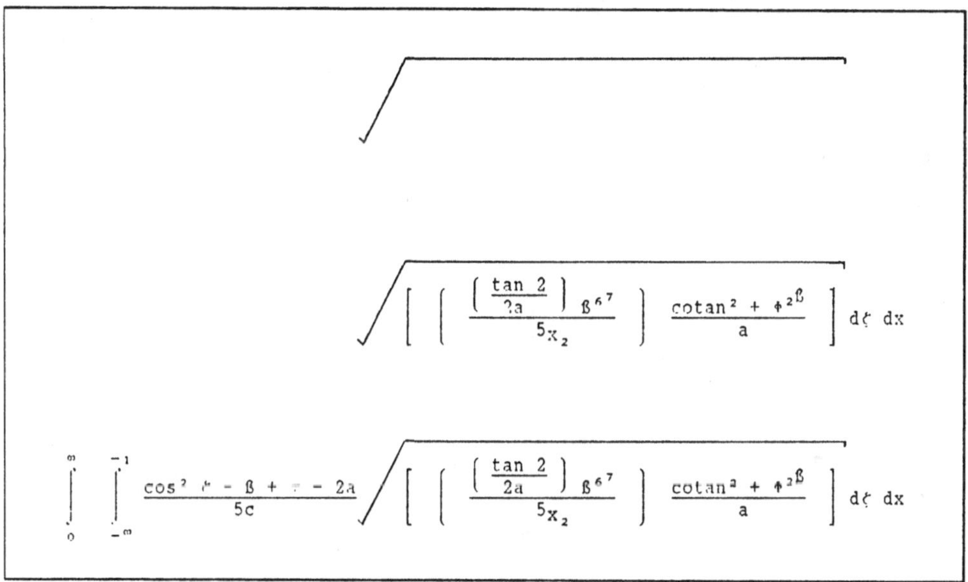

Abb. 72 Aufbau einer mathematischen Formel mit Scientex

Auch bei der Viewpoint Software werden mathematische und logische Zeichen wie normale Textzeichen behandelt. Die Verfügung über eine Vielzahl
von Zeichensätzen über virtuelle Tastaturen innerhalb dieser Software wurde
bereits erwähnt. Die Positionierung erfolgt über die Einstellung des Zeilenabstandes, der in Abständen von 1/10 Punkt variiert werden kann.

Desktop Publishing und fremdsprachlicher Satz

Wesentliche Bedingung des fremdsprachlichen Satzes ist die Verfügung über die entsprechenden fremdsprachlichen Zeichensätze. Hierin gleicht der Fremdsprachensatz dem Formelsatz. Zwei Gesichtspunkte sind entscheidend. Die Zeichensätze müssen nicht nur zur Verfügung stehen, sie müssen sich auch komfortabel verwalten lassen. Letzteres gilt insbesondere, wenn mit unterschiedlichen Fremdsprachen gearbeitet wird. Fremdsprachlicher Satz fällt außer im kaufmännischen Bereich in Übersetzungsbüros und im Bereich der

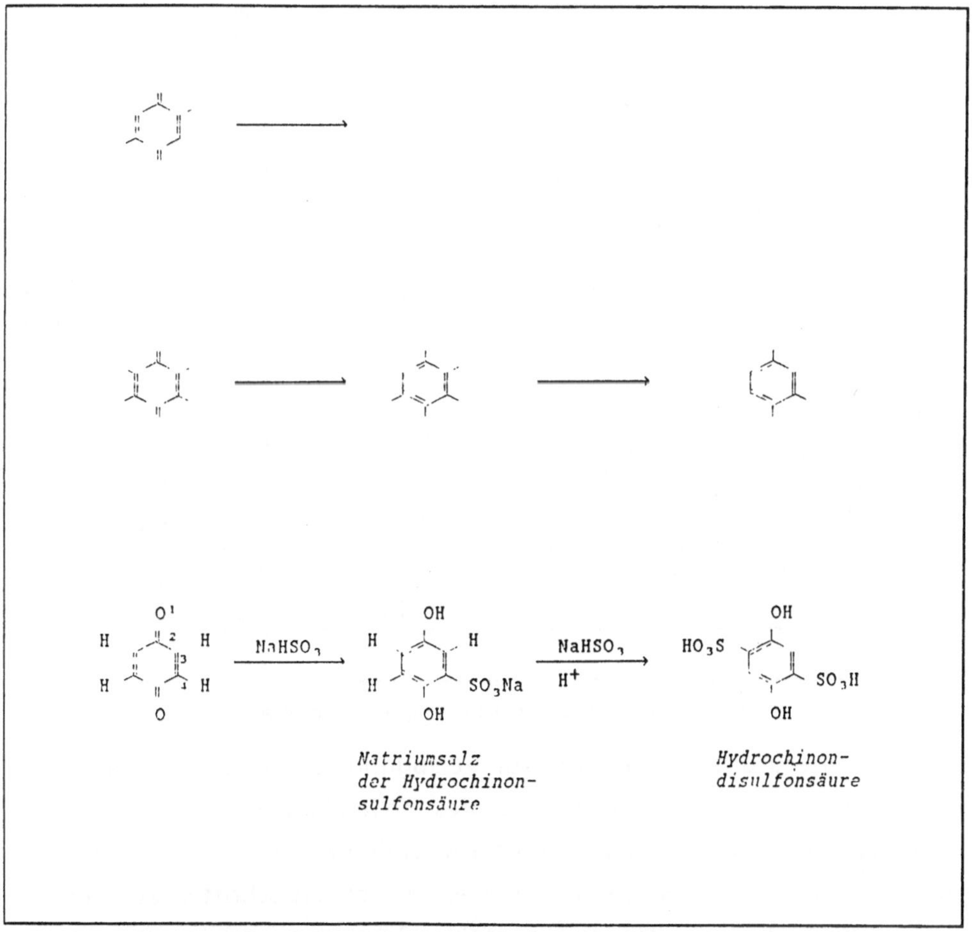

Abb. 73 Aufbau einer chemischen Strukturformel mit Scientex

Sprachwissenschaften an. In letzterem ist er Bestandteil der wissenschaftlichen Dokumentation. Für die Anforderungen aller drei Bereiche ist das Publizieren mit dem Personalcomputer eine interessante Alternative, da dieses Arbeitsmittel, wo nicht ohnehin schon vorhanden, noch eine Vielzahl anderer Arbeiten effektivieren kann (Texterfassung, Literaturdokumentation etc.). Fremdsprachliche Zeichensätze stehen im Bereich des PC-Satzes erst bedingt zur Verfügung. Ähnliches gilt übrigens auch für eine Vielzahl von Sonderzeichen für alle möglichen Einsatzbereiche, wie sie auf professionellen Satzsy-

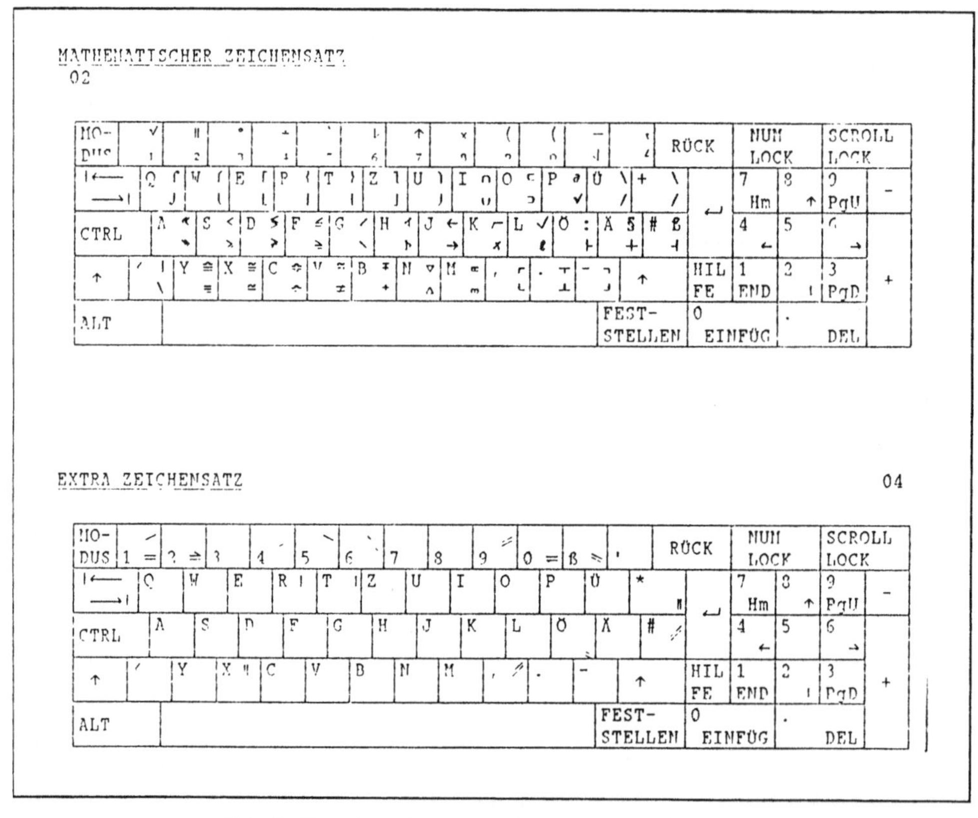

Abb. 74 Tastaturbelegungen des Programms Scientex

stemen in nahezu unendlicher Zahl zur Verfügung stehen. Bei den Sonderzeichen geht die Entwicklung auch im professinellen Satz immer mehr dahin, sie über Scanner einzulesen und in entsprechenden Bibliotheken abzulegen. Fremdsprachliche Zeichensätze aber müssen als Fotosatzschriften zur Verfügung zu stehen, um ein ästhetisch akzeptables Resultat zu erzielen. Das schon erwähnte Programm Scientex Publisher bietet einen griechischen und einen kyrillischen Zeichensatz.

Innerhalb des fremdsprachlichen Satzes oder der fremdsprachlichen Textverarbeitung bietet die weitaus besten Leistungen im Rahmen der hier behandelten Systeme die Viewpoint Software. Für fremdsprachliche Publikationen stehen folgende Tastaturen zur Verfügung: Englisch, Deutsch, Europäisch, Franko-Kanadisch, Griechisch, Japanisch (verschiedene), Chinesisch (verschiedene), Italienisch, Spanisch und Bürosonderzeichen. Der Komfort bei der Anwendung der fremdsprachlichen Zeichensätze übertrifft den von vielen Satzsystemen gewohnten Standard. Auf Knopfdruck können die verschiedenen Tastaturbelegungen in einem Auswahlmenü aktiviert werden. Die jeweilige Tastaturbelegung kann in einem Fenster angezeigt werden. Auf die gleiche Weise lassen sich hier auch mathematisch-logische Zeichensätze sowie Tastaturbelegungen für verschiedene Computeremulationen aktivieren. Der Vergleich mit Satzsystemen soll nicht den Eindruck erwecken, das es sich bei der Viewpoint Software um eine Software für den anspruchsvollen Fremdsprachensatz handelt. Hierzu fehlen viele typographische Möglichkeiten. Auch ist die Anzahl der Schriftschnitte eingeschränkt. Die Verwaltung der Tastaturbelegungen ist aber bei diesem System so vorbildlich, daß jeder Setzer, der mit vielen verschiedenen Zeichensätzen arbeiten muß, sie sich wünschen würde. Man kann nur hoffen, daß Xerox bald mit einem zusätzlichen Softwaremodul für typographische Anwendungen herauskommt.

Elektronische Bildverarbeitung auf dem Schreibtisch?

Bei der elektronischen Bildverarbeitung werden Bilder entweder mittels Scannern von in der Regel fotographischen Vorlagen oder mittels Videokamera von zweidimensionalen oder dreidimensionalen Vorlagen und Objekten aufgezeichnet. Die Bilder werden in Pixeldaten umgesetzt, elektronisch gerastert und gespeichert. Sie können anschließend am Bildschirm auf elektronischem Wege reprographisch überarbeitet werden. Der Kontrast kann über das ganze Bild oder in einzelne Partien verändert werden. Bei Farbsystemen können auch die Farben manipuliert werden. Jegliche Art von Retusche kann durchgeführt werden. Die Möglichkeiten, eine Aufnahme zu manipulieren gehen über die traditionellen foto-chemischen weit hinaus. Sogar in den Verlagshäusern, die sich mit der Herstellung von Tageszeitungen beschäftigen, gehört diese elektronische Verarbeitung von Bildern zu den fortschrittlichsten der eingesetzten Technologien. Sie ist in diesem Bereich durchaus noch kein Standard. Die elektronische Bildverarbeitung bietet natürlich entscheidende Vorteile vor allem in den Bereichen, wo täglich neue Bilder in einem kurzen Herstellungsprozeß verarbeitet werden müssen. Anbieter von Satzsystemen für die Zeitungsproduktion haben inzwischen Bildverarbeitungssysteme in ihre Produktpalette aufgenommen. Im Bereich der Zeitungsherstellung ist sie im Zusammenhang der umfassenderen Entwicklung hin zur Ganzseitenausgabe kompletter Zeitungsseiten mit dem Fotosatzbelichter zu sehen. Angestrebt wird die Belichtung direkt auf die Druckplatte. Bildverarbeitungssysteme sind zur Zeit noch außerordentlich teuer. In Deutschland beschäftigt sich seit Jahren insbesonder die Siemens-Tochter Hell mit Scannern und elektronischen Bildsystemen.
Man unterscheidet die Bildaufzeichnung mit Videokameras und mit Scannern. In der Regel kommen sogenannte CCD-Scanner zum Einsatz (*CCD = Abkürzung für engl. Charge Coupled Device*). Je nach Arbeitsweise spricht man von Flachbett- und Trommelscannern. Bei Flachbettscannern wird das Material ähnlich wie bei einem Fotokopierer eingelegt. Sie erlauben die Arbeit mit nahezu beliebigen Vorlagen. Trommelscanner ziehen die Vorlage ein und spannen sie über eine Trommel. Sie benötigen daher flexible Vorlagen.

Für den Bereich des Desktop Publishing stehen preisgünstige Flachbettscanner
für kleinere Bildformate (ca. A4) zur Verfügung. Solche Geräte werden beispielsweise von den Firmen Microtek und Agfa angeboten. Die Auflösung
liegt bei 200 bis 400 Punkten pro Zoll. Mit solchen Geräten lassen sich selbstverständlich keine hervorragenden Bildqualitäten erreichen. Es sind jedoch
Anwendungen denkbar, in denen Illustrationen, die mit diesen Geräten
eingelesen wurden, eine gewisse Bedeutung zukommt. Dies wird überall dort
der Fall sein, wo zu geringen Kosten aktuelle Illustrationen benötigt werden,
ohne daß es auf eine hervorragende Bildqualität ankommt.

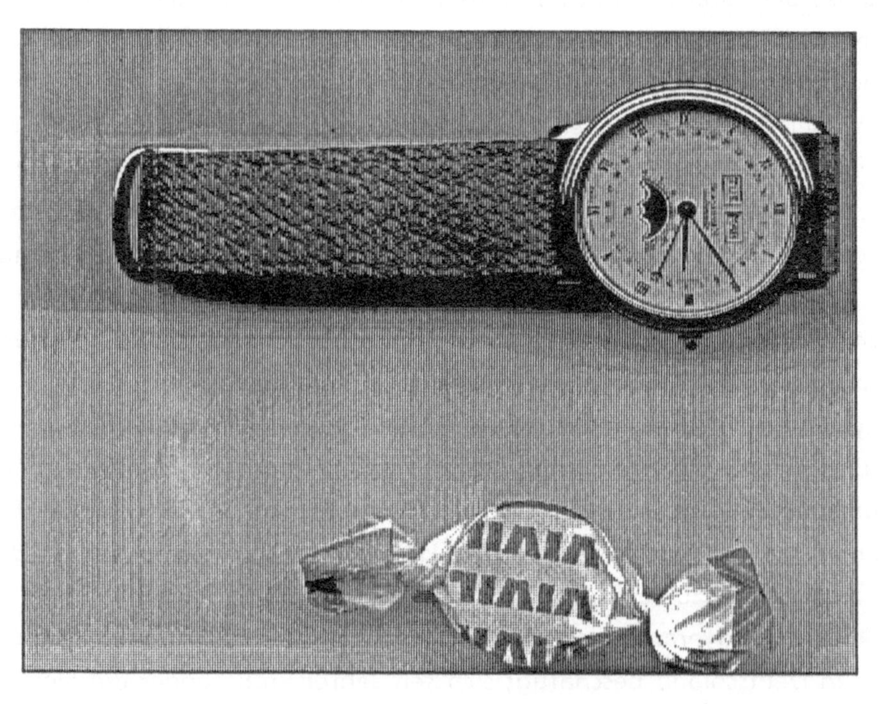

Abb. 75 Dieses Bild wurde mir einem Scanner erzeugt und über Laserdrucker ausgegeben

Die vielversprechendsten Anwendungen solcher Systeme ergeben sich sicher,
wenn man sie in Zusammenhang mit den graphischen Möglichkeiten des
Desktop Publishing sieht. Die mit Scannern erstellen Bilddateien können in
den weiter vorne beschriebenen Graphikprogrammen bis auf Pixelebene
bearbeitet werden. Natürlich kann man die Möglichkeiten der Bildmani-
pulation nicht mit denen großer, professioneller Bildsysteme vergleichen. Die

Bilder lassen sich anschließend wie Graphiken in Layoutprogramme übertragen. In einer Kombination von Bildverarbeitungssystemen mit Graphiksoftware ergeben sich viele interessante Möglichkeiten. Auf dem Weg über den Scanner können auch Abbildungen eingespielt werden, die vielleicht mit anderen Programmen erstellt wurden und deren Daten nicht direkt eingelesen werden können. Zum anderen können gescante Fotographien als Vorlage für die Erstellung von Graphiken dienen. Hier dürfte es eine Rolle spielen, daß die Anfertigung von Fotographien der schnellste und damit auch kostengünstigste Weg ist, zu Illustrationen zu kommen. Das Problem liegt bei Fotographien in der Weiterverarbeitung. Die elektronische Bildverarbeitung kann diesen Prozeß vereinfachen. Bei der Herstellung von Ersatzteilkatalogen und technischen Dokumentationen könnte die Bildverarbeitung ein breites Anwendungsfeld finden und zur stärkeren Verwendung fotographischer Vorlagen führen.

Anhang

Anhang 1 – Produkte

Betriebssystemerweiterungen

Betriebssystemerweiterungen verändern oder erweitern das Betriebssystem eines Rechners um zusätzliche Funktionen. Es kann sich um Utilities wie Kopierprogramme oder Makroprogramme, um sogenannte Desktop-Features wie Kalender, Uhr oder Taschenrechner oder um komplette graphische Benutzeroberflächen handeln, die die Bedienung eines Systems erleichtern sollen.

<u>Macintosh</u>

Tempo

Zusatzfeatures für programmierte Dateibearbeitung und automatisierte Programmbedienung u. a.: Abspeichern von Kommandofolgen auf Tasten (Makros), Automatisches Auslösen von Funktionen in vordefinierten Zeitintervallen, bedingte Aktionen in Abhängigkeit von bestimmten Strings, Verbindung zwischen Anwendungs-programmen, Weitergabe von zeitsparenden Makros an andere Benutzer, Erstellen von Bedienerführungen für Anwendungs-programme.

Affinity Microsystems, Ltd.

<u>MS-DOS</u>

GEM™ Desktop

Graphische Benutzeroberfläche mit Pull-Down-Menüs und Fenstern zur Darstellung von Text und Graphik. GEM steht für unterschiedliche Rechner unter unterschiedlichen Betriebssystemen zur Verfügung.

Preis: ca. 200,-- DM

Digital Research GmbH

Windows

Graphische Benutzeroberfläche mit Pull-Down-Menüs und Fenstern zur Darstellung von Text und Graphik. Es können mehrere Programme in unterschiedlichen Fenstern gleichzeitig betrieben werden. Als Hardware empfiehlt sich ein AT-kompatibler Rechner

Preis: ca. 500,-- DM

Microsoft GmbH

Bildverarbeitungssysteme

A 2000

Flachbettscanner mit fünf verschiedenen
Auflösungsstufen von 180 bis 400 dpi.
Aufzeichnung einer A4 Seite in 25 Sekunden

Kyocera

AGFA S 200

Flachbettscanner zu Aufzeichnung von
Bildern mit der Sofware AGFA MacScan.
Weiterbearbeitung mit Macintosh Software.

AGFA-GEVAERT AG

Datacopy

Datacopy ist ein Bildverarbeitungssystem
unter MS-DOS, das aus Hard- und Software
besteht. Es erlaubt die Aufzeichung und Bearbeitung von Graphiken und Fotos. Text und
Bild können gemischt werden. Modell 700
arbeitet mit einem Tischscanner. Modell 900
arbeitet mit einer Video-Camera und kann
von daher auch dreidimensionale Vorlagen
verarbeiten.

Preis: 19.800,-- DM für Modell 700,
46.000.-- DM für Modell 900.

Ingenieurbüro Gräbert GmbH

IX-12

Trommelscanner mit einer Auflösung von
300 x 300 dpi. Aufzeichnung einer A4-Seite
bei höchster Auflösung in 12 Sekunden.

Preis: ca. 5.000,-- DM

Canon

MS-200

Scanner zur Aufzeichnung von Bildern mit
einer Auflösung von 300 x 300 dpi. Format
8,5 x 24 Zoll Aufzeichnung einer A4 Seite
in 20 Sekunden.

Microtek Lab. Inc.

ThunderScan

ThunderScan besteht aus Hardware und
Software. Wesentlicher Bestandteil ist ein
Lesekopf, der in den Matrixdrucker
ImageWriter von Apple an Stelle des
Druckkopfes eingesetzt wird. Die Bilder
werden als MacPaint Dateien gespeichert.
Sie können wie Graphiken bearbeitet und auf
400% bis 25% vergrößert und verkleinert
werden.

Preis: ca. 500,-- DM

Thunderware, Inc.

Dateiverwaltung

Dateiverwaltungen und Datenbanken
unterstützen das Sammeln von Informationen, die Darstellung nach zuvor
bestimmten Ordnungsschemata sowie den
Zugriff nach bestimmten Selektionskriterien

<u>Macintosh</u>

Filevision

Visuelle Datenbank. Innerhalb einer
Gesamtansicht können Daten und Detail-
ansichten zu einzelnen Bildteilen durch
Anklicken mit der Maus aufgerufen werden

Preis: ca. 900,-- DM

TELOS Software Products

Habadex

Dateiverwaltung und Terminkalender

Preis: ca. 500,-- DM

Haba Systems Inc.

MacAdress

Adressenverwaltung mit eingebauter
Textverarbeitung für Briefe.

Preis: ca. 450,-- DM

Bense KG

Mainstreet Filer

Einfaches Dateiprogramm.

Preis: ca. 1000,-- DM

Main Street Software

Microsoft File

Verwaltung jeglicher Art von
Informationen, die in selbst zu generierenden
Bildschirmmasken eingetragen werden.
Datenaustausch mit MS-Chart,
MacPaint, MS-Word, MS-Chart, Multiplan ist
möglich.

Preis: ca. 700,-- DM

Microsoft GmbH

Over VUE

Datenverwaltung und Listenerstellung.
Datenerfassung in einem Arbeitsblatt, das
auch mathematische Funktionen einschließt.
Datenaustausch z. B. mit Multiplan und
MacWrite möglich.

Preis: ca. 1.400,-- DM

ProVUE Developement Corporation

pfs:file

Datenbank/Dateiverwaltung zur Verarbeitung
von Informationen aller Art.

pfs:report

Datenaufbereitung in Statistiken, Listen,
Tabellen einschließlich Kalkulation.

Preis:
(für pfs: file und pfs: report) ca. 800,-- DM

Software Publishing Corporation

1st BASE

Leicht zu bedienendes relationales
Datenbanksystem.

Preis: ca. 1.000,-- DM

Desktop Software Corporation

<u>MS-DOS</u>

dBase II

Wohl das populärste relationale
Datenbanksystem. Mit eigener
Programmiersprache zum Aufbau von
professionellen Datenbankanwendungen
Für gängige Spezialanwendungen sind die
entsprechenden Applikationen fertig
erhältlich.

Preis: ca. 1.300,-- DM

Ashton Tate

dBase III Plus

Netzwerkfähiges dBase.

Preis: ca. 2.300,-- DM

Ashton Tate

RBase

Relationales Datenbanksystem.

Preis: 800,-- DM

Microsoft

Graphikssoftware

Unter Graphiksoftware verstehen wir
Programme zur Erstellung aller Arten von
Illustrationen. Diese Programme bieten eine
Vielzahl unterschiedlicher Möglichkeiten. Sie
reichen von technisch-wissenschaftlichen
Spezialanwendungen bis hin zur Erstellung
einfacher geometrischer Zeichnungen.
Spezialanwendungen reichen vom Leiter-
plattendesign bis zur Gestaltung von
Molekülstrukturen.
Wir unterscheiden: Malprogramme,
Zeichenprogramme, CAD-Programme,
Programme für Geschäftsgraphiken.
Zeichenprogramme eignen sich im
Unterschied zu Malprogrammen besser für
exakt bemaßte Zeichnungen, die im wesent-
lichen aus geometrischen Grundformen wie
Kreis, Kurve, Dreieck, Rechteck etc. aufgebaut
werden. Die Zeichenprogramme reichen in
ihrer Ausstattung bis an die Programme für
wissenschaftlich-technische Graphik
(Computer Aided Design) heran.
Malprogramme eignen sich besser als
Zeichenprogramme für das freie Gestalten
von Abbildungen. Sie erlauben es zum
Beispiel Flächen nahezu mit beliebigen
Färbungen zu versehen. Die Graphik von
Malprogrammen ist meist pixelorientiert,
während jene in Zeichenprogrammen
vektororientiert ist.

Macintosh

ArchiCAD

Graphikprogramm für Anwendungen in der
Architektur.

Preis: ca. 20.000,-- DM

SSG Software Services

Click Art

"Ausschneide"-Graphik für den Macintosh

T/Maker

Cricket Draw

Sehr schönes Programm für Graphik-Design-
Anwendungen. Exakte
Linienwiederholungen, Schattierungen,
Rasterverläufe, vielseitige
Schriftgestaltungen.

Preis: ca. 1.000,--

Systematics

Cricket Graph

Geschäfts-Graphik-Programm
mit Farbe für LaserWriter II

Preis: ca. 700,-- DM

Systematics

da Vinci:
-Buildings
-Commerziell
-Interiors
-Landscapes
-Städteplanung

Vorbereitete Graphikelemente für die
unterschiedlichen Anwendungsgebiete zum
"Ausschneiden" und Einsetzen in Macintosh
Graphiken.

Preis: zwischen 200,-- und 400,-- DM
            (je Themenpaket)

ABC-Trading

Mac Flow

Erstellung von Ablaufdiagrammen.

Preis: ca. 300,-- DM

Mainstay

Mac Modell

Sehr vielseitiges Zeichenprogrramm u. a. zur
Erzeugung von 3D-Graphik und bewegten
Bildsequenzen mit dem integrierten Modul
MacMotion, sechs mögliche Ansichten jedes
3D-Objektes etc.

L&G Software

MacDraft

Zeichenprogramm, das in seinen
Möglichkeiten über MacDraw hinausgeht. Es
können beim Zeichnen Maßangaben
eingeblendet werden. Exakteres Arbeiten
durch Zoomfunktion, zusätzliche
Gestaltungsmöglichkeiten. Ein Programm, das
an CAD-Anwendungen heranreicht.

Preis: ca. 1.000,-- DM

Innovative Data Design, Inc.

MacDraw

Das Zeichenprogramm des Apple Macintosh.

Preis: ca. 500,-- DM

Apple Computer

Mac Paint

Das Malprogramm für den Macintosh.

Preis: ca. 400,-- DM

Apple Computer

MAXCAD

CAD-Programm zum Erstellen
dreidimensionaler Konstruktionszeichnungen
mit dem Macintosh.

p1

MS-Chart

Erstellung von Präsentationen mit Text,
Graphik und Rahmen.

Preis: ca. 600,-- DM

Microsoft

Soft Palette:
-Borders
-Clip Art
-Fonts

"Ausschneide"-Graphik zum Einsetzen in
Graphikanwendungen.

Preis: jeweils ca. 200,-- DM

Markt&Technik Software Verlag

MS-DOS

Autocad

CAD-Programm für das erstellen technischer
Zeichnungen auf dem PC. Es sind
Zusatzmodule für Architektur und
Leiterplattenlayout verfügbar.

Preis: Je nach Ausbau 1.300,-- bis 11.300,--DM

Autodesk

Dr. Halo

Zeichenprogramm mit Bibliotheksfunktion
für die Ablage vorgefertigter Symbole, die
immer wieder aufgerufen werden könne.
Über das Zusatzprogramm GRAP können
Bildschirmkopien aus anderen Programmen
wie (Lotus 1-2-3, AutoCAD, SuperCalc) erstellt
und in DR. HALO weiterverarbeitet werden.
Mit SHOW können selbstablaufende
Bildsequenzen programmiert werden.
Ausgabe über Epson- oder IBM-Drucker.

Preis: 520,-- DM

Markt & Technik

EASYMAP

Programm zur Aufbereitung regional
differenzierter Daten. Erzeugt Karten
nationaler und regionaler Art Ausgabe über
Plotter.

Preis: 8.900,-- DM

Lulum + Tappert

EDTZ-Kartengenerator

Der Kartengenerator erlaubt es, eigene GEM-
GRAPH-Karten zur kartographischen
Darstellung regionaler Daten zu erzeugen.
Der Kartengenerator läuft unter der
Betriebssystemerweiterung GEM-Desktop.

Preis: ca. 350,-- DM

EDTZ, Ottobrunn

GEM-Draw

Malprogramm unter GEM-
Benutzeroberfläche. von daher
Datenaustausch mit anderen GEM-
Applikationen. Ausgabe über Matrixdrucker.

Polaroid Palette, Laserdrucker, u. a. PostScript-
Drucker.

Digital Research

GEM Draw Business Library

Vorbereitete Rahmen, Ablaufdiagramme und
elektrische Symbole für Geschäftsgraphiken.
Weiterverarbeitung mit GEM-Draw.

Digital Research

GEM-Graph

Geschäftsgraphiken nach Datentabellen Zu
GEM Graph gehören Karten der USA und der
Bundesrepublik, die die Darstellung
regionaler Parameter erlauben. Eine
Rahmenbibliothek steht zur Verfügung.

Preis: ca. 800,-- DM

Digital Research

IBM-PC-Graphing Assistant

Voraussetzung IBM-Graphikkarte.
Graphische Darstellung von Zahlenwerten in
Balken-, Kreis- und Kurvendiagrammen für
Berichte, Briefe und Präsentationen.
Datenaustausch mit IBM PC Writing Assistant
und IBM PC Filing Assistant. Auch Dateien im
DIF- und SYLK-Format können verarbeitet
werden.

Preis: ca. 500,-- DM

IBM

IBM PC Drawing Assistant

Voraussetzung IBM-Graphikkarte.
Erstellung von Zeichnungen und
Präsentationen. Datenaustausch
mit den anderen Programmen der Assistant-
Serie.

Preis: ca. 500,-- DM

IBM

MS-Chart

Vielseitiges Programm für alle Arten von
Geschäftsgraphiken und Statistiken

Preis: ca. 1.000,-- DM

Microsoft

MS-Paintbrush

Malprogramm mit Bit-Mapped-Fonts für
Textgestaltung. Ausgabe über Matrixdrucker,
HP-Laserjet und Polaroid Palette.

Microsoft

MS-Windows Paint

Malprogramm unter Windows-
Benutzeroberfläche für freie Darstellung und
Ausfüllen von Flächen. Austausch von Text
und Graphik mit Windows Write und anderen
Windowsapplikationen. Auch Farbgraphik.
Ausgabe über eine Vielzahl von Matrix und
Laserdruckern, u.a. über PostScript

Preis: ca. 200,-- DM

Microsoft

Multigraf Business

Kreis-, Kurven-, Balkendiagramme. Je acht
verschiedene Kurven und Balken, vielseitige
Skalierung der Achsen, vielseitige
Beschriftung, Schnittstellen zu dBase, Lotus
und Multiplan.

Preis: ca. 800,-- DM

MIDAS

Multigraf Scientific

Wissenschaftliches Graphikprogramm zur
Darstellung wissenschaftlichen
Datenmaterials in graphischer Form. Auch für
kommerzielle Anwendungen geeignet
Rechteck- Torten- und Polardiagramme
Rechnen mit Wertereihen und Ermittlung
statistischer Kenngrößen. Schnittstellen zu
Dateien im SYLK- oder DIF-Format.

MIDAS

PC-Draft

Technisches Zeichen für Maschinenbau,
Elektrotechnik und Architektur, mit
Texteditor, normgerechter Bemaßung und
Zusatzmodul für CNC-Programmierung.

Preis: 6.900,-- DM

rhv Softwaretechnik GmbH

PC Paint

Zeichenprogramm für dreidimmensionale und
geometrische Objekte sowie Schaltpläne.
Über eine Zusatzfunktion können Bildschirme
aus anderen Programmen übernommen und
weiterverarbeitet werden.

Preis: 790,-- DM

Laserdrucker

Angaben	ABC Professional Printer	Agfa P 400 (LED-Drucker)	Apple LaserWriter
CPU	MC 68000	Z80	MC 68000/12
Speicher-kapazität	2,0 MB RAM 0,5 MB ROM	ab 128 KB bis 4 MB RAM	1,5 MB RAM
Schnittstellen	RS 232, RS 422, A Apple Talk	RS 323 C	Apple Talk, V.24
Übertragungs-sprache	PostScript	k. A.	PostScript
Emulationen	Diablo	k. A.	Diablo 630 (Subset)
Kopien pro Minute (A4)	bis 8	18	8
Format	A4, 8,5"x11/14", manuell bis A6	A4, Letter, Quarto	A4 und B5 manuell
Papier-zuführung	Kassette à 200 Blatt	automatisch 2000 Blatt	Kassette, max. 100 Blatt
Auflösung in dpi	300 × 300	406 × 406	300 x 300
Seiten pro Tonerkassette	3.000	10.000	3.500
Graphik-fähigkeit	ja	je nach Speicherausbau	ja
Schriften	16	5	5
Preis der Toner-kassette ca. DM	300,--	k. A.	390,--
Preis ca. in DM	17.000,--	52.000,--	20.000,--
Hersteller/ Vertrieb	ABC Trading GmbH	Agfa Gaevert Bürosysteme	Apple Computer Inc.

Cordata LP 300	Genicom 5010	Hewlett Packard LaserJet Plus	Imagen 2308 ImageServer XP
8088/80286	80186 Preproc. VLSI	MC 68000	4 x MC 68000
64 KB	1,3 MB	512 KB	2 MB Standard
eigene intelligente Adapterkarte	RS 232, Centronics	RS 232/422, parallel,Centronics	RS 232 C
keine	PCL	HP PCL, DDL	imPRESS
Epson	Diablo, HP LaserJet	keine	Diablo, Epson, IBM, Tektronix
8	10	8	8
A4 und kleiner	A4, manuell bis A6	A4,B5,US Letter	A4, B5, manuell A4 bis A6
100 Blatt	2 Kassetten 200 und 50 Blatt	Kassette, 100 Blatt	Kassette, 100 Blatt
200 x 300	300 x 300	300 x 300	300 x 300
3000 bis 5000	5000	3000	3000
ca. 98% einer DIN-A4-Seite	ja	1/2 (300 dpi) bis 1/1 (150 dpi) Seite	voll graphikfähig
40	20	2	16
325,--	160,-- bis 500,--	260,--	Wartungsvertrag
11.900,--	11.000,--	11.850,--	29.200,--
Corona Data Systems	Genicom	Hewlett Packard	Imagen Corp./ Canon

Kyocera F-1010	Linotype Laser Printer 8/4	QMS Laser-Grafix 800	QMS PS 800
MC 68000	MC 68.000	MC 68000	MC 68000
1 MB	RAM 2,0 MB ROM 0,5 MB	RAM 1,8 MB, ROM 1 MB	RAM 2,0 MB, ROM 0,5 MB
parallel und seriell	RS 232/422, Apple Talk	RS 232, Centro- nics, IBM 3270	RS 232, RS 422, Apple Talk
Prescribe	PostScript	QUIC	PostScript
HP LaserJet, Diablo, NEC	Diablo	Diablo, Qume, Tektronix	Diablo
10	8	8	8
von B5 bis A4	A4, manuell A4 bis A6	A4, manuell A4 bis A6	A4, manuell A4 bis A6
250 Blatt	Kassette, 200 Blatt	Kassette, 200 Blatt	Kassette, 200 Blatt
300 x 300	300 x 300	300 x 300	300 x 300
3000	3000	3000	3000
ja	voll graphikfahig	voll graphikfähig	voll graphikfähig
64	16	16	16
k. A.	k. A.	k. A.	k. A.
10.000,--	22.400,--	ab 28.000,--	19.600,--
Kyocera	QMS/Canon/ Linotype	Quality Micro Systems	Quality Micro Systems

QMS SmartWriter	Sperry 37	Wenger 26/1	Xerox 4045
MC 68000	MC 68000	MC 68000/8 MHz	Intel 80186
384 KB	1 MB	3 MB	512 KB
RS 232, Centronics	RS 232, Centronics	RS 232, Apple Talk, Centronics	V. 24, Centronics, Dataproducts
ANSI X3.64	Express	k. A.	–
Epson, Diablo, Qume	HP LaserJet, NEC, Diablo	Daisywheel	Diablo 630
8	10	26	10
A4, manuell A4 bis A6	A4, B5	A3 und A4	DIN A4
Kassette, 200 Blatt	Kassette, 250 Blatt	2 Kassetten, max. 2000 Blatt	1 x 250 Blatt
300 x 300	300 x 300	300 x 300	300 x 300
3000	ca. 3000	6000	k. A.
voll graphikfähig	ja	ganze Seite	150 x 150 dpi
7	bis zu 32	13	128
k. A.	k. A.	75,--	k, A.
11.500,--	12.000,--	40.700,--	18.200,--
Quality Micro Systems	Sperry	Dataproducts	Xerox Corp.

Layoutprogramme

Layoutprogramme unterstützen die
Erstellung von Layouts für Zeitschriften,
Bücher, etc. ebenso wie das Einfügen von Text
und Bild, also Umbruch und Seitenmontage
mit Plazierung von Text und Bild.

Macintosh

Mac Publisher II

Layoutprogramm für bis zu 96 Seiten in einer
Datei, mit eigener kompletter Textverarbeitung, 20 verschiedenen Layoutformaten und
der Möglichkeit des automatischen (für 35
Buchstabenpaare) und des manuellen Ker-
nings (Unterschneidung). Arbeitet mit normalen Macintosh TEXT-Dateien und Microsoft
Word-Softhyphens. Fortsetzungsvermerke bei
Seitensprüngen.

Preis: ca. 600,-- DM

Boston Software

PageMaker

Layoutprogramm für mehrspaltige freie Sei-
tenlayouts. Texte und Graphiken aus anderen
Programmen können manuell plaziert wer-
den. Graphik- und Texteditor steht zur Verfü-
gung z. B. mit sehr feiner Haarlinie, wie sonst
selten. Graphiken können eingepaßt werden.
Mausgesteuerte Bedienung über Pull-Down-
Menüs
Hardware:
Maus, PostScript-Laserdrucker oder Ausgabe
über Linotype PostScript RIP und
Laserbelichter.
PageMaker eignet sich vor allem für sehr
abwechslungsreiche Seitenlayouts.
Erleichterte Formataufrufe durch

Makrofeatures für immer wiederkehrende
Elemente stehen nicht zur Verfügung. Text
und Graphik können in PageMaker oder in
anderen Programme erfaßt und anschließend
plaziert werden. Textprogramme: u. a. Apple
Word, MacWrite. Graphikprogramme: u. a.
MacPaint, MacDraw, MacDraft.
Ansteuerung der verschiedenen Macintosh-
Schriftfonts und Schriftstile in Schriftgrößen
von 4 bis 127 Punkt, Zeilenabstand von Schriftgröße unabhängig definierbar, Untermenge
von Macintosh-Graphikmöglichkeiten, verschiedene Linienarten. Muster zum Auffüllen
von Flächen, Aufteilung der Seite in mehrere
Spalten, Einfügen gescanter Bildvorlagen.
Graphiken können durch Dehnen, Pressen
oder Beschneiden an Layoutvorgaben
angepaßt werden.

Preis: 2.950,-- DM

Aldus Corporation

RagTime

Es handelt sich um ein integriertes Paket für
Textverarbeitung, Layout und Kalkulationen.
Mausgesteuerte Bedienung über
Pull-Down-Menüs.
Hardware:
Maus, PostScript-Laserdrucker oder Ausgabe
über Linotype PostScript RIP und
Laserbelichter
Geeignet für Kalkulationen, Rechnungen,
Angebote, Preislisten, Rundschreiben,
Werbung etc. Es können Textblöcke und Spal-
ten definiert und durch Pipelines verbunden
werden Somit kann der Überlauf von Fließ-
text zwischen verschiedenen Blöcken über
mehrere Seiten hinweg gesteuert werden.
Verschiedene Schriftstilvariationen stehen
auch im Rechenblatt zur Verfügung. Silben-
trennung integriert Seitenzahl unbegrenzt.
Übernahme und Bearbeitung von Graphiken
und gescanten Bildern ist möglich.

Preis: ca. 1.400,-- DM

SYSTEMATICS

Ready Set Go

Ähnliche Features wie Page Maker und Mac
Publisher, aber preiswerter. Text fließt in definierte Blocks beliebigen Formats, daher gut
für sehr unregelmäßige Layouts. Bis zu
32 Seiten.

Preis: ca. 1.500,-- DM

Manhattan Graphics

<u>MS-DOS</u>

Buchmaschine

Satz-Programm mit vielen typographischen
Feinheiten. WYSIWYG-Darstellung und interaktive Mausbedienung. Texte aus anderen
MS-DOS-Programmen können übernommen
werden. Für Befehlsketten können Makros
angelegt werden. Rahmen und Spaltenlinien,
keine Graphik. 3 Zeichensätze. Ausgabe über
PostScript-Laserdrucker, Linotronic 100/300
oder Lasercomp/Monotype.

Preis: 8.500,-- DM

Bookmachine, Profis Ltd.

Buchmaschine

Professionelles WYSIWYG-Satzprogramm, das
in 3 Ausbaustufen angeboten wird. Stufe 1:
Texteingabe und interaktive Formatierung,
bis zu 16 Schriften in Schriftgrößen von 6 bis
50 Punkt in Schritten von 1/2 Punkt,
automatische Silbentrennung.

Stufe 2: Ganzseitenumbruch mit bis zu 4
Spalten, interaktive Layoutgestaltung unter
Einbeziehung von Linien und Abbildungen.
Stufe 3: Belichtertreiber zur Ansteuerung von
Laserbelichtern und anderen
Fotosatzbelichtern mit
Raster Image Prozessor.

Preis des Gesamtpaketes 9.600,-- DM.

Computersatz Heidelberg

Computersatz

Erlaubt das Setzen von Büchern, Dokumenten,
Formularen und Serienbriefen. Ein
Graphikeditor für die Erstellung von Logos ist
Bestandteil des Programms. Besonderheiten:
Liniensatz, Tabellensatz, Datenübernahme.
Vielseitige Schnittstellen, u. a. zu: WordStar,
PC-Paint Brush, dBase, ASCII-Dateien. Drucker:
HP-LaserJet und LaserJet plus.

Preis: 960,-- DM

s. a. c. software, Karlsruhe
Ueberreuter media, Wien

CText

Mehrplatzfähiges Zeitungssystem. Zusatzprogramme für Anzeigenerfassung, -verkauf
und -abrechnung stehen zur Verfügung.
Ausgabe auf Laserdrucker, Kathodenstrahl-
und Laserbelichtern von Autologic via Page
Image Processor.

Preis je nach Konfiguration, z. B für ein
System mit 3 Olivetti M24, zwei M 19 und
Fileserver M28
90.000,-- DM

CText Inc

Gutenberg (Fontrix)

Programm für Satz, Layout und Graphik mit
vielen verfügbaren Schriften und Sonderzeichen, auch ausgefallener Fremdsprachen.
Textübernahme aus ASCII-Dateien. Graphiken
aus vielen Programmen auch von Scannern.
Ausgabe über HP-Laserjet oder kompatible.

Preis: 598,-- DM

Data Transforms

Harvard Professional Publisher

Vereinfachte Version des Programms
Superpage 2.0 von Bestinfo.

Bestinfo und Software Publishing Corp.

i.O.
input text, output typesetting

Läuft auch unter GEM auf Atari und unter
Unix. Textsatzprogramm mit Darstellungs-
modus, der eine Grotesk- und eine Antiqua-
Schrift unterscheidet. Vorzugsweise für den
Arbeitsplatz des Autors, Redakteurs oder Her-
stellers. Auch als Alternative zu Satzterminals.
ASCII-Textdateien können übernommen wer-
den. Ausgabe über IBM-/Epson-kompatible
Matrixdrucker sowie über PostScript auf
Laserdruckern und Fotosatzbelichtern von
Compugraphik, Dr. Böger und Linotype.

Preis für Grundversion incl. Satzsystemtreiber
2.700,-- DM

Lunter Unternehmensberatung

Maxitext

Netzwerkfähiges Autorensystem für Texterfassung und Zeilenausschluß nach Fotosatz-
schriftdickten mit automatischer Silbentren

nung. Ausgabe über Matrixdrucker, die das
Laden des Zeichensatzes vom PC zulassen, Laserdrucker HP-Laserjet und kompatible, Satzsysteme und Fotosatzbelichter. Rechtschreibprüfung als Zusatzprogramm verfügbar.

Preis: 3000,-- DM

Isys Graphische Maschinen AG

MaxxPlus 3.1

Textsatzprogramm mit Darstellungsmodus zur
Gestaltungskontrolle mit stilisierten Bild-
schirmschriften. Elaborierte Typographie mit
Ansteuerung über Befehle. Tabellensatz,
Linien, Rahmen, Negativsatz, elektronische
Schriftmodifikationen, softwaregesteuerter
Ganzseitenaufbau. Komfortabler Texteditor,
Makrotasten. Übernahme von ASCII-Text-
dateien. Ausgabe über Matrixdrucker, AM-
Belichter oder Apple-LaserWriter.

Preis: 12.500 (ohne LaserWriter-Option)

AM International

Mentor

Zeitungssystem mit Softwarepaketen für
Redaktion, Anzeigenannahme - und
Abrechnung, sowie Satzbelichtung. Basis sind
vernetzte Olivetti-PCs. An jedem Platz kann
erfaßt und mit drei Bildschirmschriften
dargestellt werden. Übernahme von Daten
online über serielle Schnittstelle, auch von
Nachrichtenagenturen, oder von einem
Diskettenkonverter.
Ausgabe über Matrix- und Laserdrucker sowie
über Linotype- und Monotype-Satzbelichter
via Chelgraph- oder Linotype-RIP.

GB Techniques Ltd, England Monotype

Multitext AS

Software für Typographie und Layout unter
der Benutzeroberfläche GEM. Soll auch auf
Schneider – und Atari – PC lauffähig sein. Text
in stilisierten Bildschirmschriften, Verarbeitung unterschiedlicher Dicktentabellen für
den Ausschluß, Plazierung von GEM-
Graphiken.

Mulitcom GmbH

Newsline

Zeitungsprogramm zur Erstellung von gleichzeitig fünf verschiedenen Zeitungsausgaben
Umfaßt Redaktion, Umbruch und Anzeigen-
verwaltung und integriert produktionstech-
nische und kaufmännische Abläufe. Soll auch
auf Unix und Xenix-Systemen laufen Eine
Macintosh-Version soll in Vorbereitung sein.
Ausgabe über alle PostScript-Drucker. und
Belichter.

Andreas Poliza

Page Maker

vgl. unter Macintosh
Gegenüber der Version 2.0 für den Macintosh
hat die Version 1.0 für den PC einige Zusatzfeatures, u.a. Unterschneidung von gespei-
cherten Zeichenpaaren nach Angabe des
Benutzers in Punkten, Benutzerangaben für
Wortzwischenraummimimum, –maximum und
–optimum, Absatzformate wie Abstand vor
und hinter dem Absatz, Einzüge, Unterschneidungen und Ausschluß, Silbentrennung
automatisch oder manuell.

Aldus Corporation, USA

Page Planner

Wohl das älteste PC-Satzsystem, das von einer
englischen Zeitschriftensetzerei entwickelt
wurde. Weltweit über 1000mal installiert.
Zwei Betriebsarten: Texterfassung, Satzcodierung und Ausschluß im Textmodus, Umbruch-
und Layoutarbeiten im Graphikmodus. Hier
nur symbolische Textdarstellung. Konvertierungsmodule für eine Vielzahl von Textverarbeitungsprogrammen, auch Übernahme von
Linotype-Cora-kodierten Satzdaten, sowie integriertes Utility zur Erstellung eigener Kon-
vertierungen und DFÜ-Modul. Übernahme
von Dr. Böger-Scantext-Graphiken. Ausgabe
über IBM-kompatible Matrixdrucker, Post-
Script-Drucker, HP-LaserJet und eine Vielzahl
von Fotosatzbelichtern, z. B. der Firmen: AM
International, Compugraphik, Linotype,
Monotype

Preis:
(incl. einem Ausgabegerätetreiber nach Wahl)
18.000,-- DM

HMark, Bonn

Personal Publisher

Textverarbeitungs - und Seitenlayout-Soft-
ware mit der Möglichkeit Texte und Graphiken zu mischen und Seiten automatisch zu
umbrechen. Keine automatischen Kolumnentitel, aber ausgezeichnete Fähigkeiten Text
und Graphik zu mischen. So kann die Schriftlinie jeder Zeile manuell vertikal verschoben,
verkürzt und verlängert werden. Das Programm verarbeitet Dateien aus vielen verschiedenen Graphikprogrammen Es können
sogar Macintosh-Graphiken verarbeitet werden, die im PIC-Format vorliegen, z.B. aus
MacPaint
Ausgabe über LaserWriter oder HP LaserJet.
Fonts beider Drucker werden unterstützt.

Preis: ca. 600,-- DM

T/Maker Graphics, USA
Software Publishing Corp. , USA

PTS-Satzprogramm

Professionelles PC-Satzprogramm von
Compugraphik. Komponente des Personal
Composition System, zu dem auch noch
Konverter und
Kommunikationsvorrichtungen gehören. Im
CG-MCS-System stehen Graphikarbeitsplatz
und Umbruchplatz zur Verfügung. Das
Satzprogramm umfaßt: Texterfassung,
Satzcodierung, Zeilenausschluß,
Silbentrennung, Unterschneidung,
elektronische Schriftmodifikationen,
Negativsatz etc. Belichtung über das MCS-
und Netzwerksystem von Compugraphik oder
direkt auf einen CG-Gelichter. Ausgabe auch
über Matrixdrucker und einen CG-
Laserdrucker.

Preis: ca. 7.500,-- DM

Compugraphic Deutschland GmbH, Langen

ScienTEX-Publisher

ScienTEX-Publisher ist ein Layout- und
Umbruchprogramm mit besonderer
Unterstützung des technisch-
wissenschaftlichen Formelsatzes. So können
Zeilen- und Zeichenabstände bis herunter
zum Bildpunkt frei definiert werden.
Bildschirmdarstellung nach WYSIWYG-
Prinzip. Formatierung: links- und
rechtsbündig, zentriert oder Blocksatz mit
Proportionalschrift, Bemaßung: in Zoll, 1/10-
Zoll, Pica oder Points, Hoch- und Tiefstellen in
Punkt-Einheiten, frei definierbare Tabulation
(links, rechts, Dezimalpunkt), alle
Einstellungen zeichen-, wort-, zeilen-, absatz-,
seiten- oder dokumentweise, Textteile

können bei Seitenumbruch
zusammengehalten werden, Graphik- und
Bildverarbeitung wird unterstützt,
Rechtschreibprüfung, Silbentrennung,
Fußnotenverwaltung vorhanden.

Preis: ab 3.500,-- DM je nach Bildschirm- und
Druckertreiber.

MIDAS

Superpage

Professionelles Zeitschriften-Umbruchsystem
mit zwei Darstellungsmodi – Text und
Gestaltung. Acht verschiedene
Bildschirmschriften. Ansonsten WYSIWYG
Layoutgestaltung, Freischlagen von
Bildflächen. Automatischer Textumbruch mit
Fortsetzungsvermerken. Vermeidung von
Schusterjungen und Hurenkindern. Bei
Textänderungen (wofür ein separates
Textfenster geöffnet werden kann)
automatischer Neuumbruch ab der
Änderungsstelle bis zum Schluß der Datei.
Maximal 999 Seiten in einer Datei. Einfügen
von variablen Zwischenräumen, um die
Spalten auf volle Höhe auszutreiben.
Übernahme von ASCII-Dateien und Graphik-
dateien aus PC-Paintbrush, Dr. Halo, MS-
Windows-Paint und Lotus 1-2-3. Ausgabe über
IBM-kompatible Matrixdrucker, verschiedene
Laserdrucker wie HP, Imagen, QMS, Xerox und
PostScript-Laserdrucker wie LaserWriter.
Datenübergabe an Pentasatzsystem oder CG
MCS und Belichtung über Fotosatzbelichter
von AM International, Autologic,
Compugraphic und Linotype.

Bestinfo
(vgl. auch Harvard Professional Publisher)

T3

Technisch-wissenschaftliche Textverarbeitung
mit vielen verschiedenen Zeichensätzen und
der Möglichkeit Graphiken zu integrieren.
Rechtschreibprüfung als Zusatzmodul.
Datenübernahme von ASCII-Texten,
PostScript-Dateien und GKS-Graphikdateien.
Ausgabe über IBM-kompatible Matrixdrucker,
verschiedene Laserdrucker, z.B. Xerox 4045,
QMS und PostScript-Drucker.

Preis: 2390,-- DM

TCI Software Research Inc., USA

TEXTLINE

Satzprogramm in 3 Modulen.
Modul Satzwerkstatt: Satzprogramm mit
typographischen Maßangaben (mm, Zoll,
Pica, Cicero), vollautomatische
Silbentrennung mit Ausnahmelexikon, vom
Benutzer erstellbare Makrobefehle für die
Textauszeichnung und -formatierung,
Schriftartenanwahl über Satzbefehle, Suche-
Ersetze-Funktion, Fenstertechnik.
Modul Graphikwerkstatt: Übernahme von
PC-Paintbrush-Graphik und digitalisierten
Bildern.
Modul Layoutwerkstatt: Layout und Umbruch
mit Satzfeldern, Graphikelementen, Linien,
Rahmen, Fließtext. Linienstärken frei zu
definieren, nachträgliches Editieren möglich.
Ausgabe über IBM-kompatible Matrixdrucker,
Laserdrucker wie HP, Kyocera, Xerox 4045,
LED-Drucker Olympia Elsa und Fotosatz-
belichter von Linotype und Monotype. Der
Hersteller CCS ist Kooperationspartner von
Monotype.

Preis: Komplettpaket 13.500,-- DM,
Einzelmodule Satz-, Graphik- und
Layoutwerkstatt 6.000,--, 1.500,-- und
6.000,-- DM

CCS Compact Computer Systeme

Typeset / Preview-System

Texterfassungs- und Umbruchsystem ohne
Graphik. Möglichkeit sehr exakter Vermes-
sung ist z.B. bei Tabellensatz hilfreich. Zwei
Darstellungsmodi: Text und Layout. Im
Layoutmodus kann manTextkorrekturen in
einem separaten Fenster durchführen, sie
werden sofort für den Umbruch berücksichtigt. Im Überblick können bis zu 16 Seiten
im Bildschirm dargestellt werden. Ausgabe
über nahezu alle marktgängigen Matrix- und
Laserdrucker sowie Fotosatzbelichter. Viele
Zusatzprogramme.

Preis: 15.000,-- DM

Brüggemann Datentechnik GmbH, Bonn

TypoVision

Satz- und Layoutprogramm für
typographische Ansprüche. Für Mengensatz,
Tabellen, Akzidenzen, Marginalien- und
Formsatz , Anmerkungen, automatische
Registererzeugung, kompletten Seiten-
umbruch. Zwei Modi: Texterfassung und
Dastellung. 4 Bildschirmschriften und
Sonderzeichen. Es stehen 126 Fotosatz-
schriften und 676 Sonderzeichen zur
Verfügung. Datenübernahme aus Word,
Wordperfect, WordStar, WordStar 2000, Tex-
Ass, Volkswriter, Syphonie, Framework, Lotus
1-2-3 und Open Access. Ausgabe über Matrix-
drucker und MCS von Compugraphic ab 1987
auch Laserdrucker und andere Satzbelichter
Silbentrennprogramm als Zusatzmodul.

Preis: ca. 3.000,-- DM
Silbentrennung ca.500,- - DM

Rojasoft, Zürich

Typostar

Professionelles Satzprogramm in 3 separat
erhältlichen Ausbaustufen. Stufe 1:
Texterfassung und Eingabe von Satzbefehle,
Ausgabe des formatierten Textes auf Laserdruckern und Datenübergabe an Fotosatzbelichter. Stufe 2: Aktivierung der Satzbefehle aus Typostar 1, Silbentrennung mit
Ausnahmelexikon (optional auch in Englisch
und Französisch), Wahl unter 999 Schriften in
Schriftgrößen von 1 bis 65 mm, Höhen- und
Breitenberechnung des Textes, Ästhetik-
programm für Variation der Schriftzeichen-
dickte. Stufe 3: Layout und Umbruch, maus-
gesteuerter Satz von Linien und Rastern.
Nadel- oder Laserdrucker Übertragung auf
Linotype-Belichter möglich.

Preis: 1.300,-- DM Stufe 1, 6.000,-- DM Stufe 2,
12.000,-- DM Stufe 3

J. FOAG GMBH

Ventura Publisher

Layout- und Umbruchprogramm unter der
Benutzeroberfläche GEM. Das Programm
eignet sich sowohl für einen automatischen
Spalten- und Seitenumbruch längerer Texte
(z.B. Buchumbruch) als auch für freie Layouts.
Letztere werden durch Aufteilung der Seite in
Felder erzeugt. Fortsetzungsfelder für
überlaufenden Text können definiert werden.
Für Headline, Body-Text etc. können
Standardlayoutzuweisungen vorgenommen
werden. Ebenso können Abschnittsweise
unterschiedliche Standardlayouts definiert
werden. So ergibt sich eine sehr rationelle
Arbeitsweise bei Mengentext. Ausgabe über
Matrixdrucker, Epson MX, FX und RX, Hewlet
Packard LaserJet, Apple Laserwriter, Xerox
4020 Farbtintenstrahldrucker, Xerox 4045
Laserdrucker.

Preis: ca. 3000,-- DM

Ventura Software, Inc.
Weltweite Vertriebsrechte bei Rank Xerox

Lokale Netzwerke

AppleTalk

Netzwerk zur Verbindung von bis zu 32
Macintosh oder IBM-PC.

Apple Computer

3COM 3PLUS

Netzwerk mit zentralem File-Server
für MS-DOS-PCs

3Com Corporation

SK–NET

Software und Erweiterungskarte zur
Verbindung von MS-DOS-PCs. Bis zu 1024
Stationen, Verwaltung von bis 250 MB
Festplattenkapazität, elektronische Post,
Paßwortschutz, Print-Spooling.

Schneider & Koch & Co. GmbH

TOPS

Software und Erweiterungskarte zur
Verbindung von MS-DOS-PCs, Macintosh-
Rechnern und UNIX-Rechnern über ein
Netzwerk mit AppleTalk-Protokoll. Kabel-
verbindung: AppleTalk, PhoneNET oder
kompatible Kabel.

Centram

Textverarbeitung

Die Textverarbeitung umfaßt Programme
unterschiedlicher Komplexität. Sie reichen
von einfachen Texteditoren und Formatierern
bis hin zu Programmen, die Hilfen zur
Erstellung von Gliederungen, zum Umbrechen
ganzer Bücher sowie zur typographischen
Gestaltung des Textes einschließen.

<u>Macintosh</u>

MacBlack

Silbentrennprogramm zur Einfügung von
Softhyphens in Microsoft Word-Dateien. Bei
Einlaufen des Textes in Layoutspalten (z.B. in
PageMaker) erfolgt die Silbentrennung auf
Grund der Softhyphens.

Schwarz Computersatz, Stuttgart

MacLaser

MacLaser ist ein Programm zur Ansteuerung
weitergehender graphischer und
typographischer Gestaltungsmöglichkeiten
für Headlines und für die kreative
Typographie, über die der Laserwriter
aufgrund von PostScript verfügt. Möglich ist
u. a. Spiegeln des Textes, Rotieren von
Textzeichen, kreisförmige Schriftzüge,
Schriftzeichen wie graphische Grundelemente
mit Rastern auffüllen, Abstand von
Schriftzeichen verändern etc. MacLaser bietet
kein WYSIWYG-Darstellung solcher
Schriftmodifikationen.

Schwarz Computersatz, Stuttgart

MacWrite

Das Textverarbeitungsprogramm von Apple
mit Tabulatoren, Einzügen, mehreren Schriften und der Möglichkeit des Seitenumbruchs.
In den Text können Macintosh-Graphiken
plaziert werden.

Preis: ca. 400,-- DM

Apple Computer

ThinkTank

Ideen-Prozessor mit einfacher Textverarbeitung. Die Besonderheit liegt darin, daß dieses
Programm die Erstellung von Gliederungen
erleichtert. Zu jedem Titel können Untertitel
und Texte erfaßt werden. Die Punkte können
komprimiert oder bis in die unterste Ebene
dargestellt werden.

Living Videotext, Inc

Word

Das bekannte Textverarbeitungsprogramm
wurde mit seinen vielseitigen Möglichkeiten
an die Benutzeroberfläche des Macintosh angepaßt und erlaubt es in dieser leicht zu bedienenden Version zusätzlich innerhalb des
Textes Graphiken zu plazieren. Zu Word für
den Macintosh gibt es das Silbentrennprogramm Mac Black von
Schwarz Computersatz, Stuttgart.

Preis: ca. 800,-- DM

Microsoft

MS-DOS

Easy Writer II

Komfortables Textverarbeitungsprogramm
mit Serienbrieffunktion. Im Unterschied zu
anderen Programmen befindet sich immer
nur eine Seite im Arbeitsspeicher. Dadurch
sind zwar Funktionen, die sich auf den
gesamten Text beziehen, langsamer, es ergibt
sich aber eine größere Datensicherheit, da bis
auf die letzte Seite immer der ganze Text
abgespeichert ist. Das Programm bringt eine
komfortable Dateiverwaltung mit und ist
leicht zu bedienen.

Preis: ca. 450,-- DM

Computer Associates

Formeltext

Technisch-wissenschaftliche Textverarbeitung
mit speziellen Zeichensätzen für Mathematik,
Physik, Chemie und Fremdsprachen. Zeichen-
generator für Sonderzeichen, vertikales Positionieren in 1/4-Zeile-Schritten. Ausgabe über
Matrix-, Laser- und Tintenstrahldrucker u.a.
PostScript-Treiber.

Preis: ca. 2.000,-- DM

Schultheis Software, München

GEM Collection

Softwarepaket aus Textverarbeitungs- und
Zeichenprogramm **GEMWrite** und **GEMPaint**.
In die Textverarbeitung können Graphiken
aus den GEM-Graphikprogrammen übernommen werden. GEM-Dokumente können
in Ventura-Publisher weiterverarbeitet
werden. Ausgabe über viele verschiedene
Drucker u.a. über Epson-, Apple oder
HP-Laserdrucker.

Preis: ca. 500,-- DM

Digital Research GmbH

GEM Word Chart

Programm zur Erstellung textorientierter
Charts unter Rückgriff auf eine große
Bibliothek vorfabrizierter Rahmen.

Preis: ca. 500,-- DM

Digital Research

GEMWrite

Einfaches Textverarbeitungsprogramm unter
GEM mit vollem WYSIWYG und der
Möglichkeit Graphiken in die Text-
verarbeitung zu übernehmen.

Digital Research

MailMerge

Serienbriefprogramm zum Einsatz mit
WordStar.

Preis: 290,-- DM

MicroPro

MS-Windows Write

Textverarbeitung unter Windows-
Benutzeroberfläche mit der Möglichkeit
Graphiken aus Windows-Paint im Text zu
plazieren. Austausch von Dateien mit MS-
Word leicht möglich.

Preis: ca. 200,-- DM

Microsoft

MS-Word

Eines der vielseitigsten Textverarbeitungsprogramme mit Verwaltung von Textbausteinen und Fußnoten, Serienbrief-Funktion, Gliederungsfunktion, Indexerstellung, Anwahl mehrerer Schriften unter Berücksichtigung von Dicktentabellen, Darstellung mehrerer Bildschirmschriften, Öffnung mehrerer Fenster im Bildschirm zur Darstellung unterschiedlicher Dokumente etc. in Version 3.0.
Datenaustausch mit vielen verschiedenen Programmen über integrierte Konvertierungsmodule. Word kann mit der Maus bedient werden und besitzt eine deutsche Silbentrennautomatik. Es können nahezu alle Drucker angesteuert werden. Leider noch keine PostScript-Drucker.

Preis: ca. 1.000,-- DM

Microsoft   .

Multimate

Netzwerkfähiges Textverarbeitungsprogramm mit Makrofunktionen zur Automatisierung komplexer Abläufe. Über 80 Druckertreiber und 12 Zeichensätze. Weitere Druckertreiber lassen sich installieren. Ausgabe über Warteschlangen mit Druckterminierung. Viele Konvertierungsmöglichkeiten.

Preis: 1.700,-- DM

ASHTON TATE GmbH

IBM-PC-Text-3

Das ebenso komfortable wie vielseitige Textverarbeitungsprogramm von IBM arbeitet im großrechnerspezifischen EBCDIC-Code. Es bietet deutsche Rechtschreibkorrektur und automatische Silbentrennung. Für die

Ausgabe werden nahezu ausschließlich IBM-Drucker unterstützt.

Preis: ca. 1.600,-- DM

IBM, Stuttgart

IBM-Writing-Assistant

Textverarbeitungsprogramm mit Kompatibilität zu den anderen Programmen der Assistant-Serie und ähnlichen Möglichkeiten wie PC-Text-3. Es können Text-, Graphik- und Adreßdateien aus den Programmen Writing-Assistant, Reporting-Assistant, Graphing-Assistant und Filing-Assistant direkt übernommen werden.

Preis: ca. 450,-- DM

IBM, Stuttgart

PC-Write

Textverarbeitungsprogramm mit allen wesentlichen Funktionen. Makros, Seitenumbruch mit Kopf- und Fußzeilen, Textbausteinverwaltung und vieles mehr. Für die Ausgabe werden über 70 Druckertypen unterstütz. Adreßverwaltung als Zusatzpaket erhältlich.

Preis: ca. 260,-- DM

Biltron GmbH, Dietzenbach

SAMNA WORD III

Vielseitiges Textverarbeitungsprogramm mit Indexerstellung , Rahmen im Text, Kalkulator-Funktion, Verwaltung von 300 Fußnoten und Makrotasten.

Preis: ca 2.000,-- DM

Samna GmbH

ScienTEX

Wissenschaftliche-technische Textverarbeitung mit 5 verschiedenen Zeichensätzen
mit 640 Zeichen (normal, kursiv, griechisch,
mathematisch, extra). Extrazeichensätze sind
u. a. kyrillisch und chemische Formelbau-
steine. Integrierter Zeicheneditor für nicht
vorhandene Zeichen. Positionierung in
vertikaler Richtung in Schritten von 1/6 Zeile
Fußnotenverwaltung. Ausgabe über Matrix,-
Tintenstrahl- und Laserdrucker

Preis: ca. 1.600,-- DM

MIDAS, Frankfurt

ThinkTank

Ideen-Prozessor mit einfacher Textverarbeitung. Die Besonderheit liegt darin, daß dieses
Programm die Erstellung von Gliederungen
erleichtert. Zu jedem Titel können Untertitel
und Texte erfaßt werden. Die Punkte können
komprimiert oder bis in die unterste Ebene
dargestellt werden.

Living Videotext, Inc

Word Perfect

Sehr vielseitiges Textverarbeitungsprogramm
mit der Besonderheit einer automatischen
Zwischenspeicherung der bearbeiteten Datei
in regelmäßigen Abständen. Ausgabe erfolgt
über Druckerwarteschlange.

CADO Systems, Stuttgart

WordStar

Hardware: Für eine Vielzahl von Mikroprozessoren mit unterschiedlichen Betriebssystemen
verfügbar u. a. auch für IBM-PC und Kompatible, hier mindestens 128 KB erforderlich. Eines

der traditionsreichsten und weitestverbrei-
teten Textverarbeitungsprogramme, das
nahezu überall unterstützt wird und
konvertiert werden kann.

Preis: ca. 1.000,-- DM

MicroPro International GmbH

WordStar Extra

Das Programm ist eine Erweiterung von
WordStar und umfaßt:
MailMerge – einen Programmzusatz zur
Verarbeitung von Serienbriefen.
GraphMerge – Als speicherresidentes
Unterprogramm erlaubt es das Einfügen von
Graphiken aus anderen Programmen in
WordStar-Textdateien.
Starindex – dieses Feature erlaubt den Aufbau
von Verzeichnissen anhand markierter
Passagen innerhalb des Textes.
StarAdress – eine Dateiverwaltung für
Adressen und andere Informationen.
Calculator – ein Taschenrechner, der von
jedem Unterprogramm aus direkt zur
Verfügung steht.

Preis: 1.290,-- DM

MicroPro International GmbH

Wordstar 2000

Wordstar 2000 bietet in der Bedienung gegenüber WordStar viele zusätzliche Funktionen
an, und die Ansteuerung von über 100 verschiedenen Druckern. Besonderheiten sind
Fenstertechnik zur Anzeige mehrerer Dateien,
Befehls- und Textspeicher für Makros u. a.

Preis: 1690,-- DM

MicroPro International GmbH

Anhang 2 – Bezugsquellen

ABC Trading GmbH
Mühlendamm 66
2000 Hamburg
Tel.: 040 / 227 70 21

Agfa-Gevaert Burosysteme
5090 Leverkusen 1
Tel.: 0214 / 30 48 96

Aldus Corporation
Vertrieb über:
ABC Trading

Andreas Poliza
Ferdinandstraße 3
3000 Hannover 1

Apple Computer GmbH
Ingolstädter Straße 20
8000 München 40
Tel.: 089 / 3 560 34 - 0
In Österreich:
Apple Computer Ges. m. b. H.
Rotenturmstr. 1 - 3 top 12
A-1010 Wien
Tel.: 0222 / 63 88 40, 66 43 75

Ashton Tate
Hahnstraße 70
6000 Frankfurt/Main 71
Tel.: 069 / 6 64 91-0

Affinity Microsystems, Ltd.
1050 Walnut Street, Suite 425
Boulder, Colorado 80302
Vertrieb über:
ORGTEAM

AM-International
Varityper
Postfach 10 20 08
6072 Dreieich
Tel.: 06103 / 30 10
Apple Computer
Ingolstädter Str. 20
8000 München 45

Tel.: 089 / 350 34 - 0

AutoDesk
Vertrieb über:
Ingenieurbüro Gräbert
Mensch und Maschine GmbH

Autologic GmbH
Frankfurter Straße 63 - 69
6236 Eschborn
Tel.: 06196 / 48 17 96

Bense KG
Dieselstraße 10
4420 Kösfeld
Tel.: 02541 / 5231
Vertrieb über:
Apple Computer

Binder Datentechnik GmbH
Mönchweilerstraße 1
7730 Villingen-Schwennigen
Tel.: 07721 / 88-0

Biltron GmbH
Starkenburgring 10
6057 Dietzenbach
Tel.: 06074 / 2 88 88

Brüggemann Datentechnik GmbH, Bonn
Vertrieb über:
Klimsch + Co. Vertriebsgesellschaft mbH

Bookmachine, Prefis Ltd.
Herts
Vertrieb über:
Buchmaschine Hamburg

Boston Software Publishers Inc.
1260 Boylston Street
Boston, MA 02215
Vertrieb über:
Markt & Technik Softwareverlag

BSP Krug
Weissenburgstraße 49
8400 Regensburg
Tel.: 0941 / 519 45

Buchmaschine Computersysteme GmbH
Deelböge 7
2000 Hamburg 60
Tel.: 040 / 5 11 60 23

CADO Systems GmbH
Vor dem Lauch 23
7000 Stuttgart 80
Tel.: 0711 / 715 60 31

CCP Software Entwicklungs GmbH
Herrn Thomas Henßler
Am Grün 54
3550 Marburg/Lahn
Tel.: 06421 / 12104

CCS Compact Computer
Systeme GmbH
Schwanenwik 32
2000 Hamburg 76
Tel.: 040 / 220 18 44

Compugraphic Deutschland GmbH
Postfach 11 34
6070 Langen
Tel.: 0610 / 70 30

Computer 2000 GmbH
Garmischer Straße 4-6
8000 München 2
Tel.: 089 / 5 19 96-0

CA Computer Associates International GmbH
Kastanienweg 1
6108 Weiterstadt
Tel.: 06150 / 120 -0
In Österreich:
Computer Associates Ges. m. b. H.
Diefenbachgasse 35/4
A-1150 Wien
Tel 0222 / 85 87 72

Centram, Berkeley, California
Vertrieb über:
ABC Trading

Computersatz Heidelberg
Erich Margrander
Bergheimer Straße 105
6900 Heidelberg
Tel.: 06221/2 04 00

Compware
Postfach 56 01 73
2000 Hamburg 56
Tel : 040 / 81 80 74

Corona Data Systems
Vertrieb über:
Matthiesen Daten GmbH

CText Inc.
Vertrieb über:
Autologic GmbH

Data Transforms
Vertrieb über:
Softline

Digital Research GmbH
Hansastraße 15
8000 München 21
Tel.: 089 / 57 40 34057

DeskTop Software Corporation
Vertrieb über:
Apple Computer
BSP Krug

EDTZ Hard & Softwarebüro Dotzauer
Haidgraben 3
8012 Ottobrunn
Tel 089 / 609 80 95

FOAG, J. GMBH
Bruckmannring
8042 Oberschleißheim
Tel.: 089 / 315 28 80

Genicom GmbH
Frankfurter Straße 70-72
6236 Eschborn / Taunus
Tel.: 06196 / 4 85 01

Haba Systems Inc.
Vertrieb über:
Apple Computer
BSP Krug

Hewlett Packard GmbH
Hewlett-Packard-Straße
6380 Bad Homburg v. d. H.
Tel.: 06172 / 4 00-0

Heyden & Son GmbH
Devesburgstr. 6
4440 Rheine
Tel.: 05971 / 5 51 11

HMark Datentechnik GmbH
Villemombler Straße 35
5300 Bonn 1
Tel.: 0228 / 61 20 60, 61, 20 69

Hofer & Stromer
Wüllnerstraße 106
5000 Köln 41
Tel.: 0221 / 40 27 04

IBM
Pascalstraße 100
7000 Stuttgart 80
Tel.: 0711 / 785 - 0
In Österreich:
IBM Österreich Ges. m. b. H.
Obere Donaustraße 95
A-1020 Wien
Tel.: 0222 / 26 10 - 0

Imagen GmbH
Arabellastraße 17
8000 München 81
Tel.: 089 / 91 60 91

Ingenieurbüro Gräbert GmbH
Mommsenstraße 17
1000 Berlin 1
Tel.: 030 / 32 00 08-0

Innovative Data Design
Vertrieb über:
ABC-Trading
Systematics

Isys Graphische Maschinen
Tägerwilen, Schweiz
In der BRD:
Isys Graphische Maschinen
Fritz-Arnold-Straße 16
7750 Konstanz
Tel.: 075 31 / 5 40 99

Klimsch + Co. Vertriebsgesellschaft mbH
Postfach 11 11 63
6000 Frankfurt 1
Tel: 069 / 26 40 - 1

Kyocera Electronics
Europe GmbH
Emanuel-Leutze-Straße 1 a
4000 Düsseldorf 11
Tel.: 0211 / 59 30 81

Letraset Deutschland GmbH
Mergenthalerstraße 6
6000 Frankfurt am Main 63
Tel.: 069 / 41 50 51

L&G Software
F. Leibundgut
Obere Eggstraße
CH-8352 Elsau

Linotype GmbH
Mergenthaler Allee 55-75
6236 Eschborn / Taunus
Tel.: 06196 / 4 03-1

Living Videotext, Inc.
Vertrieb über:
Software 2000, München

Lulum + Tappert
DV-Beratung
Prinz-Albert-Straße 41
5300 Bonn
Tel.: 0228 / 21 15 15

Lunter Unternehmensberatung GmbH
Zeppelinstraße 29
7415 Wannweil
Tel.: 07121 / 5 30 44

Mainstay
Vertrieb über:
Systematics

Main Street Software
Vertrieb über:
Apple Computer
BSP Krug

Manhattan Graphics
Vertrieb über:
Letraset Deutschland GmbH

Matthiesen Daten GmbH
Werftstraße 23
4000 Düsseldorf 11
Tel.: 0211 / 50 84-0

Markt & Technik Softwareverlag
Hans-Pinsel Str. 2
8013 Haar b. München
Tel.: 089 / 461 30

Mensch und Maschine GmbH
Stefanusstrasse 6
8032 Gräfelfing

Tel.: 089 / 85 39 25

MicroPro International GmbH
Berg-am-Laim-Straße 127
8000 München 80
Tel.: 089 / 43 40 11

Microsoft GmbH
Erdinger Landstraße 2
8011 Aschheim/Dornach
Tel.: 089 / 461 07-0

Microtek Lab, Inc.
Vertrieb über:
ABC Trading

MIDAS
Micro-Datensysteme GmbH
Flinschstraße 67
6000 Frankfurt 67
Tel.: 069 / 41 05 05
In Österreich:
May-Computer
Meiselstraße 66
A-1140 Wien
Tel.: 0222 / 92 04 36

Monotype GmbH
Arnsburger Straße 68-70
6000 Frankfurt am Main
Tel.: 069 / 40 50 04 - 0

Multicom GmbH
Olchinger Straße 96
8038 Gröbenzell
Tel.: 0 81 42 / 5 10 03 5 10 04

North American Software GmbH
Uhdestraße 40
8000 München 71
Tel.: 089 / 791 70 91

ORGTEAM
Max-Planck-Straße 6 - 10
6057Dietzenbach

p1
Vertrieb über:
ABC Trading

ProVUE Developement Corporation
Vertrieb über:
Apple Computer
ABC Trading

Quality Micro Systems
Vertrieb über:
Binder Datentechnik GmbH

Rank Xerox GmbH
Geschäftsbereich Kommunikationssysteme
Werftstraße 37
4000 Düsseldorf 11
Tel.: 0211 / 5 08 60
Vertrieb des Ventura-Publisher über:
CCP, Marburg
EDTZ, Ottobrunn

RFI Computerhaus GmbH
Mittelstraße 12
4050 Mönchengladbach
Tel.: 02166 / 440 04

rhv Softwaretechnik GmbH
Georg-Glock-Straße 3
4000 Düsseldorf 30
Tel: 0211 / 45 80-0

Rojasoft, Zürich
Vertrieb über:
Hofer & Stromer

Samna GmbH
Bauerstraße 22
8000 München 22
Tel.: 089 / 271 59 01

s. a. c. software
Luisenstraße 2 b
7000 Karlsruhe
Tel.: 0721 / 37 67 74

Schneider & Koch & Co. GmbH
DATENSYSTEME
Haid - und - Neu-Str. 7-9
7500 Karlsruhe 1
Tel.: 0721 / 6 05 21

Schultheis Software
Paul-Ehrlich-Weg 55
8000 München 50

Schwarz Computersatz GmbH & Co.
Schwabstraße 43
7000 Stuttgart 1
tel.: 0711 / 61 80 33

Softline
Postfach 14 54
7602 Oberkirch
Tel.: 07802 / 37 07

Sperry
Vertrieb über:
Compware

SSG Software Services
Nymphenburger str. 154
8000 München 19

Softsel Computer Products
Belgradstraße 9
8000 München 40
Tel.: 089/308 80 23
Vertrieb über:
Apple Computer

Software 2000
Kaiserstraße 35
8000 München
Tel.: 089 / 350 340

Software Publishing Corporation
Vertrieb über:
Softsel Computer Products
Apple Computer
In der Schweiz:
Computer-Graphics AG
Postfach
CH-8620 Wetzikon
Tel.: 932 34 82

SYSTEMATICS
Mühlendamm 66
2000 Hamburg 76
Tel.: 040 / 227 80 51

TCI Software Research Inc., USA
Vertrieb über:
RFI Computerhaus GmbH

T/Maker Graphics
Vertrieb über:
Softline, Oberkirch

TELOS Software Products
Vertrieb über:
BSP Krug

Ueberreuter media
Alserstraße 24
A-1091 Wien
Tel.: 0222 / 48 15 38 - 0.,

Wenger Datentechnik GmbH
Hauptstraße 34
7859 Efringen-Kirchen
Tel.: 07628 / 13 71

3COM Corporation
Vertrieb über:
Computer 2000 GmbH

Anhang 3 – Glossar

Abkürzungstastfolge   Befehle, die normalerweise durch Ansteuerung von Menüs mit dem Mauszeiger gegeben werden, können häufig durch bestimmte Tasten oder Tastenkombinationen schneller ausgelöst werden. Diese Tastfolgen bezeichnet man als Abkürzungstastfolgen (engl. shortcuts).

Aktiviertes Fenster Bei Arbeit mit mehreren Fenstern innerhalb von Anwendungsprogrammen beziehen sich alle Bearbeitungsbefehle in der Regel auf das aktivierte Fenster.

Akustikkoppler Gerät zur Umsetzung von binären Daten in Audiosignale, die über Telefon übertragen werden können, sowie zur Rückübersetzung. Einfachste Vorrichtung zur Datenkommunikation über Telefonleitungen.

Album Ein Bestandteil des elektronischen Schreibtisches, in dem häufig benötigte Text- oder Bilddateien gesammelt werden können. Aus dem Album können Sie in jedes beliebige Dokument eingesetzt werden.

Algorithmus Er umfaßt schrittweise, exakte Angaben zur Lösung eines Problems in der EDV. Ein Algorithmus läßt sich in einem Flußdiagramm darstellen.

Anmerkungen Anmerkungen sind erläuternde Hinweise, die bestimmten Textpassagen zugeordnet werden. Sie können auf derselben Seite wie die Textpassage erscheinen (Fußnoten), am Schluß eines Kapitels oder am Schluß eines Werkes. Im Text wird die Zurordnung durch eine hochgestellte Ziffer kenntlich gemacht, die vor der Fußnote wiederholt wird. Erscheinen nicht mehr als zwei Fußnoten auf derselben Seite wie der Text, kann die Zuordnung auch durch Sternchen aus der Grundschrift vorgenommen werden.

Apple Talk Ein Netzwerk, das zur Verbindung von Macintosh-Personalcomputern untereinander und mit IBM-PC-Kompatiblen Rechnern eingesetzt wird.

Arbeitsspeicher Speicher eines Rechners, in dem die in Arbeit befindlichen Programme und Daten abgelegt werden.

ASCII Abk. für American Standard Code for Information Interchange. Dieser Code wird in nahezu allen Mikrocomputern zur Darstellung von Informationen benutzt.

ASCII-Tastatur Tastatur, die alle Zeichen des ASCII-Zeichensatzes umfaßt. Dies schließt drei Darstellungen ein: Normal, Versal und Controll.

Aufwärtskompatibel Als aufwärtskompatibel bezeichnet man Geräte die nach einer Verbesserung zusätzliche Funktionen aufweisen, aber weiterhin die bislang vorhandenen ausführen können und mit den alten Geräten zumindest in diesen Funktionsbereichen kompatibel bleiben.

Auflösung Die Auflösung bezeichnet die Feinheit der Zusammensetzung eines Bildes aus kleinsten Elementen sowie der Fähigkeit eines Aufzeichnungsgerätes einen solchen Bildaufbau in bestimmter Feinheit vorzunehmen. Man spricht von der Auflösung eines Bildschirmes in Bildschirmzeilen, der Auflösung eines Laserbelichters in Scanlinien, der Auflösung einer grafischen Darstellung in Pixel pro Zoll etc.

Ausgabegerät Gerät zur Darstellung von Daten in lesbarer Form z. B. Bildschirme, Drucker, etc.

Ausschluß Justage der Wörter und Zeichen innerhalb der Zeile anhand fester Bezugspunkte. Beim Ausschluß werden die Dickten aller Zeichen aufaddiert, bis die vorgegebene Zeilenbreite erreicht ist. Die Wortzwischenräume werden dabei in gewissen Grenzen variiert. Kommt ein Wort in die

Ausschlußzone am Zeilenende,findet eine Entscheidung statt, ob es noch ganz auf der Zeile stehen kann, auf die nächste Zeile gestellt wird oder getrennt werden muß.Durch Anordnung des Zeilenrestwertes am Zeilenende, am Zeilenanfang, am Zeilenanfang und Zeilenende oder durch Verteilung auf die Wortzwischenräume wird die jeweils vorgegebene Ausschlußart erreicht - Flattersatz linksbündig, Flattersatz rechtsbündig, Flattersatz auf Mitte zentriert, Blocksatz.

Ausschneiden Mit der Funktion Ausschneiden können in Text- und Grafikprogrammen Teile der im Bildschirm stehenden Datei gelöscht und gleichzeitig in eine Hilfsdatei gestellt werden. Von dieser Hilfsdatei können Sie aufgerufen werden.

Baud Maßeinheit für die Geschwindigkeit bei der Datenübertragung. 1 Baud = 1 Bit/Sek.

Beschneiden Abbildungen können zum Zwecke des Einpassens in vordefinierte Rahmen innerhalb des Layouts beschnitten werden. Das geschieht nur soweit, wie dabei keine bildwichtigen Teile wegfallen. Man bezichnet diesen Arbeitsschritt als Beschneiden. Eine entsprechende Funktion steht auch in elektronischen Layoutprogrammen zur Verfügung.

Betriebssystem Software, die zur Steuerung der Hardware und in der Regel zur Dateiverwaltung erforderlich ist. Das Betriebssystem eines Rechners liegt aller Anwendungssoftware zugrunde. Routinen des Betriebssystems werden von Anwendungsprogrammen aufgerufen.

Bidirektionale Drucker Drucker die sowohl beim Vorlauf wie auch beim Rücklauf des Druckkopfes drucken.

Bildlauf (engl. scrolling). Verschiebt den im Bildschirm stehenden Text nach oben, unten, rechts oder links.

Bit Die kleinste Dateneinheit in der EDV. Kurzform für >binary digit<. Ein Bit nimmt den Wert 0 oder 1 an. Bits werden zur Repräsentation von Zeichen in größeren Einheiten zusammengefaßt. In der Regel zum Byte, das 8 Bit umfaßt.

Bit-Map In einzelne Pixel aufgelöste grafische Struktur. Grafische Elemente, Schriftzeichen können entweder durch Funktionen beschrieben oder in Pixel aufgelöst werden. Man unterscheidet von daher Vektorgrafik und Pixelgrafik. Pixel-Graphik wird als Bit-Map gespeichert,d. h. für jedes Pixel einer Schwarz-Weiß-Darstellung muß im Speicher ein Bit gesetzt werden.

Bitparallel Bei der bitparellelen Datenübertragung werden alle Bits eines Zeichencodes gleichzeitig über mehrere (parallele) Leitungen übertragen.

Breit (engl. expanded) siehe unter Schmal.

Centronics-Standard Standard einer parallelen Schnittstelle, die hauptsächlich zur Ansteuerung von Druckern aber auch zum Datenaustausch zwischen Rechnern benutzt werden kann.

Cicero Typographisches Maß. 1 Cicero = 12 Didot Punkte = 4,51 mm.

Computersystem Es besteht aus Hardware und Software. Die Hardware umfaßt den Computer und seine Peripherie wie Bildschirm, Drucker, Tastatur etc. Die Software setzt sich aus Betriebssystem und Anwendungsprogrammen zusammen.

Controll-Codes Steuerzeichen des ASCII-Zeichensatzes, die über die Controll-Taste der ASCII-Tastatur erreicht werden können.

CPU Abkürzung für Central Processing Unit. Rechnerkomponente, die für das Holen, Dekodieren und Ausführen von Programmanweisungen zuständig ist.

Ctrl Abk. für Controll. Steuercode, der über eine besondere Taste der ASCII-Tastatur zu Erreichen ist. Dieser Code stellt eine dritte Tastaturebene zur Verfügung, die mit Steuerzeichen belegt ist.

Datei Sammlung von Informationen, die unter einem Namen registriert und aus Benutzersicht als Einheit zu betrachten ist.

Datenbus Ansammlung von Leitungen, über die Daten geschickt werden. Die Anzahl der Leitungen richtet sich nach der Architektur des Mikroprozessors. Ein 16-Bit Mikroprozessor hat in der Regel auch eine 16-Bit Datenbus, d. h. der Datenbus besteht aus 16 Leitungen über die 16 Bits parallel übertragen werden können.

Designgröße Schriften ändern ihren Charakter bei der elektronischen Größenveränderung im Lichtsatzverfahren. Die Designgröße eines Schriftfonts ist diejenige Schriftgröße, auf die der Schriftkünstler die Schrift optimal zugeschnitten hat.

Dialogfeld Dialogfelder sind Fenster, die innerhalb des Bildschirms bei bestimmten Funktionen sichtbar werden und vom Anwender eine Eingabe verlangen.

Dickte Die Dickte bezeichnet den Raum, den ein Schriftzeichen innerhalb einer Zeile in horizontaler Richtung einnimmt. Man unterscheidet die relative Dickte und die absolute Dickte. Jedes Schriftzeichen nimmt im Verhältnis zu anderen mehr oder weniger Raum ein, gleich in welcher Schriftgröße aktuell gesetzt wird. Diese relative Dickte wird in Einheiten gemessen. Die Einheit ist ein bestimmter Bruchteil des breitesten Buchstabens (Versal M) in der Regel 1/54. Die absolute Dickte resultiert aus der relativen und varriert mit dem Schriftgrad. Für den Ausschluß der Zeilen werden Dicktentabellen benötigt, in denen für alle Zeichen einer jeden Schrift die relativen Dickten verzeichnet sind.

Digitizer Ein Gerät zur Konvertierung von Video-Bildern in Bit-Maps, die von einem Rechner weiterverarbeitet werden können.

Diskettenlaufwerk Gerät zur elektromagnetischen Abspeicherung von Daten auf Disketten.

Divis Das Divis (engl. Hyphen) ist der kleine waagerechte Strich, der zur Silbentrennung benutzt wird. Das Divis bleibt sichtbar, auch wenn das Wort in die Zeilenmitte rutscht. Viele Programme verfügen über Softdivis, die nur am Zeilenende sichtbar werden.

Duplizieren Eine Kopie von markierten Teilen einer Text- oder Bilddatei wird angefertigt. Das Duplikat wird in der Regel im Bildschirm unmittelbar sichtbar.

Einsetzen Funktion eines Text- oder Grafikprogramms. Texte oder Grafiken, die in eine Hilfsdatei gestellt wurden, werden in die im Bildschirm stehende Datei eingesetzt.

Einzug Als Einzug bezeichnet man einen Abstand zwischen dem Rand und dem Beginn einer Textzeile. Einzüge dienen der Strukturierung und Hervorhebung. Man unterscheidet rechte und linke Einzüge. Befehlsorientierte Satzsysteme erlauben es, Einzüge unter Angabe einer Zeilenzahl, für die sie gelten sollen, zu setzen.

Electronic Publishing Elektronisches Publizieren. Man bezeichnet so die Erstellung von Drucksachen mit Hilfe der Computertechnik. Vom Electronic Publishing spricht man insbesondere dann, wenn die Ausgabe über elektronische Druckmedien wie Laserdrucker erfolgt (Electronic Printing).

Elektronischer Schreibtisch Benutzeroberfläche eines Mikrocomputersystems, wobei auf dem Bildschirm eine normale Büroumgebung simuliert wird.

EM-Gedankenstrich Linie in der Mitte der Schrifthöhe, die in der Regel die Dicke eines Versal-M der gleichen Schrift im gleichen Schriftgrad hat.

EM-Linie Linie auf Schriftlinie, die in der Regel die Dicke eines Versal-M der gleichen Schrift im gleichen Schriftgrad besitzt.

EN-Gedankenstrich Linie in der Mitte der Schrifthöhe, die in der Regel die Dicke eines Versal-N der gleichen Schrift im gleichen Schriftgrad hat.

EN-Linie Linie auf Schriftlinie, die in der Regel die Dicke eines Versal-N der gleichen Schrift im gleichen Schriftgrad besitzt.

Erweiterungssteckplatz Steckplatz innerhalb des Gehäuses der Zentraleinheit für Leiterplatten, mit denen der Funktionsumfang eines Rechners erweitert werden kann.

Fahne Eine Textspalte, die von einem Satzbelichter oder Drucker ausgegeben wurde und die in Umbruch und Montage zur fertigen Seite weiterverarbeitet wird (engl. galley).

Fenster Moderne Anwendungsprogramme erlauben es im Bildschirm mit mehreren Dokumenten, zuweilen auch mit mehreren Programmen gleichzeitig zu arbeiten. Die einzelnen Dokumente werden in Fenstern (engl. windows) dargestellt, die sich innerhalb des Bildschirms befinden.

Festplatte Fest in ein Laufwerk integrierte magnetische Speicherplatte. Festplatten fassen 10, 20, 30, 40 oder mehr Megabyte.

Fett Schriftmodifikation zur Hervorhebung von Zeichen durch Vergrößerung der Strichstärke. In der Regel werden in Fett gesetzte Zeichen für Titel verwendet.

Flußdiagramm Symbolische Darstellung eines Programmablaufes.

Font Vollständiger Zeichensatz eines bestimmten Schriftschnittes, beispielsweise der Helvetica normal 12 Punkt. Zur korrekten Angabe eines Fonts gehört immer der Schriftname und die Designgröße, in der die Schrift geschnitten wurde.

Format (Seiten-) Größe und Ausrichtung der Druckseite. Neben der Angabe von Länge und Breite können Formate nach DIN angegeben werden z. B. A4 oder A5. Alle Formate können als Hochformat oder als Querformat angewendet werden (engl. Portrait oder Landscape).

Format (Speicher-) Speicher müssen zur Datenaufnahme mit einem Format versehen werden, das angibt, in welchen Bereichen Daten abgelegt werden können und wie diese Bereiche miteinander verknüpft sind.

Führungspunkt Punkte am Anfang von Absätzen, die gegenüber dem Textkörper nach links herausgestellt sind, um den Absatzanfang deutlich zu kennzeichnen. Sie werden gerne in Präsentations-Charts angewendet.

Fußzeile Die Fußzeile ist eine beim Seitenumbruch auf jeder Seite in gleicher oder ähnlicher Weise wiederkehrende Zeile. Häufig enthält sie die Paginierung, zuweilen auch ein Textelement oder eine Linie.

Gemein Typografischer Ausdruck für Satz in Kleinbuchstaben. Man sagt: "Der Text wird in Gemein gesetzt."

Glätten Aufbereitung von grafischen Darstellungen und von Textzeichen. Durch das Glätten werden scharfe Übergänge innerhalb von Rundungen beseitigt.

Gliederungsfunktion Einige Textverarbeitungsprogramme unterstützen die Strukturierung von Texten durch die Erzeugung von Überschriften unterschiedlicher Gewichtung und die Zuordnung von Texten zu diesen Überschriften. Es gibt spezielle Programme sogenannte Gedankentanks, die eigens für das Konzipieren geschaffen wurden. Diese Programme erlauben es, Texte auf die Überschriften zu reduzieren oder vollständig im Bildschirm sichtbar zu machen.

Graphische Datenbank Eine Datenbank zur systematischen Ablage von Graphiken.

Grauskala Die Grauskala einer Fotographie umfaßt die innerhalb derselben vorkommenden Grauabstufungen.

Grundschrift Schrift in der der überwiegende Teil eines Textes gesetzt wird. Man unterscheidet von der Grundschrift die Auszeichnungsschriften, die für Überschriften benutzt werden, und die Schriften der Überschriften.

H&J Kurzform für Hyphenation and Justification (Englisch für Silbentrennung und Ausschluß).

Halbton Abbildung mit unterschiedlichen Grauabstufungen. Man unterscheidet Halbton-Abbildungen von Strichzeichnungen, die nur aus Schwarz und Weiß bestehen.

Hauptmenü Ein Befehlsmenü, das seinerseits wieder in Untermenüs zerfällt. Das Hauptmenü ist in der Regel während der Arbeit mit einem Programm permanent im Bildschirm sichtbar.

Hierarchisches Dateisystem Dateisystem, das sich aus Verzeichnissen und Unterverzeichnissen zusammensetzt.

Höhe/Weite Satzprogramme verfügen über die Fähigkeit, das Verhältnis von Zeichendickte und Höhe jedes Schriftzeichens individuell festzulegen. Den entsprechenden Befehl bezeichnet man häufig als Höhe/Weite-Befehl.

Hurenkind Die Schlußzeile eines Absatzes, die vereinzelt auf einer neuen Seite steht, wird im Jargon der Schriftsetzer als Hurenkind bezeichnet. Einige Textverarbeitungs- und Satzprogramme verfügen über Automatiken zur Vermeidung solcher Fehler.

Index Als Index bezeichnet man ein Verzeichnis von Stichwörtern, das durch Angabe von Seitenzahlen Zugang zu bestimmten Textpassagen verschafft. Manche Textverarbeitungsprogramme erlauben es solche Verzeichnisse mehr oder weniger automatisch zu erstellen.

Integriertes Softwarepaket Programme mit mehreren Unterprogrammen für verschiedene Funktionen. Vor allem in der Bürokommunikation kommen integrierte Pakete zum Einsatz, beispielsweise Programme, die Textverarbeitung, Datenbank und Kalkulation umfassen.

Invertierte Darstellung Umkehrung der Darstellung von Bildern auf Bildschirmen. Statt hell auf dunkel, dunkel auf hell oder umgekehrt.

ISO Abk. für International Standard Organization. Internationale Normierungsgesellschaft. ISO legt z. B. die Codierung von alphanumerischen Zeichen fest.

Kapitälchen Für den Satz aller Zeichen eines Textes in Versal gibt es spezielle Zeichensätze, die über unterschiedlich hohe Versalbuchstaben verfügen, sodaß auch hier die Wortanfänge der Substantive hervorgehoben werden können. Man spricht von einem Satz in Kapitälchen.

Kilobaud Übertragungsgeschwindigkeit von 1000 Bits pro Sekunde

Koaxialkabel Übertragungskabel mit innen liegendem Leiter und außen liegender Abschirmung.

Kolummnentitel Der Kolumnentitel ist ein Element, das auf jeder Seite eines Buches in gleicher oder ähnlicher Weise wiederholt wird. Man unterscheidet lebende und tote Kolummnentitel. Als toten Kolummnentitel bezeichnet man die allein oder mit einem Schmuckelement stehende Pagina (Seitennummer). Der tote Kolummnentitel gehört nicht zum Satzspiegel und steht rechts, links oder zentriert oben oder unten auf der Seite. Der lebende Kolummnentitel ist Bestandteil des Satzspiegels, steht oben auf der Seite und enthält Angaben über das Werk, den Autor oder das aktuelle Kapitel.

Kontrast Der Kontrast ist ein Maß für die Anzahl von Grauabstufungen innerhalb einer Fotographie. Je nach Anzahl von Graustufen spricht man von harten (bei wenigen Abstufungen) oder weichen (bei vielen Abstufungen) Kontrasten.

Kopfzeile Die Kopfzeile ist eine beim Seitenumbruch auf jeder Seite in gleicher oder ähnlicher Weise wiederkehrende Zeile. Häufig enthält Sie einen Kolummnentitel und/oder die Paginierung. Sie kann auch nur aus einer Linie bestehen.

Kopieren Markierte Teile einer Text- oder Bilddatei werden kopiert. Die Kopie kann im Bildschirm sichtbar werden, wird in der Regel aber in die Zwischenablage gestellt.

Kursiv Schriftmodifikation zur Hervorhebung von Zeichen durch Schrägstellen der Zeichen gegenüber der Vertikalen.

Layout Gestaltung einer Seite durch Festlegen des Raumes, der jeweils von von Textspalten, Abbildungen, Überschriften, Kolummnentiteln, Fußnoten etc. eingenommen werden soll.

Lichtgriffel Steuereinheit für den Zeiger eines Bildschirmterminals.

Lichtsatz Der Lichtsatz umfaßt unterschiedliche Technologien. Alle haben die Aufzeichnung der Schriftzeichen mit Hilfe des Lichtes oder lichtähnlicher Strahlen gemeinsam. Man unterscheidet optomechanische Belichter, bei denen die Schriftzeichen von Durchsichtschriftbildern auf lichtempfindliches Material abgebildet werden, optoelektronische Belichter, bei denen Schriftzeichen von elektronisch gesteuerten Kathoden- oder Laserstrahlen auf lichtempfindliches Material aufgezeichnet werden und Laserdrucker. Letztere arbeiten nach dem Xerographie-Verfahren, siehe dort.

Makro Eine Anweisung innerhalb eines Satz- oder Textprogramms (auch in Programmiersprachen), die eine vordefinierte Folge von Unteranweisungen enthält, die bei Aufruf des Makros automatisch abgearbeitet werden. Zum Beispiel die Aufsatzpunkte für Tabellenspalten lassen sich in einem Makro mit Makrounterbrechern abspeichern und dann durch Tasten von Unterbrechern automatisch ansteuern.

Marginalie Ein kleiner Textblock oder eine Abbildung, die neben dem Fließtext außerhalb des eigentlichen Satzspiegels steht. Als Marginalien können zum Beispiel Zitate gesetzt werden, die in inhaltlicher Beziehung zum Text stehen. Man findet diese Darstellungsart häufig in Kunstbänden sowie kulturhistorischen Werken.

Maus Steuereinheit für den Zeiger eines Bildschirmterminals.

Micro Diskette Diskette zur Datenaufzeichung in einer harten Schutzhülle mit dem Format 3,5 "x 3,5".

Mikroprozessor Prozessor, der auf einem einzigen Chip untergebracht ist.

Mini Floppy Disk Diskette zur Datenaufzeichnung mit einem Schutzumschlag der Größe 5,25 "x 5,25".

Mnemotechnisch Als mnemotechnisch bezeichnet man die Symbolische Darstellung von Funktionen oder Kommandos in Anlehnung an allgemeinverständliche Begriffe z. B. Tab für Tabulator oder Sg für Schriftgröße.

Modem Modulator-Demodulator. Gerät zur Umsetzung serieller Bits in Frequenzen (sowie umgekehrt) zur Übertragung über Telefonleitungen.

Montage Herstellung einer reprofähigen Druckvorlage durch Anordnung von Textelementen und Abbildungen gemäß den Angaben des Layouts.

Numerisches Tastenfeld Tastenfeld zur Eingabe numerischer Daten.

Oberlängen Die innerhalb der Zeile am weitesten nach oben ragenden Schriftzeichen, also die Versalbuchstaben sowie das b, das d, das f, das h, das k, das l und das t.

Ordner Ein Bestandteil des elektronischen Schreibtisches in dem Dateien der Ordnung halber aufbewahrt werden. Ein Ordner entspricht dem Verzeichnis, in den nicht grafisch orientierten Betriebssystemen.

Pagina Als Pagina (Seitenzahl) bezeichnet der Setzer das Kennzeichnungsmerkmal einer Seite im Text. Üblicherweise besteht Sie aus arabischen Ziffern. Es sind aber auch andere Paginierungsmethoden gebräuchlich wie Buchstaben oder römische Ziffern.

Papiereinzug Bei Druckern unterscheidet man drei Arten des Papiereinzuges: Einzelblatteinzug manuell , Einzelblatteinzug automatisch und Endlospapiereinzug mit oder ohne Traktor.

Papierkorb Ein Zwischenspeicher, der häufig durch ein entsprechendes Abbild dargestellt wird. In ihn werden gelöschte Dateien zunächst eingestellt. Sie können reaktiviert werden, solange das Programm nicht neu geladen oder der Papierkorb "entleert" wurde.

Parameter Eine numerische Variable oder eine definierbare Eigenschaft.

Parität Die Parität wird zur Fehlererkennung bei der Datenübertragung benutzt. Es handelt sich um eine 1 Bit lange Einheit, die anzeigt, ob die Anzahl der Einsen in einem Datenwort gerade oder ungerade ist. Beim ASCII-Code werden beispielsweise sieben Bits für Daten und ein Bit für die Parität benutzt. Je nach Vereinbarung hat die Summe aller Bits einschließlich des Paritätsbits immer gerade oder immer ungerade zu sein.

Paßwort Eindeutige alphanumerische Zeichenfolge, die vom Benutzer eines Rechners eingegeben werden muß, um Zugriff zu Daten und Programmen zu erhalten. Es dient dem Schutz der Daten vor unbefugtem Zugriff.

Peripherie Alle Geräte eines Computersystems mit Ausnahme der Zentraleinheit. Drucker, Bildschirm, Tastatur, Maus etc. gehören zur Peripherie.

Pica Typographisches Maß. 1 Pica = 12 Point = 4,21 mm.

Pixel Kleinste Einheit eines elektronisch verarbeiteten Bildes. Die Auflösung von Grafikkarten wird in der Anzahl von Pixeln angegeben, die sie in horizontaler und vertikaler Richtung im Bildschirm darstellen.

Plotter Gerät zur Erstellung von Strichzeichnungen unter Steuerung eines Computers.

Point Bruchteil eines Pica. 1 Pica = 12 Point.

PostScript Seitenbeschreibungssprache des Apple LaserWriter und anderer Laserdrucker und Satzbelichter. PostScript und ähnliche Sprachen können ebensogut als Satzkommandosprachen wie als Programmiersprachen verstanden werden. Im Grunde sind es Spezialprogrammiersprachen für typographische und graphische Anwendungen, deren einzelne Befehle nicht vom Benutzer eingegeben werden, sondern innerhalb eines Textverarbeitungs-, Grafik- oder Layoutprogramms über Menüs angesteuert werden.

Publizieren - von einer Datenbank Damit bezeichnet man die Ausgabe von Informationen, die aus einer Datenbank nach bestimmten Selektionskriterien abgefragt wurden. Es kann sich beispielsweise um eine Liste von Softwareprodukten, die nach bestimmten Anforderungen zusammengestellt wurde, handeln. Jede Ausgabe kann je nach den angelegten Selektionskriterien einen individuellen Charakter haben.

Punkt Bruchteil eines Cicero. 1 Cicero = 12 Punkt.

Punktmatrix Methode zum Aufbau von Zeichen aus vielen kleinen Punkten. Matrixen können aus 5 x 7, 7 x 9 oder 11 x 13 Punkten bestehen.

QUERTY Bezeichnet den traditionellen Aufbau anglo-amerikanischer Schreibmaschinentastaturen. Analog werden deutsche Tastaturen als QUERTZ-Tastaturen bezeichnet.

RAM Abk. für Random Access Memory. Speicher, auf den unmittelbarer Zugriff für Lese- und Schreibprozeduren besteht. Man spricht auch von Read and Write Memory.

RAMDrive Ein Programm, das einen Teil des verfügbaren Arbeitsspeichers als virtuelles Laufwerk einrichtet. In solche Speicherbereiche können Programmteile, die normalerweise aus dem Arbeitsspeicher gelöscht und erneut von der Platte oder Diskette gelesen werden, ausgelagert werden. Dies erhöht die Ablaufgeschwindigkeit von Programmen.

Raster Punktmuster oder technisches Hilfsmittel zur Auflösung einer Fotografie (Halbton) in Punkte unterschiedlicher Größe. Letzteres dient dazu, Grauwerte im Druck darstellen zu können. Die Reprotechnik unterscheidet Linien- und Punktraster unterschiedlicher Rasterweite. Die Rasterweite wird in Punkten oder Linien pro Zentimeter angegeben.

Reprofähige Vorlage Eine fertig gestaltete Seite, von der direkt eine Aufnahme für die Offsetdruckform hergestellt werden kann. Man spricht auch von einer kamerafertigen Vorlage.

Return-Taste Zeilenendetaste. Auch Carriage Return, Wagenrücklauf.

Rolladenmenü (engl. pulldown menu) Damit bezeichnet man Befehlsmenüs, die durch Anklicken mit der Maus aktiviert und durch eine Bewegung der Maus bei festgehaltener Taste aufgezogen werden wie ein Rolladen. Es zeigen sich sodann alle in diesem Menü angeordneten Funktionen oder Unter-Menüs. Sie können durch Loslassen der Maustaste oder Anklicken aktiviert werden.

ROM Abk. für Read Only Memory. Speicher, der fest programmiert ist, daher nur gelesen, aber nicht beschrieben werden kann.

RS-232C Weit verbreiteter amerikanischer Standard für eine serielle Datenschnittstelle zur Verbindung eines Rechners mit Peripherie. Entspricht dem V.24-Standard.

Scanner Aufzeichungsgerät für Bilddaten zur Aufzeichnung von zweidimensionalen Vorlagen. Die abgetasteten Grauwerte werden in digitale Werte konvertiert und als solche aufgezeichnet.

Schmal Schriftmodifikation, bei der die Zeichendicke generell um einen bestimmten Prozentsatz verringert wird, sodaß aller Schriftzeichen schmaler werden (engl. condensed). Es gibt auch besondere, schmal geschnittene Fonts.

Schmuckelemente Schon im Bleisatz standen neben Schriften und Linienelementen Schmuckelemente wie Rosetten und ähnliche Verzierungen zur Verfügung. Die letzten Entwicklungen des PC-Satzes setzen diese Tradition in Gestalt der Ausschneidegrafiken (electronic clip art) fort.

Schnittstelle Hardware und Software, die notwendig ist, um Geräte mit einem System oder mehrere Systeme miteinander zu verbinden. Umgangssprachlich wird als Schnittstelle häufig nur der äußerlich an einem Gerät sichtbare Anschluß bezeichnet. Man spricht auch von der Benutzerschnittstelle und meint damit alle vom Benutzer unmittelbar zur Bedienung benutzten Elemente eines Computersystems sowie alle Meldungen des Systems an den Benutzer.

Schrift Als Schrift bezeichnete man einen in bestimmter Art gestalteten Zeichensatz unabhängig von der Designgröße eines konkreten Fonts.

Schriftfamilie Eine Schriftfamilie umfaßt eine Vielzahl in gleicher Art geformter Schriftfonts, die sich durch bestimmte Stilmerkmale wie fett, kursiv, outline sowie durch die Designgröße unterscheiden.

Schriftgröße Die Schriftgröße wird auch als Schriftgrad oder Schrifthöhe bezeichnet. Die Schriftgröße wird als Höhe der Schriftzeichen vom Fußpunkt der Unterlängen bis zum Kopfpunkt der Oberlängen gemessen.

Schriftlinie Die Fußpunkte der Schriftzeichen innerhalb einer gesetzten Zeile ruhen auf der Schriftlinie. Ausnahmen bilden die Unterlängen, die nach unten über die Schriftlinie hinaus reichen.

Schriftsatz Die Gestaltung von Schrift mit qualitativ hochwertigen Zeichensätzen und Anordnung der Zeichen nach graphischen und ästhetischen Grundsätzen. Moderner Schriftsatz wird nahezu immer unter Benutzung von Satzrechnern erstellt und auf Lichtsatzgeräten ausgegeben.

Schusterjunge Die erste Zeile eines Absatzes, die ganz unten auf einer Seite erscheint, wird im Jargon der Schriftsetzer als Schusterjunge bezeichnet. Einige Textverarbeitungsprogramme sowie Umbruchprogramme verfügen über Automatismen zur Vermeidung solcher Fehler.

Seriell Eine Methode der Datenübertragung, bei der die Bits eines Zeichencodes nacheinander (in Serie) über eine Übertragungsleitung geschickt werden.

Serifenbehaftet siehe unter serifenlos

Serifenlos Man Unterscheidet serifenbehaftete und serifenlose Schriften. Beide gehören zur Gruppe der Antiqua-Schriften. Die serifenlosen Antiqua-Schriften bezeichnet man auch als Grotesk-Schriften. (franz. sans serif).

Shift Tastaturebene, in der die Versalbuchstaben angeordnet sind, auch Versalebene.

Softdivis Das Softdivis (engl. Softhyphen) ist ein Divis, das nur dann aktiviert und sichtbar wird, wenn das Wort in die Ausschlußzone gerät und das Divis zur Silbentrennung benötigt wird.

Software Die Software eines Rechners umfaßt die Menge der Programme, die auf diesem Rechner ablauffähig sind.

Sonderzeichen Als Sonderzeichen bezeichnet man in der Typografie alle Zeichen, die nicht Bestandteil eines normalen Zeichensatzes sind. Die Hersteller von Schriften stellen je nach Kundenbedarf besondere Sonderzeichenfonts zusammen. Fertige Sonderzeichensätze gibt es für mathematische und andere wissenschaftlich-technische sowie in großer Zahl für kaufmännische Anwendungen.

Sortieren Manche Textverarbeitungsprogramme verfügen über eine Funktion zum Sortieren von Dateien nach bestimmten Kriterien. Gebräuchliche Sortierkriterien sind alpha-numerisch oder numerisch.

Speicher Medium zur Speicherung binärer Daten. Man unterscheidet interne Arbeitsspeicher und externe Massenspeicher. Die Arbeitsspeicher sind elektronische Speicher. Bei den langsameren externen Speichern kommen magnetische Techniken zur Anwendung.

Stehsatz Als Stehsatz bezeichnet man jenen Schriftsatz, der für eventuelle Neuauflagen aufgehoben werden muß. Die elektronische Satzverarbeitung erleichtert diesen Vorgang erheblich und führt zu einer starken Kostensenkung, da im Unterschied zum Bleisatz so gut wie kein Lagerraum benötigt wird.

Strichzeichnung Eine Abbildung, die aus Linien, Mustern, geometrischen Elementen in Schwarz und Weiß gestaltet wird. Man unterscheidet Strichzeichnungen von Halbtonabbildungen.

Supershift Typografische Tastaturen werden oft in mehr als zwei Ebenen belegt. Die dritte Tastaturebene wird als Supershift bezeichnet.

Tabulatoren Markierungen für den Ausschluß zusätzlich zu der rechten und linken Begrenzung der Textzeile. Durch Tabulatoren können Spalten innerhalb einer Textzeile oder über mehrere Zeilen hinweg definiert werden. Je nachdem ob die Spalten horizontal oder vertikal abgearbeitet werden, unterscheidet man den horizontalen oder vertikalen Tabellensatz. Tabulatoren können mit Ausschlußangaben verbunden werden. So unterscheidet man in Textverarbeitungsprogrammen rechtsbündige Tabulatoren, linksbündige Tabulatoren , auf Mitte zentrierende, Blocksatz- oder Dezimaltabulatoren.

Textbaustein Textelemente, die immer wieder verwendet werden, können in manchen Textverarbeitungsprogrammen in besondere Bausteinbibliotheken abgelegt und von dort leicht aufgerufen werden.

Textzeiger Eine besondere Form des Zeigers, der bei Textarbeiten im Unterschied zu Graphikarbeiten erscheint.

TTY Abk. für Teletype, Teletypewrite oder Teletypesetting. Der TTY-Code ist der internationale Fernschreibcode, der auch in der Satztechnik Anwendung gefunden hat.

Unix Ein von den Bell Laboratories entwickeltes mehrplatzfähiges Betriebssystem für Mini- und Mikrocomputer.

Unterlängen Zeichen, die nach unten über die Schriftlinie hinausragen.

Unterschneidung Individuelle Einstellung des Zeichenabstandes bei bestimmten Zeichenkombinationen, um zu große Abstände zu vermeiden (engl. Kerning).

USASCII Identisch mit ASCII. Von ASCII existieren viele nationale und firmenbezogene Varianten. USASCII bezeichnet ein amerikanisches ASCII, das in jedem Fall nicht über Umlaute verfügt.

Vergrößern/Verkleinern Abbildungen müssen vergrößert oder verkleinert werden, soweit sie sich durch Beschneiden nicht in vordefinierte Layoutrahmen einpassen lassen. Das Vergrößern oder Verkleinern geschieht mit der Reprokamera. In Layoutprogrammen kann es auf elektronischem Wege durch Neubrechnung der Abbildung vorgenommen werden.

Versal Typografischer Ausdruck für Satz eines Zeichens als Großbuchstabe. Man spricht z. B. vom A in Versal im Unterschied zum a in Gemein. Die Großbuchstaben selbst werden als Versalien bezeichnet.

Verzeichnis Eine Untergruppe aller Dateien eines Dateisystems, in dem in der Regel zusammengehörende Dateien gespeichert werden.

VHF Abk. für Very High Frequency. Sehr hohe Frequenz.

Videosignal Elektronisches Signal, das Informationen über den Helligkeitswert eines jeden Bildpunktes, Taktsignale für den korrekten Bildaufbau sowie eventuell Farbinfomationen enthält.

Werksatz Als Werksatz bezeichnet man die Arbeitsgänge,die mit dem Satz und Umbruch von Büchern zu tun haben. Für den Werksatz werden spezielle Werksatzumbruchprogramme angeboten, die die Zuordnung von Fußnoten, Marginalien, Abbildungsfeldern, Bildunterschriften etc. zum Text steuern.

Winchester Platte Ein Festplattensystem, das sich durch sehr leichte Schreib-/Leseköpfe und einen sehr geringen Abstand zwischen diesen und der Plattenoberfläche auszeichnet. Winchester Platten weisen eine sehr hohe Informationsdichte auf.

Wort Logische Informationseinheit bestehend aus mehreren Bits. Ein Zeichen eines Zeichensatzes wird durch ein Datenwort repräsentiert. Bei Mikroprozessoren sind die Datenwörter in der Regel 4, 8 oder 16 Bit lang.

x-y-Plotter Gerät zur Aufzeichung von Punkten oder Linien auf Papier nach vorgegebenen x-y-Koordinaten.

XENIX Implementierung des Betriebssystems Unix in einer Variante der Firma Microsoft

Xerographie Eine Methode, Text und Bild auf Papier abzubilden. Es wird zunächst ein imaginäres Bild in Form elektrischer Ladungen auf eine Metalltrommel aufgezeichnet. Dieses wird durch ein fotografisch erzeugtes Bild erzeugt oder durch Laserstrahlen aufgezeichnet und bildet die Grundlage für die Übertragung eines Toners auf das Papier.

Zeichensatz (engl. character set) Menge aller Zeichen, die von einem Computer verarbeitet oder von einem Ausgabegerät dargestellt werden können. Auch Menge aller Zeichen innerhalb einer gleichartig gestalteten Schrift.

Zweidrahtverbindung (engl. current loop) Methode bei der Datenkommunikation, die auf dem Fließen oder Nichtfließen von Strom beruht. Sie wird auch als Stromschleifenschnittstelle bezeichnet.

Zeiger (engl. cursor) Eine kleine Figur auf dem Bildschirm, die mit Cursorsteuertasten oder mit der Maus im Bildschirm bewegt wird und zur Ausführung von Aktionen benutzt wird.

Zeilenbreite Das Maß für die Breite der Textzeile, bei Flattersatz Maß für die maximale Breite der Textzeile. Sie kann in mm, Pica oder Cicero angegeben werden. In manchen Textverarbeitungsprogrammen wird Sie durch Setzen von Randstellern in einem Zeilenlineal festgelegt.

Zeilenlineal Ein Lineal, das im Bildschirm eingeblendet werden kann und zur Ausrichtung des Textes (Setzen von Randmarkern und Tabulatoren) benutzt wird.

Zeilenvorschub (engl. line feed) Steuerzeichen, das einen Papiervorschub um eine Zeile bewirkt oder den Cursor auf einem Bildschirm um eine Zeile nach unten stellt.

Zeitungssatzsystem Zeitungssatzsysteme umfassen besondere Softwaremodule für Redaktion und Produktion von Tageszeitungen sowie für die Erfassung, die kaufmännische Abrechnung und für den Satz von Anzeigen.

Zoll Auch das Zoll (engl. Inch) findet als typographisches Maß Anwendung. Vor allem beim Formularsatz werden Bemaßungen häufig in Zollbrüchen angegeben.

Zwischenablage Die Zwischenablage ist eine Hilfsdatei, in der Texte oder Bilder zwischengespeichert werden können. Dies kann beispielsweise dazu dienen, sie aus einer Datei in eine andere zu befördern. Auch Kopien können zuweilen in der Zwischenablage abgelegt werden.

REGISTER

Abdecken, von Flächen 95
Abschnittslayout 108
Antiqua-Schrift 139
AppleTalk 29, 30, 46
Arbeitsorganisation 13
Arbeitsschritte, Integration der 11
Arbeitsspeicher, 23, 24 29, 42
Arbeitsstation 2, 46
Arbeitsteilung,
Desktop Publishing und 3
Arbeitsweise,
mit Desktop Publishing 11
Attribute, von Linien und Flächen 93, 94
Auflösung 50
Ausgabemöglichkeiten 10
Ausschlußarten 77, 144
Ausschneiden 92
Balkendiagramm 148
–, zweidimensional 148, 149
–, dreidimensional 148, 149
Begriff, des Desktop Publishing 1
Belletristische Illustration 158
Bemaßung 97
Benutzeroberfläche, befehlsorientierte 27
–, graphische 57
Betriebssystem 26, 29, 47
–, befehlsorientiertes 26
Bild, Verbindung mit Text 147
Bildschirm 51
Bildverarbeitung 16, 28, 187
Blocksatz 144, 145
CGA 49
Clone 23
Compq 24
Courier 32
Cursorbewegung 60, 68
Dateiformat 75
Dateiorganisation, hierarchische 47, 48
Dateisuchpfad 27
DDL 118
Desktop 6
Desktop Publisher, Rolle des 1
–, Einsatz des 7

–, Grundausstattung 19
–, Leistung des 7
–, System 20
–, Verbindung zum Fotosatz 9
Diagramm,
in der technischen Dokumentation 177
Diskettenkompatibilität 41
Diskettenlaufwerke 45
Dokument, fertiges 175, 176
Druck 17
Drucken, elektronisches 10
Drucker 28
–, Ansteuerung 119
–, Treiber 82
Duplizieren 92
Editor 67
EGA 50
Ein- und Ausgangskanäle 44
Einsatz, des Desktop Publishing 7
Einsetzen 92
Einzüge 78
Elektronisches Drucken 10
Entstehung des Desktop Publishing 5
Ethernet 46
Festplatte 45
Finden 72
Flächen, Attribute von 94
Flächen, Eigenschaften von 93
Flächenberechnungen 88
Flattersatz 144, 145
Formeln 178
Formelsatz 178, 179, 180
–, chemischer 178, 179, 180, 183
–, mathematischer 178, 179, 181
Fotosatz, Vorkodierung für den 8
Fremdsprachensatz 183
Funktionstasten 60
Fußnoten 103
Gleichungen und Formeln 178
Gliederungsfunktion 72
Graphik 12, 34, 89 ff.
–, Erstellen von 168, 171
Graphik-Modus-Emulationen 50
Graphikdesign 158, 159 ff.

Graphik-Editor	89
Graphiken, in Textbearbeitung	
einkopieren	72
–, kamerafertige	15
Graphikfähigkeit	49
Graphikkarte	49
Graphikkompatibilität	41
Graphikprogramm	87
–, Editor	92
–, Editierfunktionen in	92
–, Vergleichskriterien für	99
Graphische Benutzeroberfläche	48, 49, 57
Graphische Grundelemente	90
Groteskschrift	139
Grundausstattung, für	
Desktop Publishing	19
Helvetica	32, 142
Hercules Graphikadapter	24
Herstellung	16
–, von Drucksachen mit	
Personalcomputern	2
Hilfsraster	97, 98
Hintergrund	93
IBM-komtatible Graphikkarten	49
IBM-kompatible PCs	23
IBM-PC	23
–, Tastatur	26
Interpress	118
Kaufentscheidung	52
Kolummnentitel	103
Kompatibilität	39
Konfiguration	20
Kopieren	92
Korrektur	16
LAN	46
Laserdrucker	115
–, Intelligenz des	116
–, Vergleich mit anderen Druckern	115
LaserWriter	31, 32
LaserWriter Fonts	32
Laufweite	143
Layout	167
Layoutentwurf	167, 170
Layout, Überlegungen zum	167
Layoutdefinitionen	104
Layouten	167, 168
Layoutprogramme	103
–, Vergleichskriterien für	112
Leading	134
Leistung, des Desktop Publishing	7
Lesbarkeit	133, 134, 136
Lineal	98
Linien, Eigenschaften von	93
Liniendiagramm	149, 150
Linienformen	93
Local Area Network	45
Lokales Netzwerk	45, 46
MacDraft	88
Macintosh	2, 31, 29
Macintosh, SE	31
Macintosh 2	31
Malprogramm	89
–, Pinsel	97 98
–, Werkzeuge	90
Marginalie	103
Massenspeicher	45
Mehrplatzsysteme	45
Mehrspaltigkeit	133
Menüfelder	60, 61
Microtek	28
Mikroprozessor	41
Monitor	30
Monatage, einer Seite	106
Montieren	17
MS-DOS	41
Multi-I/O-Karte	44
Netzwerk	30, 45, 46
PARC	6
PC-AT	24
PC-XT	23
PCs, Vergleichskriterien für	54
Personal System 2	25
Peronalcomputer	23, 29
PGA	50
Pinsel	97, 98
Pinselsymbol	172
Pixelebene	96
Pixelgraphik	88
Pixelschrift	125
Plazierungsformat	103
Portable PCs	25
PostScript	117

Proszessor   23
Publikationssysteme   3
RAM   41
Rank Xerox   5
Rechenwerk   43
Rechtschreibkorrektur   16
Rolle, des Desktop Publishing   13
Role, des Verlegers   14
ROM   41
Rotieren   92, 95, 96
RS-232   45
Scanner   163, 187
Scientex   179 ff.
–, Einsatz für Formelsatz   179 ff.
–, Einsatz in Fremdsprachensatz   183
Schreibtisch, elektronischer   6
Schrift   125
–, elektronische Modifikation   164
Schriftauswahl   141
Schrftfamilien   139, 140
Schriftgröße   134
Schriftgrößentabelle   137
Schriftstile   139
Seitenanzahl   108
Seitenbeschreibungssprachen   5, 117, 120
Seitengestaltung   8
Seitenlayout   111
Seitenmontage   106
Serife   139
Silbentrennung   107
–, Zweck der automatischen   106
SK-NET   46
Spaltenanzahl   108
Spaltenaufteilung, Wechsel
auf einer Seite   109
Spaltenlinie   174
Spiegeln   92, 95 96
Standardlayout   108, 177
Stichwortverzeichnisse   72
Streamer-Tabe   45
Suchen und Ersetzen   72
Symbol   32
Systemfamilien   39
Tabellen   78
Tastatur   51
–, Xerox 6085   34 179

–, IBM-PC   26
Technisch-wissenschaftliche
Dokumentation   177, 179
Technische Zeichnung   155 ff., 177 ff.
Text
–, Erfassen von   168, 171
–, Verbindung mit Bild   147
Textblöche, kopieren, übertragen,
löschen   70
Textdateien und Layoutdateien   105
Textfenster, Bewegung des   68
Textformatierung   75
Textsymbol   172
Textverarbeitung, Aufbau der   67
–, elektronische   65
–, Extras   72
–, Vergleichskriterien für Software   83
Times   32
Tortendiagramm   148, 150, 151
Typographisches Gestalten   76 164
Umbrechen   167 168
Umbruch   103
–, Betriebsarten   104
Umbruchfunktionen   81
Umbruchprogramm   103
Umbruchprogramme, Vergleichs-
kriterien für   112
UNIX   25, 46
Unterschneidung   143
Vektorgraphik   88
Vektorschrift   125
Verarbeitungsschritte,
elektronische Verkettung der   3
Verbindung von Editieren und
Formatieren   79
Vergleichskriterien, PCs   54
–, Laserdrucker   ?
–, Layoutprogramme   112
–, Textverarbeitung   83
–, Umbruchprogramme   112
Vergrößern   91, 92, 96
Verkleinern   91, 92, 96
Verleger, Rolle des   14
Veröffentlichung   17
Vertikalausschluß   110
Visualisierung, in der Belletristik   158

–, in der technisch-wissenschaftlichen
Dokumentation   155 ff.
–, Quantitativer Parameter   148
–, von Abläufen   153
–, von geographischen Tatsache   154, 157
–, von Hierarchien   151, 152
–, von logischen Schaltungen   154, 158
–, von Programmabläufen   153, 154
–, von Strukturen   151, 152
Vordergrund   93
Vorkodierung, für den Fotosatz   8
V.24   45
Werkzeuge, in Malprogrammen   90
Winchester Laufwerk   45
Winkelangaben   98
WYSIWYG   6
XENIX   46
Xerox   33

Xerox-6085-Arbeitsstation   33
–, Einsatz für Formelsatz   179, 181
–, Einsatz für Fremdsprachensatz   185
Xerox-6085-Tastatur   34
Xerox-4045-Drucker   35
Zeichenprogramme, graphische
Grundelemente   90
Zeichnungen, maßstabsgerechte   88
Zeilenabstand   76
Zeilenvorschub   101, 134
Zeitschriften   110, 167
Zeitungen   110
Zentraleinheit   41
–, Aufbau   43
Zentrierung   144, 145
Zoomen   96
Zusammenhalten, von Textblöcken   109

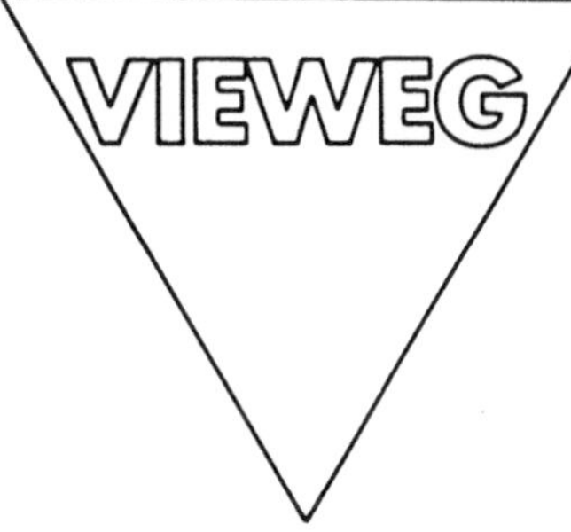

Neue Microcomputer-Literatur zum Macintosh

Steve Lambert
Business Grafik mit Microsoft Chart
Einsatz und Anwendung mit dem Apple Macintosh
(Presentation graphics on the Apple Macintosh, dt.) Aus dem Amerik. übers.
von Dirk Beyelstein. Ein Microsoft Press/Vieweg-Buch.
1986. XII, 288 S. 18,5 x 23,5 cm. Kart.

Lon Poole
MacWork MacPlay
Kreative Ideen, Spaß und Nutzen mit dem Apple Macintosh (MacWork –
MacPlay. Creative ideas for fun and profit on your Apple Macintosh, dt.) Aus
dem Amerik. übers. von Klaus Schertel. Zeichnungen von Erfert Nielson. Ein
Microsoft Press/Vieweg-Buch.
1987. X, 469 S. 18,5 x 23,5 cm. Kart.

Klaus Schertel
Excel
Eine anwenderorientierte Einführung mit dem Macintosh.
1987. VIII, 202 S. 16,2 x 22,9 cm. (Software Trainer Aufbaustufe.) Kart.

Paul Schmitz und Werner Dinkelbach (Hrsg.)
Arbeitsbuch zum Macintosh
Betriebswirtschaftlich erfolgreich mit Software-Anwendungen.
1987. VI, 228 S. 16,2 x 22,9 cm. (Software Trainer Grundstufe.) Kart.

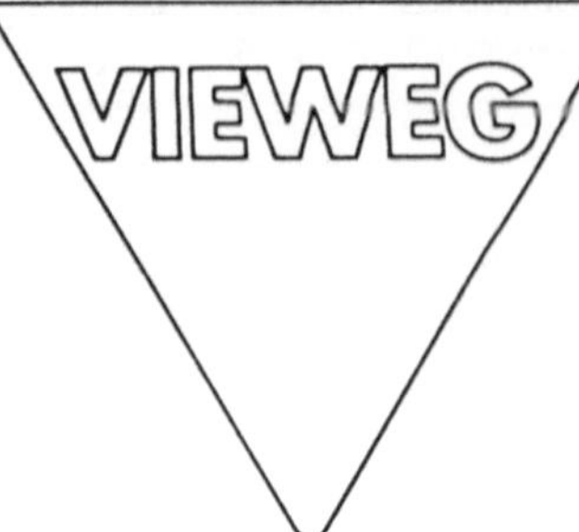

Ernst Tiemeyer

Textverarbeitung
mit Microsoft Word auf dem PC

Lehr- und Übungsbuch für Microsoft Word. 1986. XIV, 262 S. mit zahlr. Abb. 16,2 x 22,6 cm. (Software Trainer.) Kart.

Textverarbeitung mit Microsoft Word auf dem PC ist ein vielseitiges und didaktisch wohldurchdachtes dreiteiliges Arbeits- und Ausbildungssystem, das sowohl in Kursen als auch zum Selbststudium in die Anwendung und den Einsatz von Microsoft Word einführt. Es leitet somit zum strukturierten und eigenständigen Arbeiten an.

Die Dateien der 5 1/4"-Diskette, die alle Aufgaben und Lösungen aus dem Buch umfaßt, ermöglichen dem Lehrenden und Lernenden gleichermaßen die im Lehrbuch beschriebenen Arbeitsschritte mit Word und Aufgabenstellungen praktisch am IBM PC oder kompatiblen Mikrocomputer nachzuvollziehen und auszuführen. Die Textdateidiskette ist eine unersetzliche Stütze für den Anwender und dient dem Einüben der im Buch beschriebenen Arbeitsweisen zur Textverarbeitung.

Lehrer und Ausbilder können eine Overhead-Foliensammlung erhalten, die die Arbeitsgrundlage im Unterricht – mit Berücksichtigung des Lehrbuchinhalts – darstellt. Es ist ein praktischer Leitfaden und bietet Argumentationshilfen für den Unterrichtenden.

■ 5 1/4"-Diskette für IBM PC und kompatible Computer unter MS-DOS ab Version 2.00